中学教科書ワーク 学習カード
Pocket Study
ポケットスタディ
英単語カード
1年
アプリ対応

使い方

●切り離して、リングでとじてください。
●音声を聞いて、発音しましょう。
●覚えたら OK! にチェックをつけましょう。
過 過去形　複 複数形

♪ 英語音声

---

1 about

a book about science

2 activity

club activities

3 after

4 afternoon

in the afternoon

5 again

Let's try again.

6 against

against the wind

7 age

people over the age of 12

8 all

You can eat all these dishes.

9 always

I always walk my dog.

10 and

bread and juice

11 another

Would you like another piece of cake?

12 any

Do you have any ideas?

13 arm

in her arms

14 around

around the lake

15 ask

Can I ask you a question?

16 at

at 8 o'clock

17 bad

That's too bad.

18 bathroom

in the bathroom

1
～について(の)／およそ、約
科学についての本
OK!

2
活動
クラブ活動
OK!

3
～のあとに
放課後
OK!

4
午後
午後に
OK!

5
再び、もう一度、また
もう一度やってみよう。
OK!

6
～に対抗して、反対して
風に向かって
OK!

7
年齢、時代
12歳より上の人々
OK!

8
全ての／全く、すっかり
あなたはこれらの料理を全て食べることができます。
OK!

9
いつも、常に
私はいつも犬を散歩させます。
OK!

10
～と…、そして
パンとジュース
OK!

11
もう1つの、もう1人の
ケーキをもう1ついかがですか。
OK!

12
(疑問文で)何か／(否定文で)何も～ない
何かアイデアはありますか。
OK!

13
腕
彼女の腕の中で
OK!

14
～のまわりに、～のあちこちに
湖のまわりに
OK!

15
～を[に]質問する
質問してもいいですか。
OK!

16
～に、～で
8時に
OK!

17
悪い
気の毒に。
OK!

18
浴室
浴室で
OK!

19 beautiful
a beautiful picture

20 before
before bedtime

21 birthday
Happy birthday!

22 brain
the human brain

23 breakfast
have breakfast

24 bring
bring a newspaper

25 brush
brush my teeth

26 busy
I'm busy with my work.

27 but
It's sunny but cold.

28 by
by the desk

29 camera
buy a new camera

30 child
a little child

31 class
math class

32 classmate
talk with my classmates

33 classroom
clean the classroom

34 climb
climb a mountain

35 come
come from India

36 concert
a school concert

37 cousin
my cousin

38 different
different colors

OK!	19	OK!	20	OK!	21	OK!	22

19
美しい

美しい絵画

20
〜の前に[の]／〜する前に

就寝前に

21
誕生日

誕生日おめでとう！

22
脳、頭脳

人間の脳

23
朝食

朝食を食べる

24
(物)を持ってくる、
(人)を連れてくる

新聞を持ってくる
🔊 brought

25
〜をみがく

歯をみがく

26
忙しい

私は仕事で忙しいです。

27
しかし、けれども

晴れているけれど寒いです。

28
〜のそばに／〜によって／
〜までに

机のそばに

29
カメラ

新しいカメラを買う

30
こども

小さなこども
🔊 children

31
授業、クラス

数学の授業

32
クラスメート、同級生

クラスメートと話す

33
教室

教室をそうじする

34
〜に[を]のぼる

山をのぼる

35
来る

インドから来る
🔊 came

36
演奏会、コンサート

学校の演奏会

37
いとこ

私のいとこ

38
ちがう、異なる

ちがう色

39 difficult

a difficult problem

40 dinner

enjoy dinner

41 dish

wash the dishes

42 dollar

I have 60 dollars.

43 door

open the door

44 dream

my dream

45 during

during the summer vacation

46 easily

He won the race easily.

47 English

an English dictionary

48 event

a big event

49 every

I play the piano every day.

50 excited

I'm excited at the show.

51 favorite

my favorite music

52 feel

I feel happy.

53 fire

make a fire

54 for

a present for you

55 free

Are you free tomorrow?

56 from

I'm from Italy.

57 full

full of love

58 funny

a funny face

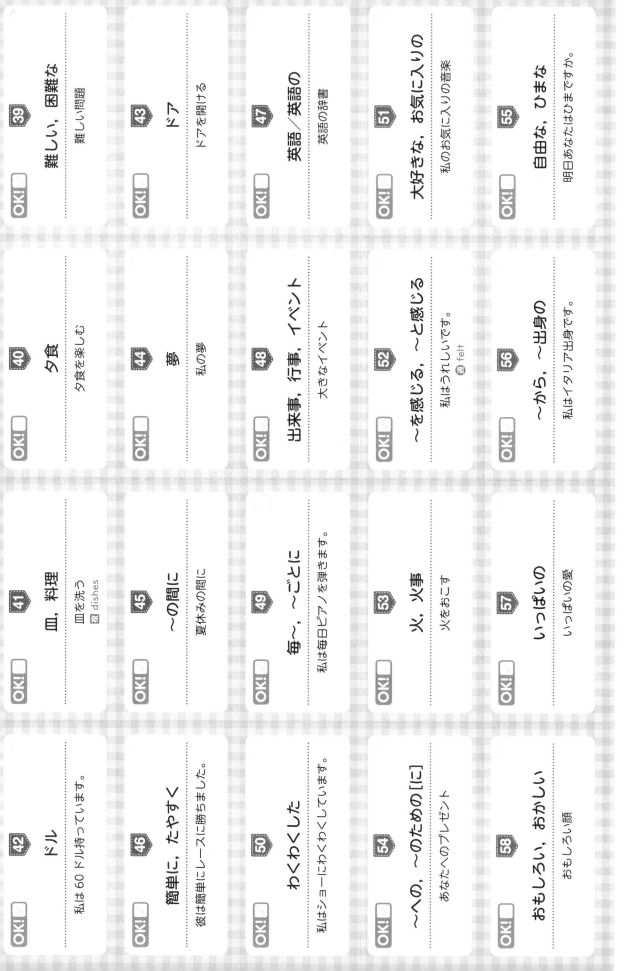

39 難しい、困難な
難しい問題
OK! □

40 夕食
夕食を楽しむ
OK! □

41 皿、料理
皿を洗う
関 dishes
OK! □

42 ドル
私は 60 ドル持っています。
OK! □

43 ドア
ドアを開ける
OK! □

44 夢
私の夢
OK! □

45 ～の間に
夏休みの間に
OK! □

46 簡単に、たやすく
彼は簡単にレースに勝ちました。
OK! □

47 英語／英語の
英語の辞書
OK! □

48 出来事、行事、イベント
大きなイベント
OK! □

49 毎～、～ごとに
私は毎日ピアノを弾きます。
OK! □

50 わくわくした
私は毎日わくわくしています。
OK! □

51 大好きな、お気に入りの
私のお気に入りの音楽
OK! □

52 ～を感じる、～と感じる
私はうれしいです。
過 felt
OK! □

53 火、火事
火をおこす
OK! □

54 ～への、～のための［に］
あなたへのプレゼント
OK! □

55 自由な、ひまな
明日あなたはひまですか。
OK! □

56 ～から、～出身の
私はイタリア出身です。
OK! □

57 いっぱいの
いっぱいの愛
OK! □

58 おもしろい、おかしい
おもしろい顔
OK! □

59 future
in the future

60 get
get a new bike

61 give
give a present

62 glass
a glass of juice

63 go
go to school

64 hair
long hair

65 here
Here you are.

66 home
I'm at home.

67 homework
do my homework

68 hotel
stay at a hotel

69 hour
about an hour

70 how
How is the weather?

71 in
in the bag

72 interested
I'm interested in math.

73 kitchen
in the kitchen

74 know
know each other

75 language
a foreign language

76 later
five years later

77 left
Turn left.

78 letter
a letter from my grandmother

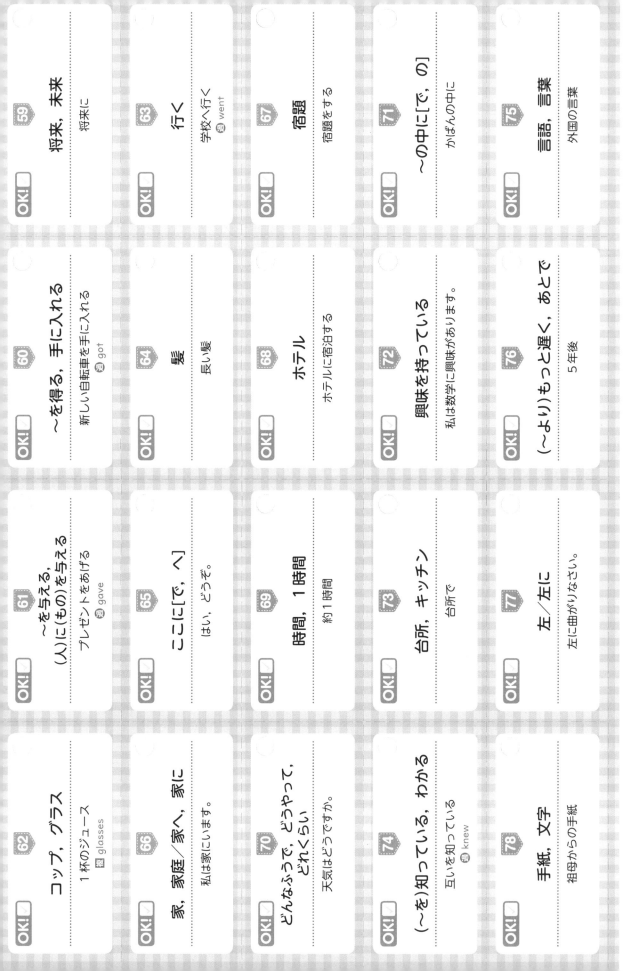

59 将来、未来
将来に
OK!

60 ～を得る、手に入れる
新しい自転車を手に入れる
got
OK!

61 ～を与える、(人)に(もの)を与える
プレゼントをあげる
gave
OK!

62 コップ、グラス
1杯のジュース
glasses
OK!

63 行く
学校へ行く
went
OK!

64 髪
長い髪
OK!

65 ここに[で、へ]
はい、どうぞ。
OK!

66 家、家庭／家へ、家に
私は家にいます。
OK!

67 宿題
宿題をする
OK!

68 ホテル
ホテルに宿泊する
OK!

69 時間、1時間
約1時間
OK!

70 どんなふうで、どうやって、どれくらい
天気はどうですか。
OK!

71 ～の中に[で、の]
かばんの中に
OK!

72 興味を持っている
私は数学に興味があります。
OK!

73 台所、キッチン
台所で
OK!

74 (～を)知っている、わかる
互いを知っている
knew
OK!

75 言語、言葉
外国の言葉
OK!

76 (～より)もっと遅く、あとで
5年後
OK!

77 左／左に
左に曲がりなさい。
OK!

78 手紙、文字
祖母からの手紙
OK!

79	life	school life
80	listen	listen to music
81	live	live in Tokyo
82	look	look around
83	lot	a lot of coins
84	lunch	lunch time
85	many	many birds
86	mean	What does it mean?
87	member	members of the chorus
88	message	leave a message
89	minute	in three minutes
90	morning	in the morning
91	movie	an action movie
92	next	Next, please.
93	night	at night
94	noon	at noon
95	now	What are you doing now?
96	often	I often take out the garbage.
97	on	on the bed
98	open	open the box

79 生命、生活、人生
学校生活
OK!

80 聞く
音楽を聞く
OK!

81 住む、暮らす
東京に住む
OK!

82 見る、目を向ける
まわりを見る
OK!

83 [a lot of また[は]lots of で] たくさんの
たくさんのコイン
OK!

84 昼食
お昼の時間
OK!

85 たくさんの
たくさんの鳥
OK!

86 ～を意味する
どういう意味ですか。
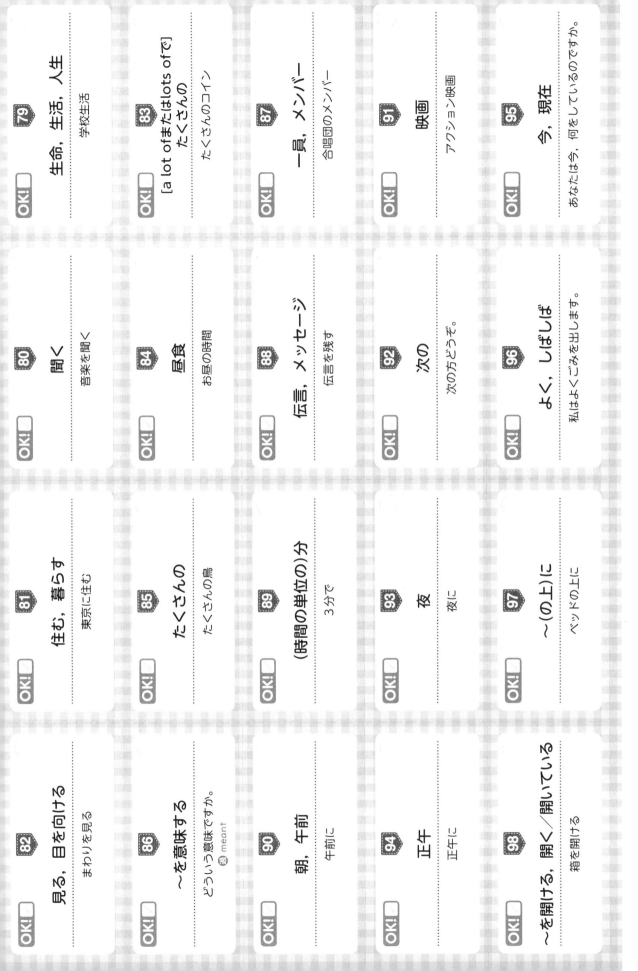 meant
OK!

87 一員、メンバー
合唱団のメンバー
OK!

88 伝言、メッセージ
伝言を残す
OK!

89 (時間の単位の)分
3分で
OK!

90 朝、午前
午前に
OK!

91 映画
アクション映画
OK!

92 次の
次の方どうぞ。
OK!

93 夜
夜に
OK!

94 正午
正午に
OK!

95 今、現在
あなたは今、何をしているのですか。
OK!

96 よく、しばしば
私はよくごみを出します。
OK!

97 ～(の上)に
ベッドの上に
OK!

98 ～を開ける、開く／開いている
箱を開ける
OK!

99 or

Which do you want, A or B?

100 other

One is yellow, and the other is pink.

101 out

come out of the lamp

102 paper

a sheet of paper

103 parent

my parents

104 people

Many people are standing in a line.

105 place

a good place for camping

106 practice

practice hard

107 put

Put the coin into this box.

108 question

I have a question.

109 remember

Do you remember my brother?

110 rest

take a rest

111 right

Turn right.

112 say

Say goodbye.

113 some

There are some apples.

114 sometimes

I sometimes cook dinner.

115 song

sing a song

116 sorry

I'm sorry.

117 sound

Sounds nice.

118 special

a special menu

99 ～か…, ～また…
AとBのどちらがほしいですか。

100 [ほかの、もう1つの／ほかの人[もの]]
1本は黄色で、もう1本はピンクです。

101 外へ、外出して
テントから外に出る

102 紙
1枚の紙

103 親
私の両親

104 人々
たくさんの人々が列に並んでいます。

105 場所
キャンプによい場所

106 (～を)練習する
いっしょうけんめい練習する

107 ～を置く、入れる
put
コインをこの箱の中に入れてください。

108 質問
質問があります。

109 (～を)覚えている、思い出す
私の弟のことを覚えていますか。

110 休む／休み
休みをとる

111 右／右に
右に曲がりなさい。

112 (～と)言う、話す
said
[さよなら] を言いなさい。

113 いくつかの／いくらか
リンゴがいくつかあります。

114 ときどき
私はときどき夕食を作ります。

115 歌
歌を歌う

116 気の毒で、すまなく思って
ごめんなさい。

117 (～のように)聞こえる／音
いいね（よく聞こえるね）。

118 特別の[な]
特別なメニュー

119 speech	make a speech
120 stay	Please stay here.
121 straight	Go straight.
122 street	across the street
123 sure	Can I use this eraser? — Sure.
124 swim	swim fast
125 take	take a picture
126 thank	Thank you.
127 there	Look at the star over there.
128 think	I think so.
129 thousand	two thousand yen
130 time	What time is it?
131 today	It's cloudy today.
132 together	play baseball together
133 tomorrow	See you tomorrow.
134 trip	a school trip
135 turn	Turn left at the corner.
136 under	under the chair
137 use	use a computer
138 usually	I usually clean my room.

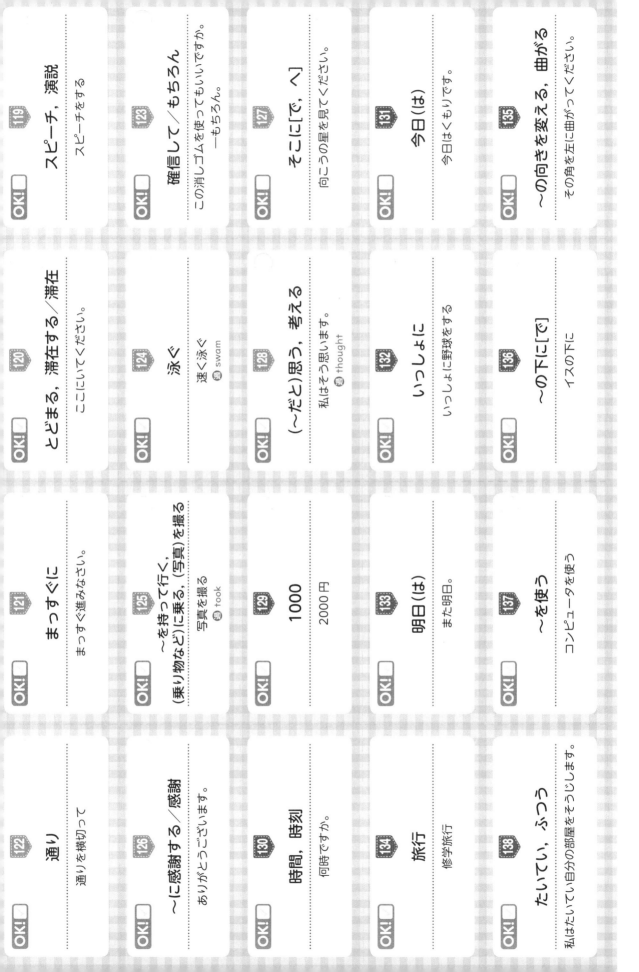

119 スピーチ, 演説
OK!
スピーチをする

120 とどまる, 滞在する／滞在
OK!
ここにいてください。

121 まっすぐに
OK!
まっすぐ進みなさい。

122 通り
OK!
通りを横切って

123 確信して／もちろん
OK!
この消しゴムを使ってもいいですか。
—もちろん。

124 泳ぐ
OK!
速く泳ぐ swam

125 ～を持って行く、
(乗り物など)に乗る、(写真)を撮る
OK!
写真を撮る took

126 ～に感謝する／感謝
OK!
ありがとうございます。

127 そこに[に、へ]
OK!
向こうの星を見てください。

128 (～だと)思う、考える
OK!
私はそう思います。 thought

129 1000
OK!
2000円

130 時間, 時刻
OK!
何時ですか。

131 今日(は)
OK!
今日はくもりです。

132 いっしょに
OK!
いっしょに野球をする

133 明日(は)
OK!
また明日。

134 旅行
OK!
修学旅行

135 ～の向きを変える、曲がる
OK!
その角を左に曲がってください。

136 ～の下に[で]
OK!
イスの下に

137 ～を使う
OK!
コンピュータを使う

138 たいてい, ふつう
OK!
私はたいてい自分の部屋をそうじします。

139	vacation	summer vacation
140	wait	I can't wait.
141	wall	on the wall
142	wash	wash my car
143	watch	watch TV
144	water	drink water
145	what	What do you want?
146	when	When is your birthday?
147	where	Where is the library?
148	who	Who is that?
149	whose	Whose bag is this?
150	why	Why do you think so?
151	win	win the game
152	wish	make a wish
153	with	play soccer with my brother
154	world	a world map
155	write	write a letter
156	year	I'm four years old.
157	yesterday	I was at home yesterday.
158	young	a young man

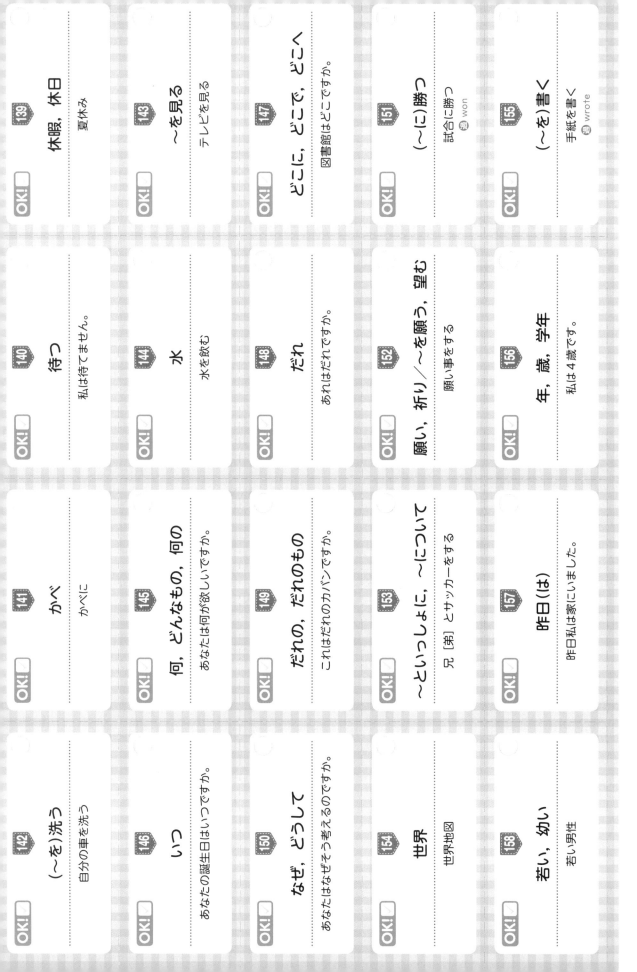

139 休暇、休日 夏休み	**140** 待つ 私は待てません。
141 かべ かべに	**142** (〜を)洗う 自分の車を洗う
143 〜を見る テレビを見る	**144** 水 水を飲む
145 何、どんなもの、何の あなたは何が欲しいのですか。	**146** いつ あなたの誕生日はいつですか。
147 どこに、どこで、どこへ 図書館はどこですか。	**148** だれ あれはだれですか。
149 だれの、だれのもの これはだれのカバンですか。	**150** なぜ、どうして あなたはなぜそう考えるのですか。
151 (〜に)勝つ 試合に勝つ　過 won	**152** 願い、祈り／〜を願う、望む 願い事をする
153 〜といっしょに、〜について 兄[弟]とサッカーをする	**154** 世界 世界地図
155 (〜を)書く 手紙を書く　過 wrote	**156** 年、歳、学年 私は4歳です。
157 昨日(は) 昨日私は家にいました。	**158** 若い、幼い 若い男性

開隆堂版 英語 1年 もくじ

英語音声

ステージ1　ステージ2　ステージ3

この本の特長と使い方
3ステップと予想問題で実力をつける！

確認のワーク ステージ 1

- 文法や表現，重要語句を学習します。
- 基本的な問題を解いて確認します。
- 基本文には音声がついています。

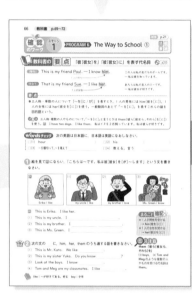

定着のワーク ステージ 2

- ステージ1で学習したことを，さらに問題を解くことで定着させます。
- ヒントがついているので学習しやすいです。
- リスニング問題もあります。

文法のまとめ

- ここまでに学習した文法をまとめて学習します。

Try! READING

- 教科書の長めの文章に対応するページです。読解力をつけます。

- ステージ1で学習したことが身についたかをテスト形式で確認します。
- リスニング問題もあります。

ホームページテスト

- 文理のウェブサイトからテストをダウンロード。たくさん問題を解いて，実力アップ！ リスニング問題もあります。　くわしくは巻末へ➡

くわしくは巻末へ➡

アクセスコード　A064323

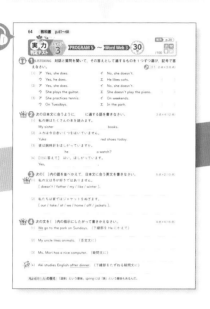

定期テスト対策 **予想問題**

- 定期テスト前に解いて，実力を確かめます。
- リスニング問題もあります。

Challenge! SPEAKING

- アプリを使って会話表現の発音練習をします。AIが採点！

くわしくはChallenge! SPEAKINGの最初のページへ➡

くわしくはChallenge! SPEAKINGの最初のページへ➡

英語音声について

- 英語音声があるものには 🎵 a00 がついています。
- 音声はスマートフォン，タブレット，またはパソコンで聞くことができます。
- また文理のウェブサイトから音声ファイルをダウンロードすることもできます。

▶スマホで聞く　　　　　　　［使い方］

 ----➡

▶パソコンで聞く　https://listening.bunri.co.jp/
▶ダウンロードする　［ダウンロード方法］

  ----➡

※この本にはCDはついていません。

音声用アクセスコード　72E7R

※音声配信サービスおよび「おん達Plus」は無料ですが，別途各通信会社の通信料がかかります。
※お客様のネット環境および端末によりご利用いただけない場合がございます。ご理解，ご了承いただきますよう，お願いいたします。

4

教科書の 要点　アルファベット / 英語の書き方　 a00

全ていちばん上の線まで

大文字　A B C D E F G H I J K L M N O P Q R S T U V W X Y Z

b, d, f, h, k, l がいちばん上の線まで

いちばん下の線につくものはない

小文字　a b c d e f g h i j k l m n o p q r s t u v w x y z

g, j, p, q, y がいちばん下の線まで

要点 1
● アルファベットは**大文字**と**小文字**それぞれ 26 文字ある。
● 大文字はすべていちばん上の線から 3 本目の線の間にある。
● 小文字は 1 本目と 2 本目の間の高さのものや，いちばん下の線まで届くものがあるので注意。

〈正しい例〉　〈正しくない例〉　〈人名〉　〈地名〉

単語　pen　　p e n　　Emi　Tokyo

あけすぎない。

大文字で始める

しっかり復習
しよう！

文の最初は大文字　　アポストロフィ

文　My name is Emi. I'm happy.

小文字 1 字分くらい　ピリオド　小文字 2 字分くらい

Is this your pen? — Yes, it is.

クエスチョンマーク　　コンマ

要点 2
● 単語は文字の間をあけない。**人名**，**国名**，**地名**などは**大文字**で書き始める。
● 英語の文の最初は**大文字**で書き始める。「私は」の意味の I はいつも**大文字**を使う。
● ふつうの文の終わりには**ピリオド**(.)，たずねる文（疑問文）の終わりには**クエスチョンマーク** (**?**)をつける。Yes や No などのあとには**コンマ**(,)をつける。
● 単語と単語の間は小文字 1 字分くらいあける。文と文の間は小文字 2 文字分くらいあける。
● 単語と単語をくっつけて短くするときは**アポストロフィ**(')をつける。

1 アルファベットの名前を声に出して読みなさい。

(1) A B C D E F G H I J K L M N O P Q R S T U V W X Y Z

(2) a b c d e f g h i j k l m n o p q r s t u v w x y z

ここが ポイント
アルファベットの読み方
アルファベットはその文字の「名前」の読み方と，「音」の読み方がある。
例 A a
● 名前読み… [ei]
　April(4 月)
● 音読み… [æ]
　apple(りんご)

2 アルファベットの大文字を読みながらなぞって書き，もう一度書きなさい。

A A B B C C D D

E E F F G G H H

I I J J K K L L

M M N N O O P P

Q Q R R S S T T

U U V V W W X X

Y Y Z Z

ここがポイント

文字の書体
文字の書き方のデザインを書体という。書体はちがっても文字としては同じ文字。
　GIJ　GIJ　GIJ
　agt　agt　agt

ミス注意

形が似ている大文字
CとG，EとF，
OとQ，UとV，
SとZ，MとN

3 アルファベットの小文字を読みながらなぞって書き，もう一度書きなさい。

a a b b c c d d

e e f f g g h h

i i j j k k l l

m m n n o o p p

q q r r s s t t

u u v v w w x x

y y z z

ミス注意

形が似ている小文字
aとo，aとd，bとd，
bとh，pとq

よく見て書こうね。

4 次の英文をなぞって書きなさい。

Hello.　I'm Taku.

How are you?

ここがポイント

● 文の始めは大文字で書き始める。
● 人名・地名などは大文字で書き始める。
● 文の終わりにはピリオド(.)やクエスチョンマーク(?)をつける。

ステージ **1** ▶**Get Ready** 中学校英語をはじめよう

教科書の 要点 自己紹介のやりとりで使う表現 ♪ a01

名前を言う	**My name is** Ito Emi.	私の名前は伊藤エミです。
誕生日を聞く	**When is** your birthday?	あなたの誕生日はいつですか。
	My birthday is September 4.	私の誕生日は9月4日です。

〈月＋日〉を答える

| 好きな食べ物 | **What food** do you like? | あなたはどんな食べ物が好きですか。 |
| | — I like spaghetti. | 私はスパゲッティが好きです。 |

好きな食べ物を答える

| 入りたい部活 | **What club** do you want to join? | あなたは何部に参加したいですか。 |
| | — I **want to join** the English club. | 私は英語部に参加したいです。 |

〜したい　参加する　部活動名を答える

要点
- 「私の名前は〜です」は，My name is 〜. と言う。
- 誕生日をたずねるときは，When is your birthday? と言う。
- 好きな食べ物が何かをたずねるときは，What food do you like? と言う。
- 何部に参加したいかをたずねるときは，What club do you want to join? と言う。

1 絵を見て例にならい，「あなたはどんな食べ物が好きですか」「私は〜が好きです」という文を書きなさい。

| 例 | (1) | (2) | (3) |
| pizza | curry | beefsteak | *sushi* |

例　What food do you like? — I like pizza.

(1) **What food do you like? — I like** _____ .

(2) **What food do you like? — I like** _____ .

(3) _____ **food do you like?**

　　— **I like** _____ .

ここが ポイント

好きな食べ物を聞く表現
What food do you like?（あなたはどんな食べ物が好きですか。）
答えるときはI like 〜. で答える。

 food：食べ物　　pizza：ピザ　　curry：カレー　　beefsteak：ビーフステーキ

2 次のように言われたとき，英語でどう答えるか。ア～ウから選び，記号で答えなさい。

(1) When is your birthday? (　　　)

(2) What club do you want to join? (　　　)

(3) What color do you like? (　　　)

ア I like blue.

イ My birthday is May 18.

ウ I want to join the baseball team.

ここが ポイント

・When is your birthday?
　→ 誕生日をたずねる
・What club do you want to join?
　→ 入りたい部活をたずねる
・What color do you like?
　→ 好きな色をたずねる

3 例にならって，あなた自身の名前を伝える文を書きなさい。

例　私の名前は森健太です。

　　My name is Mori Kenta.

My name is ＿＿＿＿＿＿＿＿＿＿＿＿＿＿ .

ここが ポイント

名前を伝える言い方
「私の名前は～です」は
My name is ～. と言う。
名前を書くときは，
Mori Kenta のように，
姓と名の最初の文字は大文字で書く。

4 次のようなとき，英語でどう言うか。ア～ウから選び，記号で答えなさい。

(1) 相手に好きなスポーツをたずねるとき。 (　　　)

(2) 相手に音楽が好きかどうかたずねるとき。 (　　　)

(3) 相手にフルートをふけるかどうかたずねるとき。 (　　　)

ア Do you like music?

イ Can you play the flute?

ウ What sport do you like?

まるごと 暗記

●好きなスポーツをたずねる
What sport do you like?
●～が好きかどうかたずねる
Do you like ～?
●～することができるかどうかたずねる
Can you ～?

5 次の自己紹介の英文を読んで，内容に合うように，(　)に適切な日本語を書きなさい。

My name is Tanaka Aya.
My birthday is August 23.
I like summer.　I can swim in the pool.
I want to join the swimming team.

表現メモ

部活の言い方
・tennis team
「テニス部」
・soccer team
「サッカー部」
・swimming team
「水泳部」
・English club（英語部）
・computer club
「コンピュータ部」

(1) アヤの誕生日は(　　　　)月 23 日である。

(2) アヤは(　　　　)が好きである。

(3) アヤは(　　　　　　　)に参加したいと思っている。

Get Ready

解答　p.1

確認のワーク　ステージ **1**　**PROGRAM 0** アルファベットを確かめよう　読聞書話

教科書の 要点　アルファベット / つづり字と発音　 a02

大文字　A B C D E F G H I J K L M N O P Q R S T U V W X Y Z

小文字　a b c d e f g h i j k l m n o p q r s t u v w x y z

要点 1
● アルファベットは A[a] から Z[z] まで 26 文字あり，それぞれ**大文字**と**小文字**がある。

要点 2
● a[エイ]，b[ビー]のようなアルファベットとしての読み方（名前読み）に対して，name の a[エイ]のような単語の中での読み方（音読み）がある。
● 英語の音には**母音**（日本語のア，イ，ウ，エ，オに近い音）と**子音**がある。
● a, e, i, o, u の文字を**母音文字**，それ以外を**子音文字**という（y も母音を表すことがある：gym）。
● 母音文字は name, bag のように複数の音読みがある。複数の音読みがある子音文字もある。

aの発音 { name　[ネイム] / bag　[バッグ] }　iの発音 { ink　[インク] / ice cream[アイス クリーム] }　cの発音 { cap　[キャップ] / pencil[ペンシィル] }

プラス r, l, f, v, th のつづりの読みは日本語にはない発音になるので注意する。
例 river, live, five, volleyball, three, mother

よく出る 1 アルファベット順になるように，(1)は大文字，(2)は小文字を空所に書きなさい。

(1) A ＿＿ ＿＿ D ＿＿ ＿＿ G ＿＿ ＿＿ J ＿＿ L

＿＿ O ＿＿ ＿＿ R ＿＿ ＿＿ U ＿＿ ＿＿ X ＿＿ Z

(2) a ＿＿ c ＿＿ e ＿＿ ＿＿ h ＿＿ ＿＿ ＿＿ ＿＿ m

＿＿ o ＿＿ ＿＿ ＿＿ ＿＿ s ＿＿ ＿＿ v ＿＿ x ＿＿ z

よく出る 2 次の大文字で書かれた単語を小文字に書きかえなさい。

(1) BOX

(2) JUMP

(3) BIG

(4) SOCCER

(5) WATCH

(6) SCHOOL

　name：名前　　bag：かばん　　box：箱　　jump：跳ぶ，ジャンプする　　watch：腕時計，見る

3 次のア，イの単語の下線部の発音が同じなら○を，異なるなら×を（ ）に書きなさい。

(1) ア <u>e</u>gg 　　イ t<u>e</u>n 　　　　（ 　 ）

(2) ア h<u>i</u>king 　イ f<u>i</u>sh 　　　（ 　 ）

(3) ア c<u>u</u>te 　　イ c<u>u</u>p 　　　（ 　 ）

(4) ア m<u>a</u>th 　　イ h<u>a</u>t 　　　（ 　 ）

(5) ア fa<u>th</u>er 　イ <u>th</u>ree 　　（ 　 ）

(6) ア <u>c</u>at 　　イ fa<u>c</u>e 　　　（ 　 ）

ここが ポイント
(1)～(4)は母音文字（a, e, i, o, u）の発音。
母音文字は２つ以上の発音がある。
(5)(6)子音文字の中にも２つ以上の発音があるものがある。

4 次のそれぞれの単語の空所には，同じつづりの文字が１つずつ入ります。発音に注意して，その文字を書きなさい。

(1) b＿＿seball （野球）　　er＿＿ser （消しゴム）

(2) n＿＿ne （9）　　　　l＿＿ke （好きである）

(3) b＿＿s （バス）　　　　r＿＿n （走る）

(4) ＿＿ld （古い）　　　　c＿＿ld （寒い）

まるごと 暗記
母音文字の発音
(1) a は[ei エイ]と読む場合がある。
(2) i は[ai アイ]と読む場合がある。
(3) u は[ʌ ア]と読む場合がある。
(4) o は[ou オウ]と読む場合がある。

5 次の単語の空所には，（ ）内の文字のどちらかが入ります。発音に注意してその文字を書きなさい。

(1) g＿＿een （緑色）　　　（ l　　r ）

(2) ＿＿ive （5）　　　　　（ f　　v ）

(3) ＿＿lock （時計）　　　（ c　　k ）

ミス注意
日本語にない音
● [l ル]と[r ル]
　[l] <u>l</u>ike, <u>l</u>ibrary
　[r] <u>r</u>ead, <u>r</u>uler
● [f フ]と[v ヴ]
　[f] <u>f</u>ive, <u>f</u>ine
　[v] <u>v</u>olleyball, <u>v</u>et
● [θ ス]と[ð ズ]
　[θ] <u>th</u>ree, bir<u>th</u>day
　[ð] fa<u>th</u>er, mo<u>th</u>er

6 次のそれぞれの単語の空所には，同じ発音をする同じアルファベットの２文字が入ります。その文字を書きなさい。

(1) r＿＿f （屋根）　　　z＿＿ （動物園）

(2) s＿＿ （海）　　　　＿＿t （食べる）

(3) h＿＿se （家）　　　m＿＿th （口）

ここが ポイント
・伸ばして読む
　roof の oo,
　sea の ea など。
・２つの母音で読む
　house の ou など。

実力判定テスト　ステージ 3 　Get Ready 〜 PROGRAM 0 　30分　/100　読聞書話

解答 ▶ p.2

1 LISTENING 次の絵が，対話の内容に合っていれば〇を，合っていなければ×を（ ）に書きなさい。 ♪ l01 3点×4（12点）

(1) Kenta　(2) Miki　(3) Takuya　(4) Yumi

(1) （ 　　 ）　(2) （ 　　 ）　(3) （ 　　 ）　(4) （ 　　 ）

2 次の文字をアルファベット順に並べかえなさい。 3点×2（6点）

(1) DFECG ＿＿＿＿＿＿＿＿＿　(2) rpsqt ＿＿＿＿＿＿＿＿＿

3 次の大文字で書かれた単語を小文字に書きかえなさい。 3点×4（12点）

(1) PIN ＿＿＿＿＿＿＿＿＿　(2) YEAR ＿＿＿＿＿＿＿＿＿

(3) JACKET ＿＿＿＿＿＿＿＿＿　(4) QUESTION ＿＿＿＿＿＿＿＿＿

4 次のア，イの単語の下線部の発音が同じなら〇を，異なるなら×を（ ）に書きなさい。

(1) ア gr<u>a</u>pe 　イ st<u>a</u>nd 　（ 　　 ） 2点×5（10点）

(2) ア <u>i</u>dol 　イ Fri<u>d</u>ay 　（ 　　 ）

(3) ア <u>Th</u>ursday 　イ <u>th</u>ey 　（ 　　 ）

(4) ア <u>cy</u>mbal 　イ <u>cu</u>rry 　（ 　　 ）

(5) ア si<u>ng</u> 　イ Tuesda<u>y</u> 　（ 　　 ）

5 次のア〜エの単語には，意味の上から，他の3つの単語のグループと異なるものが1つずつあります。その単語の記号を（ ）に書きなさい。 3点×4（12点）

(1) ア egg 　イ salad 　ウ omelet 　エ box

(2) ア red 　イ white 　ウ hat 　エ yellow

(3) ア baseball 　イ computer 　ウ basketball 　エ tennis

(4) ア juice 　イ flute 　ウ tea 　エ milk

(1) （ 　　 ）　(2) （ 　　 ）　(3) （ 　　 ）　(4) （ 　　 ）

目標 ●文字と発音の関係に注意して，アルファベットや身近な単語の読み書きができ，簡単な自己紹介もできるようにしよう。

自分の得点まで色をぬろう！

⊕がんばろう　⊕もう一歩　⊕合格！
0　　　　　　　　　　　　60　　80　　100点

6 次の各組の単語の空所には，同じつづりの文字が入ります。発音に注意して，その文字を書きなさい。　　　2点×3(6点)

(1)　s ＿＿＿ ndwich　（サンドイッチ）　　c ＿ ke　　（ケーキ）

(2)　＿＿＿ ym　（体育館）　　＿＿＿ ame　（ゲーム）

(3)　f ＿＿＿ d　（食べ物）　　c ＿＿＿ k　（料理する）

7 次のようなとき，英語でどう言うか。ア〜エから選び，記号で答えなさい。　5点×4(20点)

(1)　相手にどんなスポーツが好きかたずねるとき。　　　（　　　）

(2)　相手にどんな食べ物が好きかたずねるとき。　　　（　　　）

(3)　相手に泳げるかどうかたずねるとき。　　　（　　　）

(4)　相手に太田先生を知っているかたずねるとき。　　（　　　）

ア　Do you know Mr. Ota?　　　　イ　What food do you like?
ウ　What sport do you like?　　　エ　Can you swim?

8 次はケンタの自己紹介のメモである。ケンタになったつもりで，次の質問への答えをア〜カから選び，記号で答えなさい。　　4点×3(12点)

・名前：Tanaka　Kenta
・好きな教科：英語
・誕生日：1月9日
・加入したい部：テニス部

(1)　What subject do you like?　　　（　　　）

(2)　When is your birthday?　　　（　　　）

(3)　What club do you want to join?　　　（　　　）

ア　My birthday is January 9.　　　　イ　My birthday is October 9.
ウ　I like English.　　　　エ　I like math.
オ　I want to join the tennis team.　　カ　I want to join the English club.

9 次の〔　〕内の語を並べかえて，日本文に合う英文を書きなさい。ただし，文の最初にくる単語も小文字になっています。　　5点×2(10点)

(1)　私はくだものが好きです。　〔 fruit / like / I 〕.

(2)　あなたは何色が好きですか。　〔 do / what / you / like / color 〕?

確認のワーク　ステージ1　PROGRAM 1　友だちを作ろう ①

解答 p.2

読 聞 書 話

教科書の 要点　「私は〜です」「あなたは〜です」

♪ a03

| 私は〜です | I **am** Ami. | 私は亜美です。 |

主語　Iには am　　I am = I'm

| 私は〜ではありません | I'm **not** Ami. | 私は亜美ではありません。 |

am のあとに not

| あなたは〜です | You **are** Ami. | あなたが亜美です。 |

主語　you には are　You are = You're

要点

● 「私は〜です」と言うときは I am 〜. で表す。I am を短くした形(短縮形)の I'm もよく使う。

● 「私は〜ではありません」と否定する文を否定文といい，I'm not[I am not] 〜. で表す。

● 「あなたは〜です」と言うときは You are 〜. で表す。you are の短縮形 you're もよく使う。

プラス　・文には主語と動詞がある。上の文の I，you が主語，「〜です」の意味を表す am，are が動詞。

　・am，are を be 動詞という。be 動詞は，主語と，be 動詞のあとのことばを＝(イコール)の関係で結ぶ。　例　You are kind. (You＝kind) あなたは親切です。(あなた＝親切)

　・I'm や you're のような短縮形の(')をアポストロフィーという。

Words チェック　次の英語は日本語に，日本語は英語になおしなさい。

□(1)　shy　　　　（　　　　　　　）　　□(2)　friendly　　　（　　　　　　　）

□(3)　生徒，学生　＿＿＿＿＿＿＿＿　　□(4)　話す(t で始まる)　＿＿＿＿＿＿＿

1 絵を見て例にならい，「私は〜です」「あなたは〜です」という文を書きなさい。

例　I / Mika

(1)　I / Shota

(2)　I / shy

(3)　you / friendly

例　I am Mika.

(1)　I ＿＿＿＿＿＿ Shota.

(2)　＿＿＿＿＿ ＿＿＿＿＿ shy.

(3)　＿＿＿＿＿ ＿＿＿＿＿ friendly.

ここが ポイント

be 動詞
主語によって使い分ける。
主語が I → am
主語が you → are

　I：私は　　you：あなたは[を]　　am：(私は)〜です　　are：〜です

2 次の日本文に合うように，＿＿＿に適する語を書きなさい。

(1) 私は真央です。 ＿＿＿＿＿ Mao.

(2) あなたは親切です。 ＿＿＿＿＿ kind.

(3) 私は1年C組です。

＿＿＿＿＿ ＿＿＿＿＿ 1-C.

(4) 私は横浜の出身です。

＿＿＿＿＿ ＿＿＿＿＿ Yokohama.

3 次の文を否定文に書きかえるとき，＿＿＿に適する語を書きなさい。

(1) I am Maki.

＿＿＿＿＿ ＿＿＿＿＿ Maki.

(2) I am from London.

＿＿＿＿＿ ＿＿＿＿＿ from London.

4 次の日本文に合うように，＿＿＿に適する語を書きなさい。

(1) お会いできてうれしいです。

＿＿＿＿＿ to ＿＿＿＿＿ you.

(2) お手紙をありがとう。

＿＿＿＿＿ ＿＿＿＿＿ your letter.

WRITING Plus

次のようなとき，英語でどのように言うか書きなさい。

(1) 自分の出身地を伝えるとき。

(2) 相手に，あなたは1年A組です(ね)と言うとき。

ステージ **1**　**PROGRAM 1**　友だちを作ろう ②

解答　p.3

読 聞
書 話

📖 教科書の **要点**　「あなたは〜ですか」「どこの出身ですか」　♪ a04

| あなたは〜ですか | **Are** **you** from the U.S.? | あなたはアメリカ合衆国出身ですか。 |

主語の前に are　　主語

— No, I'm not.　　　　　— いいえ、違います。

| どこの出身ですか | **Where** are you from? | あなたはどこの出身ですか。 |

where を文頭に　— I'm from New Zealand.　— 私はニュージーランドの出身です。

└─具体的な「場所」を答える

要点

● 「あなたは〜ですか」とたずねる文(疑問文)は Are you 〜? で表す。
● 答えるときは Yes, I am. または No, I'm[I am] not. と言う。
● 「どこの出身ですか」と出身地をたずねる疑問文は、where を文頭に置き、are you from? を続ける。答えるときは I'm from 〜. の形で出身地を答える。
● ふつうの疑問文は最後を上げて(↗)読むが、where で始まる疑問文は下げて(↘)読む。

Words チェック　次の英語は日本語に、日本語は英語になおしなさい。

□(1)　Pardon me?　（　　　　　　　　　）　　□(2)　ほんとうに　＿＿＿＿＿＿＿＿＿

1 絵を見て例にならい、「あなたは〜ですか」という文とその答えの文を書きなさい。

例
Takuya

(1)
Aya

(2)
a student

(3)
from Kobe

例　Are you Takuya? — Yes, I am.

(1)　＿＿＿＿＿＿ you Aya? — Yes, I ＿＿＿＿＿＿.

(2)　＿＿＿＿＿＿＿＿＿＿＿ a student?

　　— No, I ＿＿＿＿＿＿＿＿＿.

(3)　＿＿＿＿＿＿＿＿＿＿＿＿＿ Kobe?

　　— Yes, ＿＿＿＿＿＿＿＿＿.

ここが ポイント

「あなたは〜ですか。」の
疑問文と答え方
・疑問文は、You are
〜. の are を you の前
に出して Are you 〜?
の形。
・答えの文は、主語を I
にして Yes, I am.
または No, I'm[I am]
not. で答える。

🗣 相手に「何とおっしゃいましたか」と聞き返す Pardon me? は終わりを上げて(↗)読む。

2 次の日本文に合うように，＿＿＿に適する語を書きなさい。

(1) あなたは先生ですか。

＿＿＿＿＿　＿＿＿＿＿ a teacher?

(2) ［(1)に答えて］　いいえ，違います。

No, ＿＿＿＿＿　＿＿＿＿＿ .

(3) あなたは 13 歳ですか。

＿＿＿＿＿　＿＿＿＿＿ thirteen?

(4) ［(3)に答えて］　はい，そうです。

Yes, ＿＿＿＿＿　＿＿＿＿＿ .

まるごと暗記

Are you ～?
— Yes, I am. /
No, I'm[I am] not.
疑問文の主語の you は，
答えの文では I になる。

表現メモ

年齢を表す言い方
(3)〈am[are] ＋ 数字〉で
「～歳です」という意味
を表す。
You are thirteen.
(あなたは 13 歳です。)

3 次の文を（　）内の指示にしたがって書きかえなさい。

(1) You are Yumi. （疑問文に）

＿＿＿＿＿　＿＿＿＿＿ Yumi?

(2) You are from China. （下線部をたずねる疑問文に）

＿＿＿＿＿　＿＿＿＿＿ from?

ここがポイント

「どこ」とたずねる疑問
文
be from ～ は「～の出
身である」。
「あなたはどこの出身で
すか」とたずねる疑問文
は where を文頭に置き，
Where are you from ～?
で表す。

4 次の日本文に合うように，＿＿＿に適する語を書きなさい。

(1) どういたしまして［問題ありません］。

＿＿＿＿＿　＿＿＿＿＿ .

(2) 私は海に行きたいです。

I ＿＿＿＿＿ go to the sea.

表現メモ

・No problem.
「どういたしまして［問
題ありません］。」
・want to ～
「～したい」
※ want to ～の～には
動詞が入る。

5 あなた自身について，〔　〕内の語を参考にして，日本
文に合う英文を作りなさい。

(1) 私は～です。

＿＿＿＿＿＿＿＿＿＿

(2) 私は～ではありません。

＿＿＿＿＿＿＿＿＿＿

〔 active　careful　cheerful　polite　quiet　serious 〕

ことばメモ

・active「活発な」
・careful「注意深い」
・cheerful「明るい」
・polite「ていねいな」
　　　　「礼儀正しい」
・quiet「静かな」
・serious「まじめな」
・honest「正直な」

文法のまとめ① 英語のしくみ be動詞 am, are /「どこ」とたずねる文

解答 p.4

まとめ

① **be動詞 am, are**

● 「私は～です。」は I am ～., 「あなたは～です。」は You are ～. と言う。

● 「～です」の意味を表す am, are を **be動詞**という。

● 否定文は am[are]のあとに not を置く。疑問文は主語の前に am[are]を出して作る。

肯定文 　**I** 　**am** 　Eita. 　　< 主語が I → be動詞は am

短縮形は I'm → 主語によって am, are を使い分ける

　　　　You 　**are** 　Tom. 　　< 主語が you → be動詞は are

短縮形は you're →

否定文 　I 　am 　**not** 　Ken. 　　< am, are のあとに not

　　　　You 　are 　**not** 　Jack.

　　　　└ 短縮形は aren't

疑問文 　**Are** 　you 　Tom? 　　< 主語の前に am, are を出す

　　　　— Yes, I am. / No, I am not. 　< 答えの文も be動詞を使う

② **「どこ」とたずねる文**

● 「どこ」と場所をたずねるときは **where** を文頭に置く。where のあとはふつうの疑問文の語順になる。

疑問文 　**Where** are you from?

答え方 　— I'm from Brazil.

練習

1 次の日本文に合うように, ＿＿＿ に適する語を書きなさい。

(1) 私はサッカーのファンです。

＿＿＿＿＿＿ ＿＿＿＿＿ a soccer ＿＿＿＿＿＿ .

(2) あなたは活発です。

＿＿＿＿＿＿ ＿＿＿＿＿ active.

(3) 私は医者ではありません。

＿＿＿＿＿＿ ＿＿＿＿＿ a doctor.

> (3)は否定文なので, be動詞のあとに not を置くよ。空所の数からあてはまる語を考えてね。

2 次の対話が成り立つように, ＿＿＿ に適する語を書きなさい。

(1) あなたは獣医ですか。— いいえ, 違います。

＿＿＿＿＿＿ ＿＿＿＿＿ a vet? — No, ＿＿＿＿＿＿ ＿＿＿＿＿ .

(2) あなたはどこの出身ですか。— 私は神戸の出身です。

＿＿＿＿＿＿ you from? — ＿＿＿＿＿＿ from Kobe.

 ステージ **1** Word Web 1　数の言い方　読 聞 書 話

英語のしくみ / Word Web 1

教科書の 要点　英語での数字の表し方　♪ a05

● 1〜20, 30〜100 までの数字(0 は zero)

one	two	three	four	five	six	seven
1	2	3	4	5	6	7
eight	nine	ten	eleven	twelve	thirteen	fourteen
8	9	10	11	12	13	14
fifteen	sixteen	seventeen	eighteen	nineteen	twenty	thirty
15	16	17	18	19	20	30
forty	fifty	sixty	seventy	eighty	ninety	one hundred
40	50	60	70	80	90	100

要点

● 13〜19 は,語尾に teen がつく。20, 30, …, 90 は,語尾に ty がつく。

● 21 は twenty-one, 22 は twenty-two, 99 は ninety-nine と表す。

● 101 は one hundred (and) one, 200 は two hundred と表す。

● 1,000 は one thousand, 10,000 は ten thousand と表す。

● 電話番号は数字を順番に 1 つずつ読む。0 は oh[オウ]または zero[ズィロウ]と読む。

● 「私は〜歳です」と年齢を言うときは,〈I'm[I am]＋数字.〉で表す。

1 数字の順になるように,_____ に適する語を書きなさい。

(1) one – _____ – _____ – four – _____

(2) ten – _____ – _____ – thirteen – _____

(3) twenty – _____ – _____ – _____ – sixty

2 次の電話番号の読み方を英語で書きなさい。

3746-1908

_____ – _____ – _____ – _____ ,

_____ – _____ – _____ – _____

3 次の日本文を英語になおしなさい。ただし,数字も英語で書くこと。

私は 14 歳です。　_____

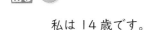 fourteen はあとの –teen の部分を,forty は前の for– の部分を強く発音する。

定着のワーク　ステージ 2　PROGRAM 1 〜 Word Web 1　解答 p.4　読 聞 書 話

🎧 **1 LISTENING** 対話を聞いて，内容に合う絵を１つ選び，記号で答えなさい。 ♪ l02

ア　イ　ウ　エ

（　　　）

重要ポイント

1 絵の人物の出身地と，何のファンかを聞き取る。

よく出る **2** 次の文の（　）内から適する語を選び，記号を〇で囲みなさい。

(1)　I（ア　am　　　イ　are）Shota.

(2)　You（ア　am　　　イ　are）Ami.

(3)　（ア　I　　　イ　You）are kind.

(4)　（ア　I　　　イ　I'm）not from Australia.

2

得点力を UP

am と are の使い方
● 主語が I → am
● 主語が you → are

よく出る **3** 次の日本文に合うように，＿＿＿ に適する語を書きなさい。

(1)　私はバスケットボールのファンです。

＿＿＿＿＿＿＿＿＿ a basketball ＿＿＿＿＿＿＿＿＿.

(2)　あなたは新入生ではありません。

＿＿＿＿＿＿＿＿＿＿＿＿＿＿＿＿＿ a new student.

(3)　私は動物園に行きたいです。

I ＿＿＿＿＿＿＿＿＿＿＿＿ go to the zoo.

3 (3)「〜に行きたい」は want to 〜で表す。

テストに 出る！

・「あなたは〜ではありません」
→ You aren't [are not] 〜.
・「あなたは〜ですか」
→ Are you 〜?
答えるときは，Yes, I am. / No, I'm [I am] not. で答える。

よく出る **4** 次の文を（　）内の指示にしたがって書きかえなさい。

(1)　I am from Hokkaido.（下線部を「あなたは」にかえて）

(2)　I'm shy.（否定文に）

レベル UP (3)　You're from the U. S.（下線部をたずねる疑問文に）

4 (3)「あなたは〜出身です」の〜の部分をたずねるので where を使って「あなたはどこの出身ですか」とたずねる疑問文にする。

5 次の対話文を読んで，あとの問いに答えなさい。

Mao : Nice to meet you.

Daniel : ①(　　　　　　　　) too.　I'm in 1-B.

Mao : Me too.　②[from / not / Mirai City / I'm].

Daniel : ③You're just like me.

(1) ①の( )に入るダニエルの応答を英語で書きなさい。

_____ too.

(2) 下線部②の[ ]内の語句を並べかえて，意味の通る英文にしなさい。

_____

(3) 下線部③を日本語になおしなさい。

(　　　　　　　　　　　　　　　　　　　　　　)

(4) 真央になったつもりで，次の質問に英語で答えなさい。
Are you in 1-B, Mao?

_____

_____

6 次の対話が成り立つように，＿＿に適する語を書きなさい。

(1) A : Are you Ben?

B : No, _____ _____. I'm Bill.

(2) A : Are you from Kyoto?

B : Yes, _____ _____.

7 次の日本文を英語になおしなさい。

(1) 私はイギリス(the U.K.)の出身です。

_____

(2) あなたもテニスのファンですか。— いいえ，違います。

_____

_____

—

ちょっと BREAK　the U. S. の U. と S. は何を表しているのかな？　➡答えは次のページ

解答 p.5

実力判定テスト　ステージ3　PROGRAM 1 〜 Word Web 1　30分　/100　読聞書話

1 LISTENING (1)〜(3)の対話を聞いて，対話の最後のチャイムのところに入る英文として適するものを1つずつ選び，記号で答えなさい。　♪ l03　2点×3(6点)

(1) ア　I'm Yuka.　　　　　　　イ　I'm not Sumire.
　　ウ　Nice to meet you too Kenta.　エ　Yes, I am.　　　　（　　　）

(2) ア　Yes, I am.　　　　　　　イ　No, you aren't.
　　ウ　I'm twelve.　　　　　　エ　I'm not a new student.　（　　　）

(3) ア　I'm a student.　　　　　イ　I'm busy.
　　ウ　I'm from Australia.　　エ　I'm from New Zealand.　（　　　）

2 次の日本文に合うように，＿＿＿に適する語を書きなさい。　4点×3(12点)

(1) こんにちは，私はケントです。— まあ，あなたがケントですね。

Hi, ＿＿＿＿＿＿ Kent. — Oh, ＿＿＿＿＿＿ Kent.

(2) あなたと私は活発です。

You ＿＿＿＿＿＿ I ＿＿＿＿＿＿ active.

(3) 花を（いただいて）ありがとう。

＿＿＿＿＿＿ the flower.

3 次の〔　〕内の語を並べかえて，日本文に合う英文を書きなさい。　6点×2(12点)

(1) 私も新入生です。　〔 student / new / too / I'm / a 〕.

(2) 私はサッカーのファンではありません。　〔 a / I'm / not / fan / soccer 〕.

4 次の日本語に合うように，＿＿＿に適する数字以外の英語を書きなさい。　5点×2(10点)

(1) 私は12歳です。　I'm ＿＿＿＿＿＿.

(2) 5,260円

five ＿＿＿＿＿＿ two ＿＿＿＿＿＿ yen

ちょっとBREAKの答え　U. は United（連合した），S. は States（州）を略したものだよ。

目標
●英語で「私は〜です」と自己紹介をしたり，「あなたは〜ですか」と相手のことをたずねたり答えたりできるようにしよう。

自分の得点まで色をぬろう!
😣がんばろう　😥もう一歩　😊合格!
0　　　　　　　60　80　100点

5 次の対話文を読んで，あとの問いに答えなさい。 (計25点)

Emily : ① I want to go to the gym.
　Ken : I see. ②(　　　)(　　　).
Emily : Thanks. You're so (　③　).
　Ken : No problem. ④(　　)(　　)(　　)(　　)?
Emily : I'm from Australia.

(1) 下線部①を日本語になおしなさい。 (6点)
　(　　　　　　　　　　　　　　　　　　　　　　　)

(2) 下線部②が「行きましょう。」という意味になるように，(　)に適する語を書きなさい。 (6点)
　＿＿＿＿＿＿＿＿＿．

(3) ③の(　)に入る適切な語をア〜エから選び，記号で答えなさい。 (5点)
　ア funny　　イ quiet　　ウ sad　　エ helpful　　(　　)

(4) 下線部④の英文を完成させなさい。 (8点)
　＿＿＿＿＿＿＿＿＿＿?

6 次は中学生の森春香さんが，英語で自己紹介をするために書いたメモです。メモの内容に合うように＿＿に適する英語を書き，(1)〜(3)の英文を完成させなさい。 7点×3(21点)

(1) I ＿＿＿＿＿＿＿＿．
(2) I ＿＿＿＿＿＿＿＿．
(3) I ＿＿＿＿＿＿＿＿．

(1) 名前：Mori Haruka
(2) 出身地：千葉(Chiba)
(3) テニスのファンである。

7 次のようなとき，英語でどう言うか書きなさい。 7点×2(14点)
(1) 初対面の人に，はじめましてとあいさつするとき。

(2) 相手が13歳かどうかたずねるとき。 (ただし数字も英語で書くこと)

確認のワーク　ステージ1　PROGRAM 2　1-B の生徒たち ①　読 聞 書 話

教科書の 要点　「〜します」「〜しません」/ 数の言い方　♪ a06

| 肯定文 | I　have a banana. | 私はバナナを 1 本持っています。 |

動詞の前に don't

| 否定文 | I don't have a banana. | 私はバナナを持っていません。 |

要点 1
- ●「…は〜を持っている」（状態）や，「…は〜をする」（動作）は，〈主語＋動詞 〜.〉の形で表す。
- ●「〜を持っていない」「〜をしない」という否定文は，動詞の前に don't を置いて表す。

プラス am, are などを be 動詞というのに対し，「〜する」の意味を表す have, eat などを一般動詞という。

1つの〜	I eat a banana.	私はバナナを 1 本食べます。
	I eat an apple. ＜母音で始まる語の前では an	私はリンゴを 1 個食べます。
複数の〜	I eat three apples.	私はリンゴを 3 個食べます。

要点 2
- ● 1 つ[1 人]のもの[人]を表す名詞の形を**単数形**といい，2 つ以上のもの[人]を表す名詞の形を **複数形**という。多くの名詞は apples のように，語尾に s または es をつけて複数形にする。

プラス a は「1 つ[1 人]の」の意味。母音（ア・イ・ウ・エ・オに似た音）で始まる語の前では an を使う。

Wordsチェック　次の英語は日本語に，日本語は英語になおしなさい。

□(1) bike （　　　　　　　） 　□(2) 絵，写真 　＿＿＿＿＿＿＿

1 絵を見て例にならい，「私は〜します」という文を書きなさい。

例　have / a book

(1) have / a pen

(2) eat / an orange

(3) play / tennis

例　I have a book.

(1) I ＿＿＿＿＿ a pen.

(2) I ＿＿＿＿＿＿＿＿ orange.

(3) I ＿＿＿＿＿＿＿＿＿ .

ここがポイント

「〜を」を表す語
have などの動詞のあとには「〜を」を表す語（目的語）がくる。日本語との語順の違いに注意。

| I | have | a book. |
| 私は | 持っている | 本を |

 book：本　　pen：ペン　　orange：オレンジ　　tennis：テニス

2 次の日本文に合うように，____ に適する語を書きなさい。

(1) 私はかばんを 3 つ持っています。

I ____ three ____ .

(2) 私は箱を 2 つ作ります。

I ____ two ____ .

(3) 私はリンゴを 1 個食べます。

I ____ apple.

ここがポイント

複数形の作り方
● ふつうは -s
　cup → cups
● 語尾が -s, -x, -ch などの語
　box → boxes
● 語尾が〈子音字＋y〉の語
　city → cities

ミス注意

(3) apple は母音（ア・イ・ウ・エ・オに似た音）で始まる語。「1 つの」は a のかわりに an を使う。

3 次の文を否定文に書きかえなさい。

(1) I like music.

_____

(2) I play soccer.

_____

ここがポイント

一般動詞の否定文
動詞の前に don't [do not] を置いて作る。〈主語＋don't [do not] ＋動詞〜.〉の形。

4 次の日本文に合うように，____ に適する語を書きなさい。

(1) 私は毎日たまごを食べます。

I eat an egg ____ .

(2) 私は放課後ピアノをひきます。

I play the piano ____ .

(3) 私の写真を見てください。

____ my picture.

ことばメモ

・every day
　「毎日」
・after school
　「放課後」
・look at 〜
　「〜を見る」

5 日本文に合う英文を作りなさい。

(1) 私はときどきテレビを見ます。

I sometimes ____ .

(2) 私は毎週日曜日に昼食を作ります。

I ____ every Sunday.

表現メモ

・watch TV
　「テレビを見る」
・read a book
　「本を読む」
・cook dinner
　「夕食を料理する」
・make lunch
　「昼食を作る」
・listen to music
　「音楽を聞く」

確認のワーク　ステージ**1**　**PROGRAM 2** 1-B の生徒たち ②　

解答 ▶ p.6 読聞書話

教科書の 要点 「あなたは〜しますか」「いつ〜しますか」 ♪a07

Do you often **climb** mountains?　＜主語の前に do　あなたはよく山に登りますか。

— Yes, I **do**. / No, I **don't**.　＜答えの文でも do を使う　— はい，登ります。／ いいえ，登りません。

要点1
● 「あなたは〜しますか」という疑問文は，〈Do you ＋一般動詞 〜?〉で表す。
● 答えるときは，Yes, I do. または No, I don't. と言う。don't は do not の短縮形。

文頭に ▶**When** do you climb? — On weekends.　あなたはいつ登りますか。— 週末です。

要点2
● 「いつ〜しますか」とたずねるときは疑問詞の when で文を始める。答えは「時」を答える。

Words チェック 次の英語は日本語に，日本語は英語になおしなさい。

□(1) tomorrow （　　　　　）　□(2) 夕食 ＿＿＿＿＿

1 絵を見て例にならい，「あなたは〜が好きですか」の文とその答えの文を書きなさい。

例 Do you like math? — No, I don't.

(1) ＿＿＿ you ＿＿＿ English?

— Yes, I ＿＿＿.

(2) ＿＿＿ you ＿＿＿ milk?

— No, I ＿＿＿.

(3) ＿＿＿＿＿＿

— ＿＿＿＿＿＿

ここが ポイント
一般動詞の疑問文
〈Do you＋一般動詞 〜?〉の形で「あなたは〜しますか」の意味。
答え方，Yes, I do. または No, I don't.。

ミス注意
like のあとの名詞
数えられる名詞はふつう複数形にする。教科名，スポーツ名，milk などの数えられない名詞はいつでもそのままの形。

 math：数学　English：英語　milk：牛乳　baseball：野球

よく出る **2** 次の日本文に合うように　　　　に適する語を書きなさい。

(1) あなたはいつ走るのですか。

_____ _____ you run?

(2) [(1)に答えて] 私は午前中に走ります。

I run _____ _____ _____.

(3) 私は夜に音楽を聞きます。

I listen to music _____ _____.

> **まるごと暗記**
> **時を表す語句**
> ・in the morning [afternoon]
> 「午前(中) [午後]に」
> ・at night
> 「夜は[に]」
> ・after school
> 「放課後」
> ・before[after] ～
> 「～の前[あと]に」

よく出る **3** 次の文を( )内の指示にしたがって書きかえなさい。

(1) You take a bath after dinner. (疑問文に)

(2) You go shopping after lunch. (下線部をたずねる疑問文に)

> **ここがポイント**
> (2) after lunch は時を表す語句。「いつ買い物に行きますか」という疑問文に。when を文頭に置く。

4 次の日本文に合うように, 　　　に適する語を書きなさい。

(1) 私はイヌがとても好きです。

I like dogs _____ _____.

(2) テニスをしましょう。— そうしましょう。

Let's play tennis. — _____, _____.

(3) 私は音楽が好きです。あなたはどうですか。

I like music. _____ _____ you?

> **表現メモ**
> ・take a bath
> 「ふろに入る」
> ・go shopping
> 「買い物に行く」
> ・very much
> 「とても, 非常に」
> ・Yes, let's.
> 「そうしましょう。」
> (Let's ～. への応答)
> ・How about ～?
> 「～はどうですか。」

WRITING Plus

次の質問に, あなた自身の答えを英語で書きなさい。

(1) Do you like dogs?

(2) When do you usually watch TV?

文法 のまとめ❷ 〔英語のしくみ〕 一般動詞 / 複数形 / 「いつ」とたずねる文 〔読 聞 書 話〕

まとめ

① 一般動詞

●一般動詞は，動作（「～する」），思い（「～が好きだ」），状態（「～を持っている」）などを表す。

肯定文	I	like tennis.	＜〈主語＋動詞～.〉の形
否定文	I do not	like tennis.	＜動詞の前に do not[don't] を置く
疑問文	Do you	like tennis?	＜主語の前に do を置く
	— Yes, I do. / No, I don't.		＜答えの文でも do を使う

② 複数形

●数えられる名詞は複数を表すとき，複数形にする。複数形は次のようにして作る。

ふつうの名詞	語尾に -s をつける	book → books　cup → cups　[s ス] boy → boys　　girl → girls　[z ズ]
語尾が -s, -sh, -ch, -x	語尾に -es をつける	box → boxes　watch → watches　[iz イズ]
語尾が〈子音字＋y〉	y を i にかえ -es をつける	city → cities　　[z ズ]

③ 「いつ」とたずねる文

●「いつ～しますか。」とたずねるときは when を文頭に置き，When do you ～? の形。

　When do you play soccer? — I play soccer on Sundays.
　　└when を文頭に　　　　　　　　　　　└具体的な「時」を答える

練習

1 次の日本文に合うように，＿＿＿に適する語を書きなさい。

(1) 私はサッカーが好きです。

　　I ＿＿＿＿＿＿＿＿＿＿＿＿＿＿ .

(2) 私はコーヒーを飲みません。

　　I ＿＿＿＿＿＿＿＿＿＿＿＿ coffee.

(3) あなたは日本語を話しますか。— いいえ，話しません。

　　＿＿＿＿＿＿＿＿＿＿＿＿＿＿＿＿ Japanese?

　　— No, ＿＿＿＿＿＿＿＿＿＿ .

(4) あなたはいつふろに入りますか。— 私は夕食前に入ります。

　　＿＿＿＿＿＿＿＿＿＿ you ＿＿＿＿＿＿ a bath?

　　— I ＿＿＿＿＿ a bath ＿＿＿＿＿ dinner.

2 次の文を（ ）内の指示にしたがって書きかえなさい。

(1) I play video games. （否定文に）

(2) You study math at night. （疑問文に）

(3) You clean your room on Saturdays. （下線部をたずねる疑問文に）

3 次の文の ＿＿＿＿ に，（ ）内の語を適する形になおして書きなさい。

(1) I have three ＿＿＿＿＿＿＿ . (brother)

(2) I have two ＿＿＿＿＿＿＿ . (watch)

(3) Kyoto and Nara are old ＿＿＿＿＿＿＿ . (city)

4 次の日本文に合うように，＿＿＿ に適する語を書きなさい。

(1) 私は金曜日は6時間授業があります。

I ＿＿＿＿＿＿ six ＿＿＿＿＿＿ on Fridays.

(1)「授業」を表すことばに気をつけて。「6時間授業」なので，複数を表しているよ。

(2) あなたはしばしば納豆を食べますか。

＿＿＿＿＿＿ you often ＿＿＿＿＿＿ natto?

(3) [(2)に答えて] はい，食べます。

＿＿＿＿＿＿ , ＿＿＿＿＿＿ .

5 次の日本文を英語になおしなさい。

(1) 私はリンゴは好きではありません。

(2) あなたはいつ買い物に行きますか。 （go shopping を使って）

確認のワーク　ステージ1　Word Web 2　曲日と天気の言い方
Steps 1　英語でやりとりしよう ①　読聞書話

解答 p.8

教科書の 要点　曲日と天気の言い方　♪ a08

What day is it today? — It's Sunday.　今日は何曲日ですか。— 日曜日です。
　　　　　　　　└ it を使う　　　└ 曲日名を答える

要点 1 ·······

●曲日をたずねるときは What day is it today? と言い，主語に it を使う。この it は訳さない。

●答えるときは，〈It's＋曲日名.〉で表す。曲日名の最初の文字は大文字で書く。

　Sunday　Monday　Tuesday　Wednesday　Thursday　Friday　Saturday
（日曜日）（月曜日）（火曜日）（水曜日）　（木曜日）（金曜日）（土曜日）

プラス　曲日をたずねるときは What day of the week is it today? とも言う。答え方は同じ。

How's the weather today? — It's cloudy.　今日の天気はどうですか。— くもりです。
　　　　　　　└ it を使う　└ 天気を答える

要点 2 ·······

●天気をたずねるときは，How's the weather? と言う。How's は How is の短縮形。

●天気について述べるときも it を主語にして，It's(＝It is)のあとに天気を表す語を続ける。

1 日曜日から土曜日まで順に英語で書きなさい。

　＿＿＿＿ → ＿＿＿＿ → ＿＿＿＿ → ＿＿＿＿

　＿＿＿＿ → ＿＿＿＿ → ＿＿＿＿

よく出る 2 次の日本文に合うように，＿＿＿ に適する語を書きなさい。

(1) 今日は何曲日ですか。— 月曜日です。

　＿＿＿＿ day is ＿＿＿＿ today?

　— ＿＿＿＿ ＿＿＿＿ .

(2) 天気はどうですか。— 雨です。

　＿＿＿＿ the weather? — ＿＿＿＿ rainy.

(3) あなたはどこでテニスをしますか。— 私は公園でテニスをします。

　＿＿＿＿ you play tennis?

　— I ＿＿＿＿ tennis in the ＿＿＿＿ .

まるごと 暗記

曲日のたずね方
What day is it today?
— It's Thursday.
天気のたずね方
How's the weather?
— It's sunny.

ここが ポイント

場所や時をたずねる疑問文
●場所をたずねる
　Where do you 〜?
　—〈I 〜＋場所.〉
●時をたずねる
　When do you 〜?
　—〈I 〜＋時.〉

確認のワーク　ステージ1　アクションコーナー　命令文

Word Web 2 〜 アクションコーナー

教科書の 要点　「〜しなさい」「〜してはいけません」の文　♪ a09

命令文	**Play** tennis.	テニスをしなさい。
	動詞で始める	
否定の命令文	**Don't** play soccer.	サッカーをしてはいけません。
	動詞の前に Don't	

要点

● 「〜しなさい」と命令するときは，主語を省略し，動詞で文を始める。これを命令文という。

● 「〜してはいけません」と禁止するときは，命令文の前に Don't を置く。

プラス please をつけるとていねいな言い方になる。please はふつう文の最初か最後につける。

例 Please use my pen. / Use my pen, please.　どうぞ私のペンを使ってください。

Words チェック　次の英語は日本語に，日本語は英語になおしなさい。

□(1) song　（　　　　　　）　　□(2) close　（　　　　　　）

□(3) touch　（　　　　　　）　　□(4) some　（　　　　　　）

□(5) 開ける，開く　　　　　　　　□(6) 書く

① よく出る　次の日本文に合うように，＿＿＿ に適する語を書きなさい。

(1) 部屋を掃除しなさい。

　＿＿＿＿＿＿ your ＿＿＿＿＿＿ .

(2) 私のコンピュータを使ってはいけません。

　＿＿＿＿＿＿ ＿＿＿＿＿＿ my computer.

(3) どうぞ歌を歌ってください。

　＿＿＿＿＿＿ a song, ＿＿＿＿＿＿ .

**② **　次の文を（ ）内の指示にしたがって書きかえなさい。

(1) You study English. （「〜しなさい」という文に）

(2) Watch TV. （「〜してはいけません」という文に）

ここがポイント

命令文
形：動詞で始める。
意味：「〜しなさい」

否定の命令文
形：〈Don't＋動詞 〜.〉
意味：「〜してはいけません」

表現メモ

・clean your room
「部屋を掃除する」
・use a computer
「コンピュータを使う」
・sing a song
「歌を歌う」
・study English
「英語を勉強する」
・watch TV
「テレビを見る」

解答　p.9

PROGRAM 2 〜 アクションコーナー　読聞書話

1 LISTENING 英文を聞いて，内容に合う絵を1つ選び，記号で答えなさい。 104

ア　イ　ウ　エ

（　　　）

2 次の文の（ ）内から適する語を選び，記号を〇で囲みなさい。

(1) I eat two （ ア　egg 　　イ　eggs ）for breakfast.

(2) （ ア　Are 　　イ　Do ）you from the U.K.?

(3) You （ ア　don't 　　イ　aren't ）like tomatoes.

(4) （ ア　How 　　イ　What ）day is it today?

3 次の日本文に合うように，＿＿＿に適する語を書きなさい。

(1) 今日は木曜日です。

＿＿＿＿＿＿ ＿＿＿＿＿＿ today.

(2) 昼食を食べましょう。— そうしましょう。

＿＿＿＿＿＿ eat lunch. — Yes, ＿＿＿＿＿＿.

(3) 私はいくつか質問があります。

I ＿＿＿＿＿＿.

4 次の文を（ ）内の指示にしたがって書きかえなさい。

(1) You make *sushi*. （疑問文にして Yes で答える文も）

＿＿＿＿＿＿ — ＿＿＿＿＿＿

(2) I read a book at night. （否定文に）

＿＿＿＿＿＿

(3) You run on Saturdays. （下線部をたずねる疑問文に）

＿＿＿＿＿＿

重要ポイント

1 絵の人物が好きな教科とよくするスポーツに注意して聞く。

2

得点力をUP

●一般動詞の疑問文と否定文
・Do you 〜?
・I[You] don't 〜.
●be 動詞の疑問文と否定文
・Are you 〜?
・I'm[You're] not 〜.

3 (2)「〜しましょう」は Let's 〜. で表す。

(3)「いくつか」は複数を表す。「質問」は複数形に。

テストに出る!

曜日や天気を表す文
〈It's[It is]＋曜日[天気].〉の形で it を主語にして表す。この it に「それは」の意味はない。

4 (3)「あなたは土曜日に走ります」を，when を使って「あなたはいつ走りますか」という疑問文にする。

5 次の対話文を読んで，あとの問いに答えなさい。

Mao : I draw pictures ①every day.
Daniel : Every day! ②[don't / pictures / draw / I].
Mao : Really? ③(　　　　) (　　　　) my notebooks!
Daniel : Wow, flip books! You're a great (　④　).

(1) 下線部①を日本語になおしなさい。
(　　　　　　　　　　　　　　　)

(2) 下線部②の〔　〕内の語を並べかえて，意味の通る英文にしなさい。
＿＿＿＿＿＿＿＿＿＿＿＿＿＿＿＿＿＿＿＿＿
＿＿＿＿＿＿＿＿＿＿＿＿＿＿＿＿＿＿＿＿＿

(3) 下線部③が「私のノートを見て！」という意味になるように，(　)に適する語を書きなさい。
＿＿＿＿＿＿＿＿＿＿＿＿ my notebooks!

(4) ④の(　)に入る最も適切な語をア～エから選び，記号で答えなさい。(　　　)
ア teacher　イ cook　ウ artist　エ astronaut

6 次の対話が成り立つように，＿＿＿に適する語を書きなさい。

(1) A : Do you drink Japanese tea, Ben?
B : No, ＿＿＿＿＿＿＿＿＿＿＿＿＿＿＿.

(2) A : ＿＿＿＿＿＿＿＿＿＿＿＿ you play tennis?
B : I play tennis in the park.

7 次の日本文を英語になおしなさい。

(1) 顔を洗いなさい。
＿＿＿＿＿＿＿＿＿＿＿＿＿＿＿＿＿＿＿＿＿
＿＿＿＿＿＿＿＿＿＿＿＿＿＿＿＿＿＿＿＿＿

(2) 東京の天気はどうですか。―晴れです。
＿＿＿＿＿＿＿＿＿＿＿＿＿＿＿＿＿＿＿＿＿
＿＿＿＿＿＿＿＿＿＿＿＿＿＿＿＿＿＿＿＿＿
＿＿＿＿＿＿＿＿＿＿＿＿＿＿＿＿＿＿＿＿＿
― ＿＿＿＿＿＿

PROGRAM 2 ～ アクションコーナー

重要ポイント

5 (2) don't があるので一般動詞の否定文を考える。
(3)動詞で始まる命令文。「～(のほう)を見る」という連語が入る。
(4)真央のノートを見て言っている。最初の文のdraw pictures とつながりのある単語を考える。

6

得点力をUP

一般動詞の疑問文
①〈Do you＋動詞 ～?〉
― Yes, I do. / No, I don't [do not].
②〈When do you＋動詞 ～?〉
― 〈I＋動詞～＋時.〉
③〈Where do you＋動詞 ～?〉
― 〈I＋動詞～＋場所.〉
※②③では，時，場所だけを簡潔に答えることもある。

7 (1)「～しなさい」は動詞で始める命令文。
(2)天気をたずねるときはhow を文頭に置く。「東京の」は in Tokyo で表す。「天気」は weather。答えの文では it を主語にする。

ちょっと **BREAK** picture は「絵，写真」。では picture book とは何のこと？　➡答えは次のページ

実力判定テスト　ステージ3　PROGRAM 2 〜 アクションコーナー　30分　/100

解答 ▶ p.9

読 聞
書 話

1 LISTENING　対話を聞いて，対話の中のチャイムのところに入る英文として適するものを1つずつ選び，記号で答えなさい。

♪ 105　2点×3(6点)

(1)　ア　Yes, I do.　　　　　　　　　イ　Yes, I am.
　　　ウ　I don't like sports.　　　エ　I play soccer too.　　　（　　　）

(2)　ア　Yes, I do.　　　　　　　　　イ　No, I don't.
　　　ウ　After dinner.　　　　　　　エ　I listen to music.　　（　　　）

(3)　ア　I usually run.　　　　　　　イ　I run in the morning.
　　　ウ　I run in the gym.　　　　　エ　I run after school.　　（　　　）

2 次の日本文に合うように，＿＿＿に適する語を書きなさい。　5点×4(20点)

(1)　私は音楽が大好きです。あなたはどうですか。

　　　I like music very ＿＿＿＿＿. ＿＿＿＿＿ ＿＿＿＿＿ you?

(2)　あなたは夕食後にふろに入りますか。― いいえ，入りません。

　　　＿＿＿＿＿ you ＿＿＿＿＿ a bath ＿＿＿＿＿ dinner?

　　　― ＿＿＿＿＿, I ＿＿＿＿＿.

(3)　私は夜はテレビゲームをしません。

　　　I ＿＿＿＿＿ ＿＿＿＿＿ video games ＿＿＿＿＿ night.

(4)　私は今日，授業が5時間あります。

　　　I ＿＿＿＿＿ ＿＿＿＿＿ ＿＿＿＿＿ today.

3 次の〔 〕内の語を並べかえて，日本文に合う英文を書きなさい。　6点×3(18点)

(1)　その写真を見て。　〔 the / look / picture / at 〕.

(2)　あなたはよく買い物に行きますか。　〔 go / often / you / shopping / do 〕?

(3)　ここで歌を歌ってはいけません。　〔 sing / here / song / don't / a 〕.

ちょっとBREAKの答え　picture book は「絵本」のことだよ。picture card なら「絵はがき」だよ。

目標 ●英語で「私は〜します」と言ったり，「あなたは〜しますか」と相手のことをたずねたり答えたりできるようにしよう。

4 次の対話文を読んで，あとの問いに答えなさい。 (計28点)

Daniel : ① [basketball / you / do / when / play]?

Emily : During lunch break.

Daniel : I play basketball too.

Emily : ② Let's play together tomorrow.

Daniel : ③ (　　　), (　　　).

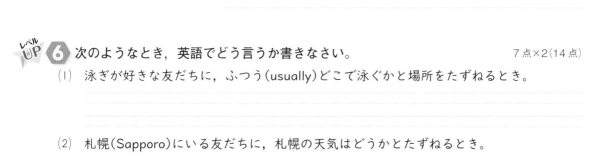

(1) 下線部①の〔　〕内の語を並べかえて，意味の通る英文にしなさい。 (7点)

(2) 下線部②を，play の内容を具体的にしながら日本語になおしなさい。 (7点)
（　　　　　　　　　　　　　　　　　　　　　　　　　　　　　　　）

(3) 下線部③が「そうしましょう。」という意味になるように，（　）に適する語を書きなさい。
(6点)
＿＿＿＿＿＿＿＿ , ＿＿＿＿＿＿＿＿ .

(4) ダニエルになったつもりで，次の質問に英語で答えなさい。 (8点)
Do you play basketball, Daniel?

5 次の3つの話題から1つ選び，①あなたが好きなものと，②好きではないものを表す英文をそれぞれ1つずつ書きなさい（例：テニス，数学，ピザなど）。 7点×2(14点)

・スポーツ　　①
・教科
・食べ物，飲み物　②

6 次のようなとき，英語でどう言うか書きなさい。 7点×2(14点)

(1) 泳ぎが好きな友だちに，ふつう(usually)どこで泳ぐかと場所をたずねるとき。

(2) 札幌(Sapporo)にいる友だちに，札幌の天気はどうかとたずねるとき。

解答　p.10

ステージ **1**　**PROGRAM 3**　タレントショーを開こう ① 読聞書話

教科書の 要点 「〜することができます」「〜することができません」 ♪ a10

肯定文　I　**can**　make　*sushi*.　私はすしを作ることができます。

↓　否定文は can を can't に

否定文　I　**can't**　eat　fish.　私は魚を食べられません。

can や can't は動詞の前に置く。can't は cannot の短縮形。cannot は can not と離して書かない。

要点

●「〜することができます」と言うときは，動詞の前に **can** を置く。

●「〜することができません」（否定文）と言うときは，動詞の前に **can't[cannot]** を置く。

● can のように，動詞の前に置き，動詞に意味をつけ加える働きをするものを助動詞という。

プラス　主語が何であっても〈can＋動詞〉の形は同じで変わらない。

主語が you　You can play basketball well.

主語が he　He can play basketball well.

Wordsチェック 次の英語は日本語に，日本語は英語になおしなさい。

□(1)　cousin　　　　　（　　　　　　　　）　　□(2)　perform　　　　（　　　　　　　　）

□(3)　キロメートル　＿＿＿＿＿＿＿　　□(4)　それでは，それなら＿＿＿＿＿＿

□(5)　級友，クラスメート＿＿＿＿＿＿　　□(6)　見せ物，番組，ショー＿＿＿＿＿

1 絵を見て例にならい，「…は〜することができます」という文を書きなさい。

例　I / play tennis well

(1)　I / cook curry

(2) ワタシハ ニホンゴヲ　You / speak Japanese

(3)　Maki / play the piano

例　I can play tennis well.

(1)　I ＿＿＿＿＿＿＿ cook curry.

(2)　You ＿＿＿＿＿＿＿＿＿＿＿ Japanese.

(3)　Maki ＿＿＿＿＿＿＿＿＿＿＿＿ the piano.

ここがポイント

can を使った文

●「〜することができる」は〈can＋動詞〉の形で表す。主語が何であってもこの形は同じ。

●「〜することができない」は〈can't[cannot]＋動詞〉の形で表す。

2 次の文を否定文に書きかえるとき，＿＿に適する語を書きなさい。

(1)　I can ski.

I ＿＿＿＿＿＿＿ ski.

(2)　Aya can make a cake.

Aya ＿＿＿＿＿＿ ＿＿＿＿＿＿ a cake.

can't は [kænt]，cannot は [kǽnɑt] と発音するよ。

3 次の文を（ ）内の指示にしたがって書きかえるとき， ___ に適する語を書きなさい。

(1) I sing English songs. （「～できます」の意味の文に）

I _____ _____ English songs.

(2) You can dance well. （「～できません」の意味の文に）

You _____ _____ well.

(3) My sister can make *natto* rolls. （否定文に）

My sister _____ _____ *natto* rolls.

4 次の〔 〕内の語を並べかえて，日本文に合う英文を書きなさい。

(1) 私のおじはじょうずにスケートをすることができます。

〔 uncle / can / my / skate 〕 well.

_____ well.

(2) 私はピアノをひくことができません。

〔 the / I / play / can't / piano 〕.

_____

5 次の日本文に合うように， ___ に適する語を書きなさい。

(1) クラスメートといっしょに練習しましょう。

Let's practice _____ our classmates.

(2) 音楽祭を楽しみましょう。

Let's _____ _____ at the music festival.

(3) あなたはそのレストランですばらしい時を過ごすことができます。

You can _____ a _____ _____

at the restaurant.

6 次の表は，アヤの家族や親せきについて書かれたものです。例にならい，アヤになったつもりで，「私の～は…できます」という文を書きなさい。

人物		できること
例	sister	ski
(1)	uncle	swim
(2)	cousin	cook pizza
(3)	grandmother	play tennis

例 My sister can ski.

(1) My _____ can _____ .

(2) My _____ .

(3) My _____ .

まるごと 暗記

「～できる」
→ can ～
「～できない」
→ can't［cannot］ ～

ここが ポイント

(1)**肯定文**
動詞の前に can を置き，
〈can＋動詞〉の形に。

(2)(3)**否定文**
動詞の前に can't
［cannot］を置き，
〈can't［cannot］＋動詞〉
の形に。

PROGRAM 3

表現メモ

●with ～
「～といっしょに」
●have fun at ～
「～を楽しむ」
●have a great time
「すばらしい時を過ごす」

ミス注意

cousin は「いとこ」の
意味で男女ともに使う。
grandmother は grand
と mother を離さない。

確認のワーク　ステージ1

解答 p.11

PROGRAM 3 タレントショーを開こう ② 読聞書話

教科書の 要点 「〜することができますか」「何を〜することができますか」 ♪ a11

can の疑問文 Can you cook?　　あなたは料理ができますか。

can を主語の前に出す

答え方 — Yes, I can. / No, I can't.　　— はい，できます。/ いいえ，できません。

答えの文でも can[can't] を使う

要点1
- ●「〜することができますか」とたずねるときは，can を主語の前に置く。
- ●答えるときは，〈Yes, 主語＋can.〉または〈No, 主語＋can't[cannot].〉で表す。

what の疑問文 What can you make?　　あなたは何を作ることができますか。

答え方 — I can make *ramen*.　　私はラーメンを作ることができます。

要点2
- ●「何を〜することができますか」とたずねるときは，〈What＋can＋主語＋動詞 〜?〉で表す。
- ●答えるときは，〈主語＋can＋動詞 〜.〉で「〜することができます」と答える。

プラス 「何を」とたずねるときは what を文の最初に置く。what, where（どこに），when などを疑問詞といい，文頭に置く。　　What do you cook? あなたは何を料理しますか。

Wordsチェック 次の英語は日本語に，日本語は英語になおしなさい。
- □(1) guitar 　　（　　　　　　　）
- □(2) their 　　（　　　　　　　）
- □(3) つかまえる 　　＿＿＿＿＿＿＿
- □(4) 変える 　　＿＿＿＿＿＿＿

1 絵を見て例にならい，「あなたは〜することができますか」の文と答えの文を書きなさい。

you / skate

you / dance

you / play

you / cook

例 Can you skate? — Yes, I can.

(1) ＿＿＿＿＿ you ＿＿＿＿＿?
— Yes, ＿＿＿＿＿ ＿＿＿＿＿.

(2) ＿＿＿＿＿ you ＿＿＿＿＿ basketball well?
— No, ＿＿＿＿＿ ＿＿＿＿＿.

(3) ＿＿＿＿＿ you ＿＿＿＿＿ *tempura*?
— Yes, ＿＿＿＿＿ ＿＿＿＿＿.

ミス注意
Can you 〜? への答え方
Can you〜?（あなたは〜ができますか）に対しては，Yes, I can. または No, I can't[cannot]. で答える。

skate：スケートをする　dance：踊る

2 次の文を（ ）内の指示にしたがって書きかえるとき，＿＿＿に適する語を書きなさい。

(1) You can speak English. （疑問文に）

＿＿＿＿＿＿＿＿ you ＿＿＿＿＿＿＿＿ English?

(2) Taku can skate well. （疑問文に）

＿＿＿＿＿＿＿＿ Taku ＿＿＿＿＿＿＿＿ well?

(3) She can make *sushi*. （「何を作れますか」という疑問文に）

＿＿＿＿＿＿＿＿ ＿＿＿＿＿＿＿＿ she make?

まるごと暗記

can の疑問文
〈Can＋主語＋動詞 ～?〉
答え方
〈Yes, 主語＋can.〉
〈No, 主語＋can't
[cannot].〉

3 次の〔 〕内の語句を並べかえて，日本文に合う英文を書きなさい。

(1) あなたはじょうずにボールをとることができますか。

〔 catch / can / a ball / you〕well?

＿＿＿＿＿＿＿＿＿＿＿＿＿＿＿＿＿＿＿＿＿＿ well?

(2) あなたはここに何が見えますか。

〔 can / here / what / you / see 〕?

＿＿＿＿＿＿＿＿＿＿＿＿＿＿＿＿＿＿＿＿＿＿＿

ここがポイント

「何を～できますか」とたずねる疑問文
(3)〈What＋can＋主語＋動詞 ～?〉の形を使う。
答えるときは〈主語＋can＋動詞 ～.〉の形を使う。

PROGRAM 3

4 次の日本文に合うように，＿＿＿に適する語を書きなさい。

(1) 私はあなたのお姉さんのようにピアノをじょうずにひけます。

I can play the piano well ＿＿＿＿＿＿＿＿ your sister.

(2) サルは木から木へと跳びます。

Monkeys jump ＿＿＿＿＿＿ tree ＿＿＿＿＿＿ tree.

(3) 私はあなたの秘密を守れます。

I can ＿＿＿＿＿＿＿＿ your ＿＿＿＿＿＿＿＿.

表現メモ

●like ～
「～のように」
●from ～ to ...
「～から…へ」
●keep your secret(s)
「秘密を守る」

5 タクが友だちと動物園のある場所に来ています。例にならい，「あなたは～が見えますか」とタクが友だちにたずねる文と，友だちがそれに答える文を書きなさい。

動物	友だちには見えるかどうか
例 tiger	見える
(1) rabbit	見える
(2) monkey	見えない
(3) sheep	見えない

例 Can you see a tiger? — Yes, I can.

(1) Can you see a ＿＿＿＿＿＿＿＿? — Yes, I ＿＿＿＿＿＿＿＿.

(2) Can you see a ＿＿＿＿＿＿＿＿? — No, I ＿＿＿＿＿＿＿＿.

(3) ＿＿＿＿＿＿＿＿＿＿＿＿＿＿＿＿＿＿＿＿＿＿＿

— ＿＿＿＿＿＿＿＿＿＿＿＿＿＿＿＿

ミス注意

sheep の複数形
複数を表すときは，多くの名詞は，tigers, rabbits のように語尾に-(e)s をつけて表す。ただし sheep は複数を表す場合も s をつけない。
two sheep
（2匹のヒツジ）

**文法 のまとめ③**　【英語のしくみ】 can /「何を」とたずねる文　読聞書話

解答 p.12

まとめ

① can

● 「〜することができる」と言うときは，**can** を動詞の前に置く。

● can のように，動詞の前に置いて，動詞に意味をつけ加える語を**助動詞**という。

● 否定文は動詞の前に can't[cannot]を置く。疑問文は主語の前に can を出して作る。

肯定文　　　　I　　can　　cook　spaghetti.
　　　　　　　主語　can　　　　動詞

否定文　　　　I　　can't　　cook　spaghetti.
　　　　　　　　　[cannot]　　動詞の前に can't を置く

疑問文　Can　you　[⎯⎯]　cook　spaghetti?　— Yes, I can.
　　　　　　　　can を主語の前に出す　　　　can を使って答える　　No, I can't.

②「何を」とたずねる文

● 「何を〜し[でき]ますか」とたずねるときは what を文頭に置き，その疑問文の形を続ける。

疑問文　**What**　can　you　　cook?
　　　　　　what を文頭に置く　　　「何を」にあたる語を答える

答え方　　　　I　can　cook　spaghetti.

練習

よく出る **1** 次の日本文に合うように，＿＿に適する語を書きなさい。

(1) 私は英語の本を読むことができます。

I ＿＿＿＿＿＿＿＿ ＿＿＿＿＿＿＿＿ English books.

(2) 私の姉はフライドチキンを食べることができません。

My sister ＿＿＿＿＿＿＿＿ ＿＿＿＿＿＿＿＿ fried chicken.

(3) あなたは盆踊りを踊ることができますか。

＿＿＿＿＿＿＿＿ you ＿＿＿＿＿＿＿＿ *bon* dance?

(4) [(3)に答えて] はい，踊れます。

＿＿＿＿＿＿＿＿ , I ＿＿＿＿＿＿＿＿ .

(5) [(3)に答えて] いいえ，踊れません。

＿＿＿＿＿＿＿＿ , I ＿＿＿＿＿＿＿＿ .

> 答えの文でも can を使うよ。

2 次の対話が成り立つように，＿＿に適する語を書きなさい。

(1) A : ＿＿＿＿＿＿＿＿ he speak Japanese ?

B : ＿＿＿＿＿＿＿＿ , ＿＿＿＿＿＿＿＿ can.

(2) A : Can you play volleyball well?

B : No, ＿＿＿＿＿＿＿＿ ＿＿＿＿＿＿＿＿ .

(3) A : ＿＿＿＿＿＿＿＿ ＿＿＿＿＿＿＿＿ you see in the room?

B : I can ＿＿＿＿＿＿＿＿ your cat.

3 次の文を（ ）内の指示にしたがって書きかえなさい。

(1) I play baseball well. （「～できる」という意味の文に）

(2) My grandmother can play the guitar. （否定文に）

(3) You can speak English well.
（疑問文にして，Yes の答えと，No の答えを）

— Yes, _____ .
— No, _____ .

(4) Taku can make a cake. （下線部をたずねる疑問文に）

(4)は「何を」とたずねる文だよ。

4 次の〔 〕内の語を並べかえて，日本文に合う英文を書きなさい。

(1) 彼女は毎日5キロメートル泳ぐことができます。
She 〔 five / can / kilometers / swim 〕 every day.
She _____ every day.

(2) 私はあなたのためにサンドイッチを作ることができます。
I 〔 for / can / sandwiches / make 〕 you.
I _____ you.

(3) 私はあなたのコンサートには行くことができません。
I 〔 go / your / can't / *concert / to 〕.
*concert：コンサート
I _____ .

(4) あなたは日曜日にはテレビで何を見ますか。
〔 you / do / on / what / watch 〕 TV on Sundays?
_____ TV on Sundays?

5 次の日本文を英語になおしなさい。

(1) ヨウコ(Yoko)はおいしいピザを料理することができます。

(2) 私のいとこはじょうずに野球をすることができません。

(3) あなたは何か英語の歌を歌うことができますか。

(4) あなたはおかあさんのために何を作れますか。 （make を使って）

(5) [(4)に答えて] 私はサラダ(salad)を作れます。

英語のしくみ

確認のワーク ステージ **1**

〉 Steps 2 〉 考えを整理し，表現しよう
〉 Our Project 1 〉 あなたの知らない私

解答 p.12

読 聞 書 話

教科書の 要点 「彼らは」「彼らの」を表す語 ♪ a12

I have **three best friends**. 私には3びきの親友がいます。

(they) **They** are cute cats. それらはかわいいネコです。

└ they は前の文の three best friends を受ける

(their) **Their** names are Kiku, Momo, and Sakura. それらの名前は，キク，モモ，それにサクラです。

└ their は「それらの〜」と所有を表す

要点

● 一度話題になった複数の名詞（人やもの）を受けて「彼ら[彼女ら，それら]は」と言うときは，they を使う。

● 名詞の前で「彼ら[彼女ら，それら]の」と所有を表すときは，代名詞の their を使う。

● they は文の中で主語になり，be動詞は are を使う。their は〈their＋名詞〉の形で使う。

例 They are my brothers. Their bags are new. 彼らは私の兄弟です。彼らのかばんは新しい。

Words チェック 次の英語は日本語に，日本語は英語になおしなさい。

□(1) concert （ ） □(2) 彼女の ＿＿＿＿＿＿＿

□(3) みなさん，だれも，みな ＿＿＿＿＿＿＿ □(4) 大好きである，愛する ＿＿＿＿＿＿＿

1 絵を見て例にならい，I have 〜. に続けて「…は〜です」という文を書きなさい。

dogs / big

sisters / friendly

eggs / new

cousins / cool

例 I have two dogs. They are big.

(1) I have three sisters. ＿＿＿＿＿＿＿ are friendly.

(2) I have six eggs. ＿＿＿＿＿＿＿＿＿＿ new.

(3) I have two cousins. ＿＿＿＿＿＿＿＿＿＿＿＿

ここがポイント

they は，2つ以上の複数名詞の代わりに使う。男性・女性・動物やもののどれに対しても使う。

2 次の日本文に合うように， に適する語を書きなさい。

(1) 私はスポーツが好きです。それらはわくわくします。

I like sports. ＿＿＿＿＿＿＿ are exciting.

(2) 彼らの犬はかわいいです。

＿＿＿＿＿＿＿ dogs are cute.

(3) タコはその色を変えますか。

Do octopuses change ＿＿＿＿＿＿＿ color?

まるごと暗記

● my →「私の」

● your →「あなた（がた）の」

● our →「私たちの」

● their →「彼ら[彼女ら，それら]の」

● Ken's →「健の」

  **Power-Up 1** ハンバーガーショップへ行こう 読 聞 書 話

📖 **教科書の** 要 点 　お店で注文する　♪ a13

注文する **Can I** have a cheeseburger and a medium orange juice, please?

チーズバーガーを1つと(サイズが)中のオレンジジュースを1ついただけますか。

値段を聞く **How much** is it?

それはいくらですか。

要 点 ……………………

● 「～をもらえますか」と店で注文するときは，Can I have ～, please? を使う。

● Can I ～? は「～してもよいですか」と許可を求めるときにも使う。

● 「～はいくらですか」と値段をたずねるときは，How much ～? を使う。

プラス 次のような表現も注文のときによく使われる。

For here or to go?　ここでめしあがりますか，お持ち帰りになりますか。

Here you are.　［品物などを差し出して］はい，どうぞ。

Words チェック 次の英語は日本語に，日本語は英語になおしなさい。

□(1) medium （　　　　　　）　□(2) clerk （　　　　　　）

□(3) 大きい，広い ＿＿＿＿＿＿　□(4) 食事 ＿＿＿＿＿＿

□(5) 大きさ，サイズ ＿＿＿＿＿＿　□(6) または，それとも，～か ＿＿＿＿＿＿

1 絵を見て例にならい，「～をもらえますか」と注文する文を書きなさい。

例　hamburger / medium cola　(1) salad / large apple juice　(2) sandwich / medium tea　(3) ice cream / small cola

例　Can I have a hamburger and a medium cola?

(1) ＿＿＿＿＿＿＿＿ I have a salad and a large apple juice?

(2) ＿＿＿＿＿＿＿＿ have a sandwich and a medium tea?

(3) ＿＿＿＿＿＿＿＿ ice cream and a small cola?

ここが ポイント

Can I ～? の使い方

「～をもらえますか」と店で注文するときに使う。「～してもよいですか」と許可を求めるときにも使う。

Can I use your pen?（あなたのペンを使ってもよいですか。）

よく出る 2 次の日本文に合うように，＿＿に適する語を書きなさい。

(1) それはいくらですか。 ＿＿＿＿＿ ＿＿＿＿＿ is it?

(2) ［品物を差し出して］はい，どうぞ。

＿＿＿＿＿ you ＿＿＿＿＿.

 medium は［míːdiəm］と発音するよ。

Steps 2 ～ Power-Up 1

解答 ▶ p.13

定着のワーク　ステージ **2**　▶ PROGRAM 3 〜 ▶ Power-Up 1　読 聞 書 話

1 LISTENING 対話を聞いて，内容に合う絵を1つ選び，記号で答えなさい。　♪ 106

ア　イ　ウ　エ

（　　　）

2 次の文を（ ）内の指示にしたがって書きかえなさい。

(1) I cook delicious curry. （「〜できません」の意味の文に）

_____

(2) You can play the flute well. （疑問文に）

_____

(3) He can make *ramen*. （下線部をたずねる疑問文に）

_____

3 次の日本文に合うように，＿＿に適する語を書きなさい。

(1) 私のロボットは絵を描くことができます。

My robot ＿＿＿＿＿＿ ＿＿＿＿＿＿ pictures.

(2) （サイズが）小のコーラを1ついただけますか。

＿＿＿＿＿＿ I ＿＿＿＿＿＿ a small cola, please?

(3) 私のいとこは泳げません。

My cousin ＿＿＿＿＿＿＿＿＿＿＿.

(4) 彼らは毎日いっしょうけんめい練習します。

They ＿＿＿＿＿＿＿＿＿＿ every day.

(5) 私は母のように，おいしいケーキを作ることができます。

I ＿＿＿＿＿ make a delicious cake ＿＿＿＿＿ my mother.

4 次の〔 〕内の語を並べかえて，日本文に合う英文を書きなさい。

(1) そのサルは木から木へとジャンプすることができます。

The monkey 〔 tree / jump / to / can / from 〕 tree.

The monkey ＿＿＿＿＿＿＿＿＿＿＿＿ tree.

(2) あなたはその動物園ですばらしい時を過ごすことができます。

You 〔 have / time / a / great / can 〕 in the zoo.

You ＿＿＿＿＿＿＿＿＿＿＿ in the zoo.

重要ポイント

1 can とそのあとの動詞を注意して聞き取る。

2

テストに◎出る！

(1)(2) can の否定文と疑問文
● 否定文〈主語＋can't [cannot]＋動詞 〜.〉
● 疑問文〈Can＋主語＋動詞 〜?〉

(3)「何を作ることができますか」とたずねる文に。

3 (5)「〜のように」は like 〜で表す。

得点力をUP

can の文でよく使う動詞
swim「泳ぐ」
make「作る」
cook「料理する」
〈play the＋楽器名〉「楽器を演奏する」
〈play＋スポーツ名〉「スポーツをする」

4 どちらも can の文。

(1)「〜から…へ[まで]」は from 〜 to …。

(2)「すばらしい時を過ごす」は have a great time。

5 次の会話文を読んで，あとの問いに答えなさい。

> *Ken :*　I can't play the guitar.　But I (　①　) sing well.
> *Ms. Miller :*　②That's great.　③You (　　　) (　　　) (　　　).
> *Emily :*　Ken, let's practice hard ④[the show / have / and / at / fun].

(1)　①の(　)に入る適切な語を書きなさい。

_____

(2)　下線部②を日本語になおしなさい。
　(　　　　　　　　　　　　　　　　　　　　　　　　　)

(3)　下線部③が「あなたたちはいっしょに演じることができます。」
　という意味になるように，(　)に適する語を書きなさい。
　You _____ _____ _____ .

UP (4)　下線部④の[　]内の語句を並べかえて，意味の通る英文にしな
　さい。

_____

6 次の対話が成り立つように，_____ に適する語を書きなさい。

(1)　*A :*　Can you use a computer, Mari?
　B :　Yes, _____ _____ .

(2)　*A :*　Can koalas change their color?
　B :　No, _____ _____ .

(3)　(ハンバーガーショップで)
　A :　Hi, _____ _____ or to go?
　B :　To go, please.

(4)　*A :*　_____ _____ you see in the box?
　B :　I can see some small animals.

7 次の日本文を英語になおしなさい。

UP (1)　公園に何か花が見えますか。

_____

(2)　私たちはいっしょに歌(a song)を歌います。

_____

(3)　[店の人に代金をわたしながら]　はい，どうぞ。

_____

(4)　私はクラスメートたちとテニスをします。

_____

重要ポイント

5 (1) But(しかし)と前の
文の can't に注目する。

(3)動詞の前に can を置く。
「いっしょに」は文末に
置く。

(4) let's A and B「A をし
て B をしましょう」と
2 つの動詞が and でつ
ながれている。「～を楽
しむ」という表現を考え
る。

6

テストに出る!
(1)(2) can の疑問文へ
の答え方
〈Yes, 主語＋can.〉
〈No, 主語＋can't
[cannot].〉

(2) koalas は答えの文では
「それらは」を表す語に。

(4)「何を見ることができま
すか」とたずねる文に。

7
(1)疑問文で「何か，いくつ
か」は any。

(3) Here で始まる 3 語表現
で表す。

得点力をUP

「いっしょに」
run together
「いっしょに走る」
run with Ren
「レンといっしょに走
る」

PROGRAM 3 ～ Power-Up 1

ちょっと**BREAK**　英語の hamburger ということばは何がもとになっている？　➡答えは次のページ

実力判定テスト　ステージ 3　 PROGRAM 3 〜 Power-Up 1　30分　/100　読 聞 書 話

🎧 **1 LISTENING** 対話を聞いて，その内容に合うものを1つずつ選び，記号で答えなさい。

♪ 107　2点×3(6点)

(1) ア　Emi can play the guitar.　　イ　Emi can play the piano.
　　ウ　Emi can't play the guitar.　　エ　Emi can play the recorder.　　（　　）

(2) ア　Sho can play tennis.　　イ　Ken can play tennis.
　　ウ　Ken can't play tennis.　　エ　Sho and Ken can play tennis.　　（　　）

(3) ア　Aya can make pizza.　　イ　Aya can make hamburgers.
　　ウ　Aya can't make hamburgers.　　エ　Aya and Daniel can make pizza.　　（　　）

よく出る 2 次の日本文に合うように，＿＿に適する語を書きなさい。　　3点×4(12点)

(1) 私の姉はじょうずに卓球をすることができます。

　　My sister ＿＿＿＿＿＿ ＿＿＿＿＿＿ table tennis well.

(2) 私は納豆を食べることができません。

　　I ＿＿＿＿＿＿ ＿＿＿＿＿＿ *natto*.

(3) こちらでめしあがりますか，お持ち帰りになりますか。

　　＿＿＿＿＿＿ here or ＿＿＿＿＿＿ ＿＿＿＿＿＿ ?

(4) 私たちは公園ですばらしい時を過ごすことができます。

　　We ＿＿＿＿＿＿ ＿＿＿＿＿＿ a ＿＿＿＿＿＿ ＿＿＿＿＿＿ in the park.

3 次の〔 〕内の語を並べかえて，日本文に合う英文を書きなさい。　　5点×2(10点)

(1) 私たちは彼らの試合をテレビで見ることができます。

　　We 〔 TV / their / watch / *games / on / can 〕.　　*games：試合

　　We ＿＿＿＿＿＿＿＿＿＿＿＿＿＿ .

(2) 私は毎日，私の家から駅まで走ります。

　　I 〔 to / run / from / my / station / the / house 〕 every day.

　　I ＿＿＿＿＿＿＿＿＿＿＿＿＿＿ every day.

よく出る 4 次の文を（ ）内の指示にしたがって書きかえなさい。　　4点×4(16点)

(1) You can make a delicious omelet. （疑問文に）

　　＿＿＿＿＿＿＿＿＿＿＿＿＿＿＿＿＿＿＿＿

(2) My cousin can ski well. （否定文に）

　　＿＿＿＿＿＿＿＿＿＿＿＿＿＿＿＿＿＿＿＿

(3) I sometimes cook dinner. （「妹といっしょに」をつけ加えて）

　　＿＿＿＿＿＿＿＿＿＿＿＿＿＿＿＿＿＿＿＿

レベルUP (4) You can see some books in the box. （下線部をたずねる疑問文に）

　　＿＿＿＿＿＿＿＿＿＿＿＿＿＿＿＿＿＿＿＿

ちょっとBREAKの答え　ドイツのハンブルグ地方のひき肉料理が，アメリカに伝えられたことから来ているよ。

目標 ●できることとできないことを述べたり，できるかどうか，何ができるかをたずねたり答えたりできるようにしよう。

自分の得点まで色をぬろう！

0	60	80	100点
がんばろう	もう一歩	合格！	

5 次の対話文を読んで，あとの問いに答えなさい。 (計21点)

Daniel : ①<u>Let's dance like EBIKEN.</u>　Can you dance?

Mao : ②<u>Yes, (　　　) (　　　).</u>

Daniel : ③<u>(　　　) (　　　) (　　　) (　　　)?</u>

Mao : I can do *bon* dance.

(1) 下線部①を日本語になおしなさい。 (6点)

(　　　　　　　　　　　　　　　　　　　　　　　　　)

(2) 下線部②の(　)に適する語を書きなさい。 (5点)

Yes, ＿＿＿＿＿＿＿ ＿＿＿＿＿＿＿ .

(3) 下線部③が「あなたは何を踊れますか。」という意味になるように，(　)に適する語を書きなさい。 (5点)

＿＿＿＿＿ ＿＿＿＿＿ ＿＿＿＿＿ ＿＿＿＿＿ ?

(4) 対話文の内容に合うように，＿＿＿に適する語を書きなさい。 (5点)

Mao ＿＿＿＿＿＿＿ ＿＿＿＿＿＿＿ *bon* dance.

6 次の日本文を英語になおしなさい。 5点×4(20点)

(1) ハンバーガー１つと(サイズが)小のオレンジジュースを１つもらえますか。

(2) [(1)に続けて]　それはいくらですか。

(3) あなたはスケートをすることができますか。— いいえ，できません。

＿＿＿＿＿＿＿＿＿＿ — ＿＿＿＿＿＿＿＿＿＿

(4) あなたはふつう日曜日には何をしますか。　（usually を使って）

7 次の質問に，あなた自身の答えを英語で書きなさい。 5点×3(15点)

(1) Can you play the piano?

(2) Can you sing any English songs?

(3) What can you cook?

解答 p.15

確認のワーク ステージ 1 ▶PROGRAM 4 Let's Enjoy Japanese Culture. ① 読 聞 書 話

教科書の 要点 「これ[あれ]は〜です」「これ[あれ]は〜ですか」 ♪ a14

| This is〜の文 | This[That] **is** a drone. | これ[あれ]はドローンです。 |

| 疑問文 | **Is** this[that] a drone? | これ[あれ]はドローンですか。 |

疑問文は is を文頭に

| 答え方 | — Yes, it is. / No, it isn't. | — はい, そうです。/ いいえ, 違います。 |

this[that]を it にかえる　isn't は is not の短縮形

要点

- 近くのものをさして「これは〜です」と言うときは This is 〜. で表す。
- 遠くのものをさして「あれは〜です」と言うときは That is 〜. で表す。
- 「これ[あれ]は〜ですか」という疑問文は, is を this[that]の前に出し Is this[that] 〜? で表す。
- 答えるときは this[that]を it にかえて Yes, it is., または No, it isn't[is not]. を使う。
- 「これ[あれ]は〜ではありません」という否定文は This[That] is not[isn't] 〜. で表す。

プラス 「これ[あれ]は何ですか」という疑問文は What is this[that]？で表す。what is の短縮形は what's。答えるときは主語を it にして,「何であるか」を答える。Yes, No は使わない。
| what の疑問文 | What's this? | これは何ですか。 |
| 答え方 | — It's a drone. | — それはドローンです。 |

Wordsチェック 次の英語は日本語に, 日本語は英語になおしなさい。

□(1) finger （　　　　　） □(2) hole （　　　　　）

□(3) work （　　　　　） □(4) push （　　　　　）

□(5) 鳥 ＿＿＿＿＿＿ □(6) 持つ, つかむ ＿＿＿＿＿＿

□(7) 役に立つ ＿＿＿＿＿＿ □(8) （時間などを）省く ＿＿＿＿＿＿

1 絵を見て例にならい,「これ[あれ]は私の〜です」という文を書きなさい。

| 例  | (1)  | (2)  | (3) 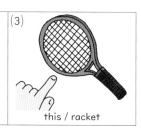 |
| this / cup | this / notebook | that / dog | this / racket |

例 This is my cup.

(1) ＿＿＿＿＿＿＿＿ is my notebook.

(2) ＿＿＿＿＿＿＿＿＿＿＿＿ my dog.

(3) ＿＿＿＿＿＿＿＿＿＿＿＿ my racket.

ここがポイント

近くのものには this(こ
れ), 遠くのものには
that(あれ)を使う。

computer は[kəmpjúːtər]と, 真ん中の put 部分を強く発音するよ。

2 次の文を（　）内の指示にしたがって書きかえるとき，＿＿＿に適する語を書きなさい。

(1)　This is your cap.　（疑問文にして Yes で答える文も）

＿＿＿＿＿＿＿　＿＿＿＿＿＿＿　your cap?

― Yes, ＿＿＿＿＿＿＿　＿＿＿＿＿＿＿.

(2)　That is a new bike.　（疑問文にして No で答える文も）

＿＿＿＿＿＿＿　＿＿＿＿＿＿＿　a new bike?

― No, ＿＿＿＿＿＿＿　＿＿＿＿＿＿＿.

(3)　That is your guitar.　（否定文に）

＿＿＿＿＿＿＿　＿＿＿＿＿＿＿　your guitar.

(4)　That is a watch.

（「あれは何ですか」「腕時計です」という問答に）

＿＿＿＿＿＿＿　＿＿＿＿＿＿＿　that?

― ＿＿＿＿＿＿＿　a ＿＿＿＿＿＿＿.

3 次の〔　〕内の語句を並べかえて，日本文に合う英文を書きなさい。

(1)　これは役に立つ本です。　〔 a / this / is / useful / book 〕.

＿＿＿＿＿＿＿＿＿＿＿＿＿＿＿＿＿＿＿＿＿＿＿＿

(2)　それは難しい仕事ではありません。

〔 work / that's / hard / not 〕.

＿＿＿＿＿＿＿＿＿＿＿＿＿＿＿＿＿＿＿＿＿＿＿＿

(3)　これはペーパーナイフですか。　〔 a / this / is / paper knife 〕?

＿＿＿＿＿＿＿＿＿＿＿＿＿＿＿＿＿＿＿＿＿＿＿＿

4 次の日本文に合うように，＿＿＿に適する語を書きなさい。

(1)　あなたの本をかばんの中に入れてください。

＿＿＿＿＿＿＿　your book ＿＿＿＿＿＿＿　the bag.

(2)　これはドローンです。― なるほど。

This is a drone. ― ＿＿＿＿＿＿＿　＿＿＿＿＿＿＿.

(3)　これはほんとうにネコですか。

Is this ＿＿＿＿＿＿＿　a cat?

WRITING Plus

あなたの持ち物について，指示にしたがってそれぞれ英語2文で説明しなさい。

(1)　近くの自分の持ち物をさして，その名称と特徴を説明するとき。

＿＿＿＿＿＿＿＿＿＿＿＿＿＿＿＿＿＿＿＿＿＿＿＿＿＿＿

(2)　遠くの自分の持ち物をさして，その名称と特徴を説明するとき。

＿＿＿＿＿＿＿＿＿＿＿＿＿＿＿＿＿＿＿＿＿＿＿＿＿＿＿

ここが ポイント

(1)(2) **This [That] is ～.** の疑問文

is を this [that] の前に出す。答えの文の主語は it を使う。

(3)否定文

is のあとに not を置く。

(4)「何」とたずねる文

what で始める。

まるごと 暗記

注意したい短縮形

that is → that's

it is → it's

is not → isn't

what is → what's

ミス注意

(2) hard は「かたい」という意味のほか，「難しい」という意味もある。

表現メモ

● into ～

「～の中に」

● I see.

「なるほど。」

● really

「ほんとうに」

PROGRAM 4

解答　p.15

確認のワーク　ステージ1　**PROGRAM 4**　Let's Enjoy Japanese Culture. ②　 読聞書話

教科書の 要点　「彼[彼女]は〜です」「〜はだれですか」　♪ a15

He[She] is 〜.　This is Ken[Emi].　He[She] is 13 years old.　こちらはケン[エミ]です。
1人の男性[女性]　1人の男性は he, 女性は she で受ける　彼[彼女]は13歳です。

疑問文　**Is he[she]** in 1-B?
— Yes, he[she] is. / No, he[she] isn't.

彼[彼女]は1年B組ですか。
— はい、そうです。/
　いいえ、違います。

要点 1

● 自分と相手以外の1人の男性は he(彼は)，女性は she(彼女は)で表す。主語が he[she]のとき，「〜です」は is を使う。
● 「彼[彼女]は〜ですか」という疑問文は，**Is he[she] 〜?** で表す。
　答えるときは，Yes, he[she] is. または No, he[she] isn't. を使う。

プラス　「彼[彼女]は〜ではありません」という否定文は，He[She] isn't 〜. か He's[She's] not 〜. で表す。He's, She's はそれぞれ He is, She is の短縮形。

who の疑問文　**Who** is that woman?　あの女の人はだれですか。
答え方　— She is Ms. Miller.　— 彼女はミラー先生です。

要点 2

● 「〜はだれですか」と1人の男性または女性についてたずねるときは，Who is 〜? を使う。
● 答えるときは，He[She] is 〜. の形で，だれであるかを答える。

Wordsチェック　次の英語は日本語に，日本語は英語になおしなさい。

□(1) person　（　　　　　）　□(2) lion　（　　　　　）
□(3) 男性，男の人　＿＿＿＿＿　□(4) 女性，女の人　＿＿＿＿＿
□(5) 答え　＿＿＿＿＿　□(6) ほほえむ，笑う　＿＿＿＿＿

1 絵を見て例にならい，「こちらは〜です。彼[彼女]は…です」という文を書きなさい。

例	(1)	(2)	(3)
 Aya / my sister	 Ryoko / my aunt	 Sho / my brother	 Masao / my uncle

例　This is Aya.　She is my sister.

(1) This is Ryoko. ＿＿＿＿＿＿＿＿＿ my aunt.

(2) This is Sho. ＿＿＿＿＿＿＿＿＿ my brother.

(3) This is Masao. ＿＿＿＿＿＿＿＿＿ my uncle.

ここがポイント
This is 〜.
人を紹介して「こちらは
〜です」と言うときは
This is 〜. を使う。

 sister：姉，妹　aunt：おば　brother：兄，弟　uncle：おじ

② 次の文を（ ）内の指示にしたがって書きかえるとき，＿＿＿に適する語を書きなさい。

(1) He is a doctor. （疑問文にして Yes で答える文も）

　　＿＿＿＿＿＿ ＿＿＿＿＿＿ a doctor?

　　— Yes, ＿＿＿＿＿＿ ＿＿＿＿＿＿.

(2) She is Emi. （疑問文にして No で答える文も）

　　＿＿＿＿＿＿ ＿＿＿＿＿＿ Emi?

　　— No, ＿＿＿＿＿＿ ＿＿＿＿＿＿.

(3) He is my cousin. （否定文に）

　　＿＿＿＿＿＿ ＿＿＿＿＿＿ my cousin.

(4) She is <u>my aunt</u>. （下線部をたずねる疑問文に）

　　＿＿＿＿＿＿ ＿＿＿＿＿＿ she?

③ 次の〔 〕内の語を並べかえて，日本文に合う英文を書きなさい。

(1) 彼女はサッカーのファンです。 〔 is / fan / she / a / soccer 〕.

　　＿＿＿＿＿＿＿＿＿＿＿＿＿＿＿＿＿＿＿＿＿＿

(2) あの少年はだれですか。 〔 is / that / who / boy 〕?

　　＿＿＿＿＿＿＿＿＿＿＿＿＿＿＿＿＿＿＿＿＿＿

④ 次の日本文に合うように，＿＿＿に適する語を書きなさい。

(1) ［相手の言うことに対して］ そのとおりです。

　　＿＿＿＿＿＿ ＿＿＿＿＿＿.

(2) ［問題の答えがわかったときに］ わかった！

　　＿＿＿＿＿＿ ＿＿＿＿＿＿ it!

(3) 着物を着たこの少女はだれですか。

　　Who is this girl ＿＿＿＿＿＿ kimono?

⑤ 例にならい，下の表のそれぞれの横の列にある3語の中から，説明に合うように単語を1つずつ選んで，「これは〜です」と説明する文を完成しなさい。

例	apple	tomato	banana
(1)	fox	lemon	corn
(2)	koala	dolphin	lion
(3)	banana	cherry	elephant

例　This is a tomato.　It's a vegetable.　It's red.

(1)　This is a ＿＿＿＿＿.　It's a fruit.　It's sour.

(2)　This is a ＿＿＿＿＿.　It's an animal.　It's strong.

(3)　This is a ＿＿＿＿＿.　It's a fruit.　It's round and red.

まるごと暗記

● He is 〜.
　「彼は〜です。」
● She is 〜.
　「彼女は〜です。」
I, you 以外の1人の男性［女性］について言うときに使う。

ここがポイント

(1)(2) He［She］is 〜. の疑問文は Is he［she］〜? の形。
答えるときは，
Yes, he［she］is. または No, he［she］isn't. の形を使う。No he's［she's］not. の形でもよい。

PROGRAM 4

表現メモ

● That's right.
　「そのとおりです。」
● I got it!
　「わかった！」
● in 〜
　「〜を着た」

ミス注意

it の使い方
it は，すでに述べた単数のものをさすときに使う。複数のものには they を使う。

英語のしくみ　This is 〜. / 代名詞 /
「だれ」とたずねる文

解答 ▶ p.16

読 聞
書 話

まとめ

① **This is 〜.**

● 「これは［あれは］〜です」は is を使って表す。「です」を表す is, am, are を be 動詞という。

● 否定文は be 動詞のあとに not を置く。疑問文は主語の前に be 動詞を出して作る。

| 肯定文 | This[That] | **is** | | a | fox. | ▶ that is の短縮形→ that's |

否定文　　This[That]　**is　not**　a　fox.

主語　　　短縮形＝isn't　〔is のあとに not を置く〕　　〔is を使って答える〕

疑問文　**Is**　this[that]　〔　　　〕　a　fox?　　— Yes, it **is**.

〔is を主語の前に置く〕　　　　　　　　　　No, it **isn't**.

② **代名詞**

● he, she, it は前に 1 度出た名詞を受けて，その代わりに使われる。これを **代名詞** という。

This is my father.　**He** is a doctor.　〔1 人の男性は he で受ける〕　　▶ he is の短縮形→ he's

This is my aunt.　**She** is a singer.　〔1 人の女性は she で受ける〕　　▶ she is の短縮形→ she's

Look at my bag.　**It's** cool.　〔1 つのものは it で受ける〕　　▶ it is の短縮形→ it's

③ **「だれ」とたずねる文**

● 「〜はだれですか」とたずねる文は who を文頭に置く。「だれであるか」を答える。

Who is that man? — He is **Mr. Brown**.　〔「だれであるか」を答える〕

練習

よく出る **1** 次の日本文に合うように，＿＿に適する語を書きなさい。

(1) これはあなたのカップです。

＿＿＿＿＿＿＿ ＿＿＿＿＿＿＿ your cup.

(2) あれは私のかさではありません。

That ＿＿＿＿＿＿＿ ＿＿＿＿＿＿＿ my umbrella.

(3) こちらは私の兄です。彼はパイロットです。

This is my brother. ＿＿＿＿＿＿＿ ＿＿＿＿＿＿＿ a pilot.

(4) このコンピュータを見てください。それは新しいです。

Look at this computer. ＿＿＿＿＿＿＿ ＿＿＿＿＿＿＿ new.

2 次の対話が成り立つように，＿＿に適する語を書きなさい。

(1) A : ＿＿＿＿＿＿＿ that your cap?

　　B : Yes, ＿＿＿＿＿＿＿ is.

(2) A : ＿＿＿＿＿＿＿ she Ms. Brown?

　　B : No, ＿＿＿＿＿＿＿ ＿＿＿＿＿＿＿.

(3) A : ＿＿＿＿＿＿＿ ＿＿＿＿＿＿＿ that girl?

　　B : She is Emily.

答えの文でも
is を使うよ。

解答　p.16

Power-Up 2 持ち主をたずねよう

読 聞
書 話

教科書の **要点** 「どちらの」「だれの」

which の疑問文 **Which** pen is yours, the red one or the green one?

赤いペンと緑のペンでは，どちらのペンがあなたのものですか。

答え方 — The green one is.

—緑のペンです。

要点 1

● 「A と B では，どちらの～が…ですか」とたずねるときは，〈Which＋名詞＋is ～，A or B?〉で表す。

● 答えるときは，A[B] is. のように A と B のどちらであるかを言う。

プラス the red one などの one は前に出た名詞(pen)のくり返しをさけるために使う代名詞。
which は「どの，どちらの」の意味の疑問詞で，文頭に置く。ここではあとに名詞が続く。

whose の疑問文 **Whose** pen is the other one?

もう 1 つのペンはだれのものですか。

答え方 — It's Aki's.

—アキのものです。

要点 2

● 「～はだれの…ですか」とたずねるときは，〈Whose＋名詞＋is ～?〉で表す。

● 答えるときは，It's ～. などで「それは～のものです」と持ち主を答える。

プラス whose は「だれの」の意味の疑問詞で，ふつうあとに名詞が続く。
Whose ～? に持ち主を答えて「アキのもの」のように言うときは，〈名前＋'s〉で表す。

Words チェック 次の英語は日本語に，日本語は英語になおしなさい。

□(1) both （　　　　　　） □(2) absent （　　　　　　）

□(3) これらは[が] ＿＿＿＿＿ □(4) 私のもの ＿＿＿＿＿

□(5) あなたのもの ＿＿＿＿＿ □(6) ほかの ＿＿＿＿＿

1 次の日本文に合うように，＿＿＿に適する語を書きなさい。

(1) 黄色いカップと青いカップのどちらのカップがあなたのものですか。

＿＿＿＿＿ cup is yours, the yellow one or the blue one?

(2) [(1)に答えて] 青いカップです。 The blue ＿＿＿＿＿ is.

(3) もう 1 つはだれのカップですか。

＿＿＿＿＿ cup is the other one?

(4) エイタのものです。 It's ＿＿＿＿＿.

(5) これはだれの本ですか。—私のものです。

＿＿＿＿＿ book is this? — It's ＿＿＿＿＿.

ここがポイント

(1) 「A と B では，どちらの～が…ですか」は〈Which＋名詞＋is ～，A or B?〉。

(2)くり返しをさけるために使う代名詞が入る。

(3)「～はだれの…ですか」は〈Whose＋名詞＋is ～?〉。

(4)「～のもの」は〈名前＋'s〉。

(5)「だれの…」は〈whose＋名詞〉。

英語のしくみ / Power-Up 2

解答 p.16

定着のワーク ステージ **2** **PROGRAM 4** 〜 **Power-Up 2**

① LISTENING 対話を聞いて，内容に合う絵を1つ選び，記号で答えなさい。 ♪ L08

ア　　イ　　ウ　　エ

（　　　）

② 次の文の（　）内から適する語を選び，記号を○で囲みなさい。

(1) That （ ア am　イ are　ウ is ） my cap.

(2) They （ ア am　イ are　ウ is ） my classmates.

(3) This is Miki. （ ア He　イ She ） is my sister.

(4) This is Mr. Brown. （ ア He　イ She ） is our teacher.

(5) Look at that house. （ ア He　イ She　ウ It ） is big!

③ 次の日本文に合うように，＿＿に適する語を書きなさい。

(1) あれはレストランではありません。

＿＿＿＿＿＿＿ ＿＿＿＿＿＿＿ a restaurant.

(2) 彼女はフランスの出身ですか。

＿＿＿＿＿＿＿ ＿＿＿＿＿＿＿ from France?

(3) あれは何ですか。

＿＿＿＿＿＿＿ ＿＿＿＿＿＿＿ that?

(4) [(3)の答えの文] ロボットです。

＿＿＿＿＿＿＿ a robot.

④ 次の〔　〕内の語を並べかえて，日本文に合う英文を書きなさい。

(1) 彼は有名なサッカー選手です。

〔 soccer / he / a / is / famous 〕 player.

＿＿＿＿＿＿＿＿＿＿＿＿＿＿＿＿＿ player.

(2) 新しい自転車と古い自転車のどちらの自転車があなたのものですか。

〔 bike / yours / which / is 〕, the new one or the old one?

＿＿＿＿＿＿＿＿＿＿＿＿＿, the new one or the old one?

(3) [(2)に答えて] 新しい自転車です。

〔 new / the / is / one 〕.

＿＿＿＿＿＿＿＿＿＿＿＿＿＿＿

重要ポイント

❶ 性別と職業に注意して聞き取る。

❷

テストに◎出る！

主語と be 動詞

● 主語が I → am

● 主語が you, we, they → are

● 主語が this, that, he, she, it など → is

得点力をUP

前に出た名詞を受ける代名詞

● 1人の男性 → he

● 1人の女性 → she

● 1つの物など → it

❸ (1) be 動詞の否定文は be 動詞のあとに not。

(3) 「何」は疑問詞を使う。

❹ (1) 「彼は〜です」は He is 〜. で表す。

(2) 「どちらの〜」は which であとに名詞が続く。

(3) one は前に出た名詞 (bike) のくり返しをさけるために使われる。

5 次の対話文を読んで，あとの問いに答えなさい。

Mao : Look.　First, put water （ ① ） your inkstone.
Daniel : OK.
Mao : Then, rub the ink stick on the inkstone.
Daniel : ② I see.　That's hard work.
Mao : So we usually use *bokuju*.
Daniel : *Bokuju*?　③（ 　　 ） that?
Mao : It's ink.　④〔 can / time / it / save 〕.

(1) ①の（ ）に入る適切な英語をア〜エから選び〇で囲みなさい。
　　ア　by　　イ　from　　ウ　into　　エ　under

(2) 下線部②を日本語になおしなさい。
　　（　　　　　　　　　　　　　　　　　　　　　　　）

(3) 下線部③が「それは何ですか。」という意味になるように，（ ）に適する語を書きなさい。
　　＿＿＿＿＿＿＿＿ that?

(4) 下線部④の〔 〕内の語を並べかえて，意味の通る英文にしなさい。
　　＿＿＿＿＿＿＿＿＿＿＿＿＿＿＿＿＿＿

6 次の対話が成り立つように， に適する語を書きなさい。

(1) A : Is this your computer?
　　B : Yes, ＿＿＿＿＿ ＿＿＿＿＿.
(2) A : ＿＿＿＿＿ ＿＿＿＿＿ that woman?
　　B : She is my aunt.
(3) A : ＿＿＿＿＿ pencils are these?
　　B : This is mine.　The other ＿＿＿＿＿ is Emi's.
(4) A : ＿＿＿＿＿ bag is yours, the red one or the white one?
　　B : The white ＿＿＿＿＿ ＿＿＿＿＿.

7 次の日本文を英語になおしなさい。

(1) こちらは私のおじです。彼は医師です。

(2) 彼女はバレーボールのファンですか。

(3) 彼はテニス部(tennis team)に入っていません。

実力判定テスト ステージ3　PROGRAM 4 〜 Power-Up 2　30分　/100

解答 p.17

読聞書話

1 LISTENING 対話と質問を聞いて，その答えとして適するものを１つずつ選び，記号で答えなさい。　♪109 2点×3(6点)

(1)　ア　Yes, she is.　　　イ　No, she isn't.
　　ウ　She is a nurse.　　エ　She is Emi.　　（　　）

(2)　ア　Yes, it is.　　　イ　No, it isn't.
　　ウ　It's Syota's.　　エ　It's black.　　（　　）

(3)　ア　Yes, it is.　　　イ　No, it isn't.
　　ウ　The old one.　　エ　It's Yumi's.　　（　　）

2 次の日本文に合うように，＿＿に適する語を書きなさい。　3点×4(12点)

(1)　彼女はバスケットボールのファンですか。
　　＿＿＿＿＿ ＿＿＿＿＿ a basketball fan?

(2)　ユウタは中学生ではありません。
　　Yuta ＿＿＿＿＿ a junior high school ＿＿＿＿＿.

(3)　どちらのぼうしがあなたのものですか。
　　＿＿＿＿＿ ＿＿＿＿＿ ＿＿＿＿＿ yours?

(4)　これらはだれの本ですか。
　　＿＿＿＿＿ books ＿＿＿＿＿ ＿＿＿＿＿?

3 次の〔 〕内の語または符号を並べかえて，日本文に合う英文を書きなさい。　5点×2(10点)

(1)　彼は有名なお笑い芸人ですか。　〔 famous / is / he / a / comedian 〕?

(2)　赤いカップと緑のカップでは，どちらのカップがあなたのものですか。
　　〔 yours / , / red / which / the / cup / is / one 〕 or the green one?
　　　　　　　　　　　　　or the green one?

4 次の文を（ ）内の指示にしたがって書きかえなさい。　4点×4(16点)

(1)　This is your correction pen. （疑問文に）

(2)　My house is new. （否定文に）

(3)　That is a kangaroo. （下線部をたずねる疑問文に）

(4)　This is my father's umbrella. （下線部をたずねる疑問文に）

目標 ●自分や相手以外の人やものについて「〜です（か）」と述べたり，たずねたりできるようにしよう。

自分の得点まで色をぬろう！

| 0 | 😖がんばろう | 60 | 😊しっかり | 80 | 😄合格！ | 100点 |

⑤ 次の対話文を読んで，あとの問いに答えなさい。 (計26点)

Daniel : ①Who is this woman in *kimono*?

Mao : ②(　　　) (　　　) Ono no Komachi.

Daniel : Is she a princess?

Mao : No, she isn't.　She is a famous poet.

Daniel : I want to play the game.

Mao : OK.　Let's (　③　) after school.

(1) 下線部①を日本語になおしなさい。 (6点)

　（　　　　　　　　　　　　　　　　　　　　　　　　　　　）

(2) 下線部②の（　）に適する語を書きなさい。 (5点)

　＿＿＿＿＿＿＿　＿＿＿＿＿＿＿ Ono no Komachi.

(3) 対話文の内容に合うように，＿＿＿に適する語を書きなさい。 (5点)

　Ono no Komachi ＿＿＿＿＿＿＿ a princess.

(4) 対話文の内容に合うように，次の質問に3語の英語で答えなさい。 (5点)

　Is Ono no Komachi a famous poet?

　＿＿＿＿＿＿＿＿，＿＿＿＿＿＿＿＿ ＿＿＿＿＿＿＿＿．

(5) ③の（　）に適する語を対話文の中から抜き出して書きなさい。 (5点) ＿＿＿＿＿＿＿

⑥ 次の日本文を英語になおしなさい。 5点×4(20点)

(1) これは何ですか。— それはライオンです。

　＿＿＿＿＿＿＿＿＿＿＿＿ — ＿＿＿＿＿＿＿＿＿＿＿＿

(2) 彼女は今日は欠席です。

　＿＿＿＿＿＿＿＿＿＿＿＿＿＿＿＿＿＿＿＿＿＿＿＿＿＿＿＿

(3) これはだれのペンですか。— 私のものです。

　＿＿＿＿＿＿＿＿＿＿＿＿ — ＿＿＿＿＿＿＿＿＿＿＿＿

(4) トマト（a tomato）は野菜ですか。

　＿＿＿＿＿＿＿＿＿＿＿＿＿＿＿＿＿＿＿＿＿＿＿＿＿＿＿＿

⑦ あなたの友だちを1人思い浮かべて，その人について英語で紹介しなさい。 5点×2(10点)

(1) その人の年齢を述べる。

　＿＿＿＿＿＿＿＿＿＿＿＿＿＿＿＿＿＿＿＿＿＿＿＿＿＿＿＿

(2) その人が何のファンであるかを述べる。

　＿＿＿＿＿＿＿＿＿＿＿＿＿＿＿＿＿＿＿＿＿＿＿＿＿＿＿＿

解答 p.18

確認のワーク ステージ 1 **PROGRAM 5** The Junior Safety Patrol ① 読書 聞話

教科書の 要点　主語が三人称・単数・現在の文（肯定文・否定文） ♪ a17

肯定文 My grandmother **makes** lunch for me.
〔動詞に -(e)s をつける〕

私のおばあさんは私のために昼食を作ってくれます。

否定文 My grandmother **doesn't** make breakfast.
〔動詞の前に doesn't を置く。動詞はもとの形に。〕

私のおばあさんは朝食を作りません。

要点

●彼〔彼女〕(he〔she〕)や Ken など，私(I)，あなた(you)以外の単数を三人称・単数という。

●主語が三人称・単数のとき，一般動詞の語尾には -s または -es をつける（三人称・単数・現在形）。-(es)のつけ方は下のようになる。

ふつうの動詞	→	そのまま -s をつける	play → plays　like → likes
語尾が -s, -sh, -ch, -o	→	そのまま -es をつける	go → goes　watch → watches
語尾が〈子音字＋y〉	→	y を i にかえて -es をつける	study → studies

-(e)s の発音は 3 通り。　[s ス]…likes　[z ズ]…plays　[iz イズ]…watches

●主語が三人称・単数の一般動詞の否定文は，動詞の前に doesn't を置き，動詞は -(e)s のつかないもとの形(原形)にする。doesn't は does not の短縮形。

Words チェック　次の英語は日本語に，日本語は英語になおしなさい。

□(1) cooking　（　　　　　　　　）　□(2) job　（　　　　　　　　）

□(3) 家族　＿＿＿＿＿＿＿　□(4) 同じ　＿＿＿＿＿＿＿

1 絵を見て例にならい，「―は〜します」という文を書きなさい。

Ken / play

Yumi / cook dinner

Yuta / read

Maki / study English

例　Ken plays the guitar.

(1) Yumi ＿＿＿＿＿＿＿ dinner.

(2) Yuta ＿＿＿＿＿＿＿ books.

(3) Maki ＿＿＿＿＿＿＿＿＿ every day.

ここが ポイント

-(e)s のつけ方
①ふつうは -s
②語尾が -sh,-ch など
　なら -es
　wash → wash**es**
③語尾が〈子音字 +y〉な
　ら y を i にかえて -es
　study → stud**ies**

2 次の文の＿＿に適する語を（）内から選び，書きなさい。

(1) Aki ＿＿＿＿＿＿ basketball.　(play　plays)

(2) They ＿＿＿＿＿＿ English well.　(speak　speaks)

(3) My cousin ＿＿＿＿＿＿ a new pen.　(want　wants)

(4) My sister doesn't ＿＿＿＿＿＿ fish.　(eat　eats)

wants は[wɑnts]，eats は[iːts]と発音するよ。

3 次の文を（ ）内の指示にしたがって書きかえるとき，＿＿＿に適する語を書きなさい。

(1) I usually use this computer. （主語を She にして）

She usually ＿＿＿＿＿＿＿＿ this computer.

(2) We go to the park on Sundays. （主語を My father にして）

My father ＿＿＿＿＿＿＿＿ to the park on Sundays.

(3) My brother skates well. （否定文に）

My brother ＿＿＿＿＿＿＿＿ ＿＿＿＿＿＿＿＿ well.

(4) Emily likes apples. （否定文に）

Emily ＿＿＿＿＿＿＿＿ ＿＿＿＿＿＿＿＿ apples.

(5) I have a dog. （主語を Ken にして否定文に）

Ken ＿＿＿＿＿＿＿＿ ＿＿＿＿＿＿＿＿ a dog.

ここがポイント

主語が三人称・単数の一般動詞の文では，
(1)(2)**肯定文**
動詞に -(e)s をつける。
(3)(4)(5)**否定文**
動詞の前に doesn't
[does not] を置く。
動詞は -(e)s がつかない形（原形）。

4 次の〔 〕内の語句を並べかえて，日本文に合う英文を書きなさい。

(1) ケンタはミラー先生を知っています。

〔 Kenta / Ms. Miller / knows 〕.

(2) 私の兄はギターをひきません。

〔 play / my brother / doesn't / the guitar 〕.

(3) アンは納豆巻を食べません。

〔 *natto* rolls / Ann / eat / doesn't 〕.

まるごと暗記

主語が三人称・単数の一般動詞の否定文
● 形 …〈主語+doesn't +動詞 〜.〉
●動詞 …-(e)s がつかない形（原形）。

5 次の日本文に合うように，＿＿＿に適する語を書きなさい。

(1) あなたの妹さんは 10 歳でよろしいですね。

Your sister is 10 years old, ＿＿＿＿＿＿＿＿?

(2) 彼らはアメリカ合衆国の出身です。

＿＿＿＿＿＿＿＿ from the U.S.

表現メモ

●〜, right?
「〜でよろしいですね。」
●they're
they are の短縮形

PROGRAM 5

WRITING Plus

あなたの家族または友だちの1人について，代名詞を使ってその人を紹介する文を書きなさい。

(1) その人の好きなもの[こと]を説明する。

(2) その人がよくすることを説明する。 （often または〈on＋曜日〉を使って）

 解答 p.18

ステージ **1** **PROGRAM 5** The Junior Safety Patrol ② 読聞書話

教科書の 要点　主語が三人称・単数・現在の文(疑問文) a18

疑問文 **Does** your grandfather make breakfast?

does を主語の前に置く　　動詞はもとの形

あなたのおじいさんは朝食を作りますか。

答え方 — Yes, he **does**. / No, he **doesn't**.

答えの文でも does を使う

— はい，作ります。/
いいえ，作りません。

要点
● 主語が三人称・単数の一般動詞の疑問文は，主語の前に does を置く。動詞は −s, −es のつかないもとの形(原形)にする。
● 答え方は，〈Yes, 主語＋does.〉または〈No, 主語＋doesn't[does not].〉。

プラス 疑問詞のある疑問文に答えるときは，動詞の形に注意する。
What does your father cook?　あなたのおとうさんは何を料理しますか。
— He cooks beefsteak.　彼はビーフステーキを料理します。
　　↑主語が he なので，動詞の語尾に −s をつける。

Words チェック　次の英語は日本語に，日本語は英語になおしなさい。
□(1) player　（　　　　　）　□(2) abroad　（　　　　　）
□(3) 旅行をする　＿＿＿＿　□(4) 着ている,身につけている ＿＿＿＿
□(5) 重要な，大切な　＿＿＿＿　□(6) 一員，メンバー　＿＿＿＿

1 絵を見て例にならい，「…は〜しますか」という文とその答えの文を書きなさい。

例　Does Yumi play the piano? — Yes, she does.

(1) ＿＿＿ Bob ＿＿＿ Japanese?
— Yes, he ＿＿＿.

(2) ＿＿＿ Mika ＿＿＿ fish?
— ＿＿＿, she ＿＿＿.

(3) ＿＿＿ your brother ＿＿＿ well?
— Yes, ＿＿＿ ＿＿＿.

ここがポイント
疑問文の形と答え方
● 形…〈Does＋主語＋動詞 〜?〉
● 答え方…〈Yes, 主語＋does.〉/〈No, 主語＋doesn't[does not].〉

 Japanese：国語，日本語　fish：魚

② 次の文を（　）内の指示にしたがって書きかえるとき，____ に適する語を書きなさい。

(1) Shota plays soccer well. （疑問文にして Yes で答える文も）

_____ Shota _____ soccer well?

— Yes, he _____ .

(2) Emily speaks Japanese. （疑問文にして No で答える文も）

_____ Emily _____ Japanese?

— No, she _____ .

(3) Ann enjoys her job. （疑問文にして Yes で答える文も）

_____ _____ _____ her job?

— Yes, she _____ .

(4) Tom likes cats. （「何が好きですか」とたずねる文と答えに）

_____ _____ Tom like?

— He _____ cats.

ミス注意

疑問文の動詞の形に注意
(1)〜(3)肯定文の plays, speaks などの動詞は，疑問文では −(e)s のつかないもとの形にする。

ここが ポイント

「何が[何を]」とたずねる疑問文
(4) what（「何が[何を]」）を文頭に置き，一般動詞の疑問文を続ける。答えの文の動詞は −(e)s がつくことに注意。

③ 次の日本文に合うように，____ に適する語を書きなさい。

(1) くつをぬいでください。

_____ off your shoes, please.

(2) ユウタは毎朝 7 時に朝食を食べます。

Yuta eats breakfast at seven _____ morning.

(3) 私は私の兄を誇りに思います。

I'm _____ _____ my brother.

(4) 彼女は日曜日には家で本を読みます。

She reads a book _____ _____ on Sundays.

(5) こちらは私のいとこのタクです。

_____ _____ my cousin Taku.

表現メモ

● take off 〜「〜をぬぐ」
● every morning「毎朝」
● be proud of 〜「〜を誇りに思う」
● at home「家で[に]」

PROGRAM 5

④ 次は，転入生の美加についてたずねる文です。例にならい，「彼女は〜しますか」という文を完成しなさい。

例 Does she play tennis? （テニスをする）

(1) Does she _____ a bike? （自転車に乗る）

(2) Does she _____ pictures? （写真をとる）

(3) Does she _____ abroad? （外国に旅行する）

(4) Does she _____ a computer? （コンピュータを使う）

(5) Does she _____ crossword puzzles? （クロスワードパズルをする）

まるごと 暗記

take を使う表現
● take pictures「写真をとる」
● take off 〜「〜をぬぐ」
● take a bath「ふろに入る」

 **英語のしくみ 三人称・単数・現在**

解答 p.19

まとめ

① **三人称・単数・現在の文**
- 自分(I)と相手(you)以外の単数(1人・1つのもの)を三人称・単数という。
- 主語が三人称・単数のとき，一般動詞の語尾には -(e)s をつける。have は has になる。

ふつうの動詞	→	そのまま -s をつける	play → plays　like → likes
語尾が -s, -sh, -ch, -o	→	そのまま -es をつける	go → goes　watch → watches
語尾が〈子音字+y〉	→	y を i にかえて -es をつける	study → studies

主語がI, youなど　I　like　tennis.

主語が三人称・単数　Ken　**likes**　tennis.　< 動詞は -(e)s がつく形(三人称・単数・現在形)に

② **否定文・疑問文**
- 否定文は動詞の前に doesn't を置く。疑問文は主語の前に does を置く。

肯定文　　　Ken　　　　likes tennis.

否定文　　　Ken **doesn't** like　tennis.　< 動詞は -(e)s のつかないもとの形(原形)に

疑問文　**Does** Ken　　　　like　tennis? — Yes, he **does**. / No, he **doesn't**.

does を主語の前に置く　　　　　　　　答えの文では does を使う。

練習

よく出る

1 次の日本文に合うように， ___ に適する語を書きなさい。

(1) ユカは毎朝英語を勉強します。

　　Yuka _____ English every morning.

(2) 私のおじはイヌを3匹飼っています。

　　My uncle _____ three dogs.

> 主語が三人称・単数のとき，肯定文の動詞 have の形に注意。

(3) 私の兄は料理が好きではありません。

　　My brother _____ cooking.

(4) ショウタは夕食のあとでテレビを見ますか。— はい，見ます。

　　_____ Shota _____ TV after dinner?

　　— Yes, he _____ .

2 次の文を( )内の指示にしたがって書きかえなさい。

(1)　My grandpa doesn't make dinner.　(肯定文に)

　　_____

(2)　Mr. Ono practices soccer every day.　(疑問文にして Yes で答える文も)

　　_____ — _____

(3)　Ms. Ito goes to the park before dinner.　(疑問文にして No で答える文も)

　　_____ — _____

確認のワーク　ステージ1　Word Web 3　季節・月の名前

教科書の 要点　季節・月の名前　♪ a19

● 季節の名前

春	夏	秋	冬
spring	summer	fall / autumn	winter

● 月の名前　※つねに大文字で書き始める。

1月	2月	3月	4月	5月	6月
January	February	March	April	May	June

7月	8月	9月	10月	11月	12月
July	August	September	October	November	December

プラス 季節や月について「〜に」というときは in 〜 で表す。

He goes abroad in spring.　　彼は春に外国に行きます。

I swim here in August.　　　私は8月にここで泳ぎます。

Words チェック　次の英語は日本語に，日本語は英語になおしなさい。

□(1) spring （　　　　　）　　□(2) fall （　　　　　）

□(3) June （　　　　　）　　□(4) December （　　　　　）

□(5) March （　　　　　）　　□(6) February （　　　　　）

□(7) 季節 ＿＿＿＿＿＿　　□(8) （年月の）月 ＿＿＿＿＿＿

1 1月から12月まで，月の名前を順番に英語で書きなさい。

(1) ＿＿＿＿　(2) ＿＿＿＿　(3) ＿＿＿＿　(4) ＿＿＿＿

(5) ＿＿＿＿　(6) ＿＿＿＿　(7) ＿＿＿＿　(8) ＿＿＿＿

(9) ＿＿＿＿　(10) ＿＿＿＿　(11) ＿＿＿＿　(12) ＿＿＿＿

2 次の季節を表す英語を書きなさい。

(1) 春 ＿＿＿＿　(2) 夏 ＿＿＿＿

(3) 秋 ＿＿＿＿　(4) 冬 ＿＿＿＿

3 次の日本文に合うように，＿＿＿ に適する語を書きなさい。

(1) 私は8月によく海に行きます。

I often go to the sea ＿＿＿＿＿＿ ＿＿＿＿＿＿ .

(2) 私たちは1月にここでスケートをすることができます。

We can skate here ＿＿＿＿＿＿ ＿＿＿＿＿＿ .

ミス注意

月名はつねに大文字で書き始める。

また，月名のつづりは r と l などをまちがえやすいものが多いので注意。

英語のしくみ / Word Web 3

解答　p.19

定着のワーク　ステージ2　PROGRAM 5 〜 Word Web 3　読聞書話

🎧1 LISTENING　対話を聞いて，内容に合う絵を1つ選び，記号で答えなさい。　♪ l10

ア　　　　　イ　　　　　ウ ○ ✕　　　　　エ ✕

（　　　）

2 次の文の＿＿＿に，（　　）内の語を適する形にかえて書きなさい。

(1)　Maki ＿＿＿＿＿＿ the piano every day. （play）

(2)　Ken ＿＿＿＿＿＿ math on weekends. （study）

(3)　My sister ＿＿＿＿＿＿ 5 kilometers. （swim）

(4)　Ms. Suzuki ＿＿＿＿＿＿ a nice bag. （have）

(5)　Eita ＿＿＿＿＿＿ in Okinawa. （live）

3 次の〔　〕内の語を並べかえて，日本文に合う英文を書きなさい。

(1)　彼は彼女のコンサートには行きません。

〔 doesn't / her / to / he / go 〕 concert.

＿＿＿＿＿＿＿＿＿＿＿＿＿＿＿＿＿ concert.

(2)　彼女はとてもおいしいオムレツを作ります。

〔 makes / delicious / omelet / she / a 〕.

＿＿＿＿＿＿＿＿＿＿＿＿＿＿＿＿＿＿

(3)　私は私の妹を誇りに思います。

〔 proud / of / I'm / my / sister 〕.

＿＿＿＿＿＿＿＿＿＿＿＿＿＿＿＿＿＿

4 次の日本文に合うように，＿＿＿に適する語を書きなさい。

(1)　ベンには兄弟がいません。

Ben ＿＿＿＿＿＿＿＿＿＿ a brother.

(2)　ベッキー（女性）は家でくつをはいていますか。

＿＿＿＿＿＿ Becky ＿＿＿＿＿ shoes at home?

(3)　[(2)に答えて] いいえ，はいていません。

No, ＿＿＿＿＿＿ ＿＿＿＿＿＿.

(4)　私の妹は自分の部屋を掃除しません。

My sister ＿＿＿＿＿＿ ＿＿＿＿＿＿ her room.

重要ポイント

1 絵の人物がするスポーツは何かを聞き取る。

2

得点力をUP

-(e)s のつけ方ではこの動詞に注意！
● have → has
● study → studies
● go → goes
● watch → watches
● do（する）→ does
● wash → washes

3 (1)三人称・単数が主語の一般動詞の否定文は〈主語＋doesn't＋動詞〜.〉の形。

(3)「〜 を誇りに思う」は be proud of 〜。

4 (1)(4)否定文の動詞は -(e)s をつけない形。

テストに◎出る!

主語が三人称・単数の疑問文と答え方
〈Does＋主語＋動詞 〜?〉
—〈Yes, 主語＋does.〉
—〈No, 主語＋doesn't [does not].〉

5 次の対話文を読んで，あとの問いに答えなさい。

Mao : That's my grandpa.

Daniel : Oh, he watches students, ①(　　　　　)?

Mao : Yes.　He stands on the street every day.

Daniel : Every day?

Mao : Ah, he doesn't stand (　②　) weekends.

Daniel : I see.　We have ③the same job in the U.S.

(1) 下線部①が「～でよろしいですね。」という意味になるように，( )に適する語を書きなさい。　＿＿＿＿＿＿＿＿

(2) ②の( )に入る語をア〜エから選び，記号を〇で囲みなさい。

　　ア　in　　イ　from　　ウ　on　　エ　under

(3) 下線部③の内容を具体的に表す英文になるように，下の＿＿に適する語を対話文から抜き出して書きなさい。

　　We ＿＿＿＿＿＿＿＿ on the street and ＿＿＿＿＿＿＿＿

　　students in the U.S.

(4) 対話文の内容に合うように，次の質問に3語の英語で答えなさい。

　　Does Mao's grandpa stand on the street on Sundays?

　　＿＿＿＿＿＿, ＿＿＿＿＿＿ ＿＿＿＿＿＿.

6 次の対話が成り立つように，＿＿に適する語を書きなさい。

よく出る(1) A : Does Ms. Smith like cooking?

　　B : Yes, ＿＿＿＿＿＿ ＿＿＿＿＿＿.

(2) A : Does your sister practice tennis?

　　B : No, she ＿＿＿＿＿＿. She ＿＿＿＿＿＿ soccer.

(3) A : When does Kenta watch TV?

　　B : He ＿＿＿＿＿＿ TV after dinner.

レベルUP(4) A : What does she study on Fridays?

　　B : She ＿＿＿＿＿＿ science and Japanese.

7 次の日本文を英語になおしなさい。

(1) 私の母は夏が好きです。

＿＿＿＿＿＿＿＿＿＿＿＿＿＿＿＿＿＿＿＿＿＿

(2) 彼はいつ昼食を作りますか。

＿＿＿＿＿＿＿＿＿＿＿＿＿＿＿＿＿＿＿＿＿＿

レベルUP(3) 彼女はときどき外国に旅行します。

＿＿＿＿＿＿＿＿＿＿＿＿＿＿＿＿＿＿＿＿＿＿

ちょっと**BREAK**　spring は「春」という意味。では hot spring とは何のこと？

重要ポイント

5 (3) the same job は「同じ仕事」という意味。「通りに立ち，生徒を見守る」仕事をさす。

(4)真央が最後の発言で「週末には通りに立ちません」と言っていることに注目。

6

得点力をUP

疑問詞の疑問文

●When does he [she]～？

「彼[彼女]はいつ～しますか」

●What does he [she] ～？

「彼[彼女]は何を～しますか」

7

(1)主語が三人称・単数なので，like(～が好きである)に -s をつける。

(2)疑問詞 when を文頭に置く。

(3)「外国に旅行する」は travel abroad。主語は三人称・単数。

PROGRAM 5 ～ Word Web 3

➡答えは次のページ

解答 p.20

実力判定テスト ステージ**3** PROGRAM 5 〜 Word Web 3 **30**分 /100 読 聞 書 話

🎧 **1 LISTENING** 対話と質問を聞いて，その答えとして適するものを1つずつ選び，記号で答えなさい。 🎵 l11 2点×3(6点)

(1) ア Yes, she does.　　イ No, she doesn't.
　　ウ Yes, he does.　　エ He likes cats.　　　　(　)

(2) ア Yes, she does.　　イ No, she doesn't.
　　ウ She plays the guitar.　　エ She doesn't play the piano.　(　)

(3) ア She practices tennis.　　イ On weekends.
　　ウ On Tuesdays.　　エ In the park.　　　　(　)

よく出る 2 次の日本文に合うように，＿＿に適する語を書きなさい。 3点×4(12点)

(1) 私の姉はたくさんの本を読みます。
　　My sister ＿＿＿＿＿＿ ＿＿＿＿＿＿ books.

(2) ユカは今日赤いくつをはいていません。
　　Yuka ＿＿＿＿＿＿ ＿＿＿＿＿＿ red shoes today.

(3) 彼は腕時計をほしがっていますか。
　　＿＿＿＿＿＿ he ＿＿＿＿＿＿ a watch?

(4) [(3)に答えて] はい，ほしがっています。
　　Yes, ＿＿＿＿＿＿ ＿＿＿＿＿＿.

3 次の〔 〕内の語を並べかえて，日本文に合う英文を書きなさい。 5点×2(10点)

よく出る (1) 私の父は冬が好きではありません。
　　〔 doesn't / father / my / like / winter 〕.

(2) 私たちは家ではジャケットをぬぎます。
　　〔 our / take / at / we / home / off / jackets 〕.

よく出る 4 次の文を( )内の指示にしたがって書きかえなさい。 4点×4(16点)

(1) We go to the park on Sundays. （下線部を He にかえて）

(2) My uncle likes animals. （否定文に）

(3) Ms. Mori has a nice computer. （疑問文に）

レベルUP (4) Aki studies English after dinner. （下線部をたずねる疑問文に）

ちょっとBREAKの答え 「温泉」という意味。spring には「泉」という意味もあるんだ。

目標 ●自分や相手以外の人について，好きなことやよくすることを説明したり，たずねたりできるようにしよう。

自分の得点まで色をぬろう！
⊕がんばろう！ ⊕もう一歩 ⊕合格！
0　　　　　　　　　60　　80　100点

5 次の会話文を読んで，あとの問いに答えなさい。 (計26点)

Daniel : ①This is my cousin Jenny.
Mao : She's cool.
Daniel : She's a member （ ② ） the Junior Safety Patrol.
Ken : Does she enjoy her job?
Daniel : ③Yes, （　　　　）（　　　　）. She's proud of ④it too.
Mao : It's an important job.

(1) 下線部①を日本語になおしなさい。 (6点)

（　　　　　　　　　　　　　　　　　　　　　　　　　　　　　　　　　　　）

(2) ②の（ ）に入る適する語をア～エから選び，記号を○で囲みなさい。 (5点)

　ア　on　　イ　of　　ウ　about　　エ　to

(3) 下線部③の（ ）に適する語を書きなさい。 (5点)

　Yes, ＿＿＿＿＿＿＿＿＿＿ ＿＿＿＿＿＿＿＿＿＿.

(4) 下線部④の it がさすものを，会話文中から２語の英語で抜き出して書きなさい。 (5点)

　＿＿＿＿＿＿＿＿＿＿ ＿＿＿＿＿＿＿＿＿＿

(5) 会話文の内容に合うように，　　　に適する語を書きなさい。 (5点)

　Jenny is ＿＿＿＿＿＿＿＿＿＿ cousin.

6 次の日本文を英語になおしなさい。 5点×4(20点)

(1) 彼には重要な仕事（job）があります。

＿＿＿＿＿＿＿＿＿＿＿＿＿＿＿＿＿＿＿＿＿＿＿＿＿＿＿＿＿＿＿＿＿＿

(2) 彼女は毎朝くだものを食べますか。

＿＿＿＿＿＿＿＿＿＿＿＿＿＿＿＿＿＿＿＿＿＿＿＿＿＿＿＿＿＿＿＿＿＿

(3) 私の弟は自転車に乗りません。

＿＿＿＿＿＿＿＿＿＿＿＿＿＿＿＿＿＿＿＿＿＿＿＿＿＿＿＿＿＿＿＿＿＿

(4) あなたのおとうさんはあなたのために何を作りますか。

＿＿＿＿＿＿＿＿＿＿＿＿＿＿＿＿＿＿＿＿＿＿＿＿＿＿＿＿＿＿＿＿＿＿

7 あなたの学校の先生を１人思い浮かべて，その先生についてよく知っている友だちに次のような質問をするとき，英語でどのように言うか書きなさい。 5点×2(10点)

(1) ○○先生はスポーツが好きかどうかをたずねるとき。

＿＿＿＿＿＿＿＿＿＿＿＿＿＿＿＿＿＿＿＿＿＿＿＿＿＿＿＿＿＿＿＿＿＿

(2) ○○先生が日曜日に何をするかをたずねるとき。

＿＿＿＿＿＿＿＿＿＿＿＿＿＿＿＿＿＿＿＿＿＿＿＿＿＿＿＿＿＿＿＿＿＿

PROGRAM 5 ～ Word Web 3

定期テスト対策 予想問題 第6回 p.148～149

解答 ▶ p.21

確認のワーク ステージ**1** **PROGRAM 6** The Way to School ① 読書聞話

教科書の 要点 「彼[彼女]を」「彼[彼女]に」を表す代名詞 ♪a20

「彼を」 This is my friend Paul. — I know **him**.
1人の男性

この人は私の友だちのポールです。
— 私は彼を知っています。

「彼女を」 That is my friend Sue. — I like **her**.
1人の女性

あちらは私の友人のスーです。
— 私は彼女が好きです。

要点

● 三人称・単数の人について「〜を[に/が]」を表すとき，1人の男性には him(彼を[に])，1人の女性には her(彼女を[に])を使う。一般動詞のあとで「〜を[に]」を表すこれらの語を**目的語**という。

プラス 三人称・複数の人やものについて，「〜を[に]」と言うときは them(彼ら[彼女ら，それら]を[に])を使う。例 I have two dogs. I like them. 私はイヌを2匹飼っています。私は彼らが好きです。

Words チェック 次の英語は日本語に，日本語は英語になおしなさい。

□(1) hour （ ） □(2) his （ ）

□(3) 〜を横切って，〜を越えて _____ □(4) 教える，言う _____

1 絵を見て例にならい，「こちらは〜です。私は彼[彼女]を[が]〜します」という文を書きなさい。

例	(1)	(2)	(3)
 Erika / like	 my uncle / like	 my brother / love	 Ms. Green / know

例 This is Erika. I like her.

(1) This is my uncle. I _____ _____ .

(2) This is my brother. I _____ .

(3) This is Ms. Green. I _____ .

まるごと暗記
● 1人の男性を受ける
→ him(彼を[に])
● 1人の女性を受ける
→ her(彼女を[に])

2 次の文の_____ に，him，her，them のうち適する語を書きなさい。

(1) This is Mr. Kato. We like _____ .

(2) This is my sister Yuka. Do you know _____ ?

(3) Look at the boys. I know _____ .

(4) Tom and Meg are my classmates. I like _____ .

ミス注意
them「彼ら[彼女ら，それら]を」
(3) boys，(4) Tom and Meg のような複数の人やものを受ける代名詞は them。

 like：〜が好きである，好む boy：少年

確認のワーク　ステージ1　**PROGRAM 6**　The Way to School ②　読聞書話

解答　p.21

教科書の **要点**　「なぜ〜」「なぜなら〜」　♪a21

「なぜ〜」　**Why** do you like Sue**?**　あなたはなぜスーが好きなのですか。

[なぜ]　　　　疑問文の語順

「なぜなら〜」　— **Because** she is always kind to me.　— なぜなら彼女はいつも私に親切にしてくれるからです。

[なぜなら〜]　　　　具体的な理由を答える

要点

●「なぜ〜しますか」と理由をたずねるときは，疑問詞の why で文を始める。

●答えるときは Because 〜.「なぜなら〜（だからです）」の形で理由を言う。

●Why のあとに be 動詞の疑問文が続き，「なぜ〜なのですか」の意味を表すこともある。

　Why is Mr. Mori popular?　なぜ森先生は人気があるのですか。

　— Because he is friendly.　— なぜなら彼は親しみやすいからです。

Words チェック　次の英語は日本語に，日本語は英語になおしなさい。

□(1)　everybody　（　　　　　）　□(2)　find　（　　　　　）

□(3)　movie　（　　　　　）　□(4)　dangerous　（　　　　　）

□(5)　（時間が）早く　＿＿＿＿＿＿＿　□(6)　そこで[に，へ]　＿＿＿＿＿＿＿

□(7)　親　＿＿＿＿＿＿＿　□(8)　祈る　＿＿＿＿＿＿＿

□(9)　ミュージシャン,音楽家　＿＿＿＿＿　□(10)　child の複数形　＿＿＿＿＿＿＿

1 絵を見て例にならい，「あなたはなぜ〜が好きなのですか」という文とその答えの文を書きなさい。

例 　Ken / kind	(1) 　Ann / friendly	(2) 　your uncle / cool	(3) 　Natsume Soseki / great

例　Why do you like Ken? — Because he is kind.

(1)　＿＿＿＿＿＿＿ do you like Ann?

　— ＿＿＿＿＿＿＿ she is friendly.

(2)　＿＿＿＿＿＿＿ do you like your uncle?

　— ＿＿＿＿＿＿ ＿＿＿＿＿＿ is cool.

(3)　＿＿＿＿＿＿＿ do you like Natsume Soseki?

　— ＿＿＿＿＿＿ he is ＿＿＿＿＿＿.

ここがポイント

●「なぜ〜しますか」
〈Why＋do[does]＋主語＋動詞 〜?〉

●「なぜなら〜（だからです）」
〈Because＋主語＋動詞 〜.〉

　kind：親切な　cool：かっこいい　great：すばらしい

② 次の日本文に合うように，＿＿＿に適する語を書きなさい。

(1) なぜあなたはネコが好きなのですか。

＿＿＿＿＿＿＿＿＿ ＿＿＿＿＿＿＿ you like cats?

(2) [(1)に答えて] なぜなら彼らはかわいいからです。

＿＿＿＿＿＿＿＿＿ they ＿＿＿＿＿＿＿ cute.

(3) なぜ彼は週末にそこに行くのですか。

＿＿＿＿＿＿＿ ＿＿＿＿＿＿＿ he go there on weekends?

(4) [(3)に答えて] なぜならテニスを練習するからです。

＿＿＿＿＿＿＿ he ＿＿＿＿＿＿＿ tennis.

> **ミス注意**
> **主語が三人称・単数**
> (3)主語が三人称・単数の
> ときは疑問文では does
> を使う。
> (4)答えの文では，動詞は
> −(e)s のついた形にする。

③ 次の文を「なぜ…は～しますか[～なのですか]」とたずねる疑問文に書きかえなさい。

(1) You study American culture.

＿＿＿＿＿＿＿＿＿＿＿＿＿＿＿＿＿＿＿＿

(2) Kenta is absent today.

＿＿＿＿＿＿＿＿＿＿＿＿＿＿＿＿＿＿＿＿

> **まるごと暗記**
> ● American
> 「アメリカ(人)の」
> ● Chinese
> 「中国(人)の」
> ● Japanese
> 「日本(人)の」
> American は「アメリ
> カ人」, Chinese は「中
> 国人，中国語」,
> Japanese は「日本語,
> 日本人」の意味もある。

④ 次の[ ]内の語を並べかえて，日本文に合う英文を書きなさい。

(1) なぜ彼女はあの男の人を知っているのですか。

[she / know / why / does / man / that]?

＿＿＿＿＿＿＿＿＿＿＿＿＿＿＿＿＿＿＿＿

(2) [(1)への応答] なぜなら彼は彼女のおじさんだからです。

[is / uncle / he / because / her].

＿＿＿＿＿＿＿＿＿＿＿＿＿＿＿＿＿＿＿＿

⑤ 次の日本文に合うように，＿＿＿に適する語を書きなさい。

(1) 私は毎朝早く起きます。

I ＿＿＿＿＿＿＿＿＿＿＿＿＿ early every morning.

(2) 彼はイヌが好きだよね。

He likes dogs, ＿＿＿＿＿＿＿ ＿＿＿＿＿＿＿.

(3) まさか[そんなばかな]。

＿＿＿＿＿＿＿ way!

> **表現メモ**
> ● get up
> 「起きる」
> ● ～, you know.
> 「～だよね。」
> ● No way!
> 「まさか[そんなばか
> な]。」

PROGRAM 6

WRITING Plus ✏

次の対話の応答としてふさわしい答えを，A になったつもりで英語で書きなさい。

A : This is my friend, Shoko. I like her very much.

B : Why do you like her?

A : ＿＿＿＿＿＿＿＿＿＿＿＿＿＿＿＿＿＿＿＿

 英語のしくみ 代名詞 /「理由」をたずねる
文と答え方

解答 ▶ p.22

まとめ

① 代名詞

●代名詞は，人称や文中での働き，数(単数・複数)によって区別し，形を使い分ける。

	単数				複数			
	～は[が]	～の	～を[に/が]	～のもの	～は[が]	～の	～を[に/が]	～のもの
一人称	I	my	me	mine	we	our	us	*ours
二人称	you	your	you	yours	you	your	you	yours
三人称	he	his	him	*his	they	their	them	*theirs
	she	her	her	*hers				
	it	its	it	—				

〈注意〉it には「～のもの」の形はない。Ken's などの〈人名＋'s〉は「～の」と「～のもの」の両方の意味で使われる。

●〈「～を[に / が]を表す形〉　目的語になる。目的語は動詞のあとに置かれて「～を[に / が]」を表す語。

This is my grandfather.　He is a vet.　I like him.

This is my aunt.　She is a cook.　I like her very much.

●〈「～の」「～のもの」を表す形〉　所有を表す。「～の」の形のあとには名詞が続く。

This is his cap.　This cap is *his.　　　　*his：彼のもの

That is her watch.　That watch is *hers.　　*hers：彼女のもの

These are our pens.　These pens are *ours.　*ours：私たちのもの

These are their gloves.　These gloves are *theirs.　*theirs：彼ら[彼女ら，それら]のもの

② 理由をたずねる文と答え方

●「なぜ～しますか[ですか]」と理由をたずねるときは Why ～? の形で表す。「なぜなら～(だからです)」と理由を答えるときは Because ～. の形で表す。

Why do you like this cat?　— Because it's cute.

練習

1 次の文の＿＿＿に適する語を( )内から選び，書きなさい。

(1)　We like ＿＿＿＿＿＿ very much.　　　　(he　his　him)

(2)　That computer isn't ＿＿＿＿＿.　　　　(my　me　mine)

(3)　＿＿＿＿＿ parents often travel abroad.　(We　Our　Ours)

(4)　I play soccer with ＿＿＿＿＿ on Sundays.　(they　them　theirs)

2 次の文の下線部の語句を 1 語の代名詞にかえて書きなさい。

(1)　I like this cup.　　　　　＿＿＿＿＿

(2)　This is my brother's bike.　＿＿＿＿＿

(3)　Kaori and I are good friends.　＿＿＿＿＿

(4)　That jacket is my sister's.　＿＿＿＿＿

> 文の中での働き
> (主語，目的語
> など)にも注意。

3 次の日本文に合うように，＿＿に適する語を書きなさい。

(1) これらのかばんは私たちのものです。

These bags ＿＿＿＿＿＿＿＿＿ .

(2) 私は新しいかさを持っています。その色は赤です。

I have a new umbrella. ＿＿＿＿＿ color is red.

(3) あなたはなぜこれらの本を読むのですか。

＿＿＿＿＿ ＿＿＿＿＿ you read these books?

(4) 〔(3)に答えて〕 なぜならそれらはおもしろいからです。

＿＿＿＿＿ ＿＿＿＿＿ are interesting.

(3)(4)「なぜ」「なぜなら」は決まった語を使うよ。

4 次の文を（ ）内の指示にしたがって書きかえなさい。

(1) These watches are my grandfather's. （下線部をそれぞれ1語の代名詞にかえて）

(2) Is this your eraser? （yours を使ってほぼ同じ内容の文に）

(3) Becky gets up early on Wednesdays. （「なぜ」とたずねる疑問文に）

(4) These aren't their balls. （「彼らのもの」の意味の語を使ってほぼ同じ内容の文に）

5 次の〔 〕内の語句を並べかえて，日本文に合う英文を書きなさい。

(1) 彼らは彼らの部屋をいっしょに使います。

〔 room / use / they / their 〕 together.

＿＿＿＿＿ together.

(2) その青色のものが彼女のです。 〔 is / the / one / blue / hers 〕.

(3) マキは彼とそのコンサートに行きます。

〔 goes / with / Maki / him / the concert / to 〕.

6 次の日本文を英語になおしなさい。

(1) 私たちは彼を知っています。彼も私たちを知っています。 （too を使って2文で）

(2) この自転車は私のものではありません。それは真央(Mao)のものです。

(3) あなたはなぜこの音楽家が好きなのですか。— なぜなら彼はかっこいいからです。

—

ステージ **1**

Power-Up 3　道案内をしよう ①
Power-Up 4　店内放送を聞こう

解答 p.22

読 聞
書 話

教科書の 要点　場所のたずね方と答え方　♪ a22

Excuse me, but where is the bookstore?

すみませんが，書店はどこですか。

— **Turn** right, **and** you can see the sports shop.
　The bookstore **is next to** the sports shop.

—右へ曲がってください，そうすればスポーツ店が見えます。書店はスポーツ店の隣にあります。

要点

● 「すみませんが，〜」と見知らぬ人に話しかけるときなどは，Excuse me, but 〜. を使う。
● 「〜してください，そうすれば…」と言うときは〈命令文，and …〉で表す。
● 「…は〜の隣にあります」と言うときは〈… is next to 〜〉で表す。

プラス　次のような表現も道案内の場面でよく使われる。
　例　Where is the 〜?　〜はどこですか。
　　　Take the escalator and go up to the third floor.　エスカレーターに乗り3階に上がってください。

Wordsチェック　次の英語は日本語に，日本語は英語になおしなさい。

□(1)　easily　　　　（　　　　　　　）　□(2)　share　　　（　　　　　　　）
□(3)　カメラ　　　＿＿＿＿＿＿＿＿　□(4)　階　　　　　＿＿＿＿＿＿＿＿
□(5)　壁　　　　　＿＿＿＿＿＿＿＿　□(6)　逃す　　　　＿＿＿＿＿＿＿＿

1 次の日本文に合うように，＿＿＿に適する語を書きなさい。

(1)　失礼ですが，体育館はどこですか。
　　＿＿＿＿＿＿＿＿　＿＿＿＿＿＿＿＿, but where is the gym?

(2)　左へ曲がってください，そうすれば動物園が見えます。
　　＿＿＿＿＿＿＿＿ left, ＿＿＿＿＿＿＿＿ you can see the zoo.

(3)　病院は公園の隣にあります。
　　The hospital is ＿＿＿＿＿＿＿＿ ＿＿＿＿＿＿＿＿ the park.

(4)　あなたはここ，駅にいます。
　　You ＿＿＿＿＿＿＿＿ ＿＿＿＿＿＿＿＿, at the station.

(5)　3階まで上がってください。
　　＿＿＿＿＿＿＿＿＿＿＿＿ to the third floor.

ここが ポイント

道案内でよく使う表現
● 「すみませんが〜。」
　Excuse me, but 〜.
● 「左［右］に曲がってください，そうすれば〜。」
　Turn left[right], and 〜.
● 「…は〜の隣にあります。」
　… is next to 〜.

2 （　）内の日本語を参考に，＿＿＿に適する語を書きなさい。

(1)　＿＿＿＿＿＿＿＿＿＿＿＿.　　　　　　（どういたしまして。）

(2)　＿＿＿＿＿＿＿＿＿＿ the TV　　　　　（テレビのスイッチを入れる）

(3)　＿＿＿＿＿ the ＿＿＿＿＿　　　　　　（エスカレーターに乗る）

(4)　＿＿＿＿＿ 15 seconds　　　　　　　　（15秒たつと）

 escalator は[éskəleitər]と発音するよ。

 解答 p.23

Word Web 4　順番・日付の言い方

教科書の 要点　順番・日付　♪a23

What's the date today? — It's November 8.
日付を表す文の主語は it　〈月＋日〉の語順

今日は何月何日ですか。
— 11 月 8 日です。

要点

● 「何月何日ですか」と日付をたずねるときは，**What's the date?** と言う。
● 答えるときは〈It's [It is] ＋日付.〉で表す。日付を言うときは it を主語にする。
● November 8 の 8 は (the) eighth と読む。このように「〜日」は**序数**(順序を表す数)で表す。
● 序数の言い方…4 以降の数字は -th がつく形が基本。21 以上は 10 の位のあとにハイフン(-)
　をつけて，1 の位だけ順番を表す数にする。20 のように 1 の位がゼロなら -tieth の形になる。

first	second	third	fourth	fifth	sixth	seventh
1番目(の)	2番目(の)	3番目(の)	4番目(の)	5番目(の)	6番目(の)	7番目(の)
eighth	ninth	tenth	eleventh	twelfth	thirteenth	fourteenth
8番目(の)	9番目(の)	10番目(の)	11番目(の)	12番目(の)	13番目(の)	14番目(の)
twentieth	twenty-first	twenty-second		thirtieth	thirty-first	
20番目(の)	21番目(の)	22番目(の)		30番目(の)	31番目(の)	

1 絵を見て例にならい，日付をたずねる文とその答えの文を書きなさい。

例　What's the date today? — It's May 25.

(1)　_____ the _____ today?
　— _____ 16.

(2)　_____ the _____ today?
　— _____ 5.

(3)　_____ today?
　—

ここが ポイント
日付のたずね方・答え方
● What's the date today? (今日は何月何日ですか。)
● 〈It's [It is] ＋月＋日.〉(〜月…日です。)

2 次の日本文に合うように，_____ に適する語を書きなさい。
(1)　私の誕生日は 9 月 19 日です。
　My _____ is _____ 19.
(2)　私の父の誕生日は 1 月 24 日です。
　My father's _____ is _____ 24.

まるごと暗記
誕生日の言い方
My birthday is のあとに〈月＋日〉の順に言う。他の人の誕生日なら，my を「〜の」を表す語にかえる。

birthday は [bə́ːrθdei] と発音するよ。

解答 p.23

定着のワーク ステージ **2** PROGRAM 6 〜 Word Web 4 読聞書話

🎧 **1** LISTENING 対話を聞いて，内容に合う絵を１つ選び，記号で答えなさい。 ♪ 112

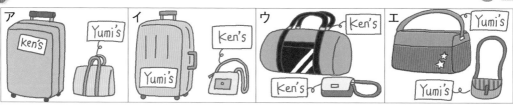

ア Ken's Yumi's　イ Yumi's Ken's　ウ Ken's Ken's　エ Yumi's Yumi's

（　　　）

よく出る **2** 次の文の____に，（　）内の語を適する形にかえて書きなさい。

(1) This is my sister Yuki.　I like _____.　(she)

(2) Look at that boy.　Do you know _____?　(he)

(3) We play tennis with _____ after school.　(they)

(4) That is _____ town.　(we)

(5) Please tell _____ about him.　(I)

3 次の対話が成り立つように，____に適する語を書きなさい。

よく出る (1) A : Do you have any cats?

B : Yes, I have two cats.　_____ are cute.

(2) A : Is this your umbrella, Becky?

B : Yes, it's _____.

レベルUP (3) A : Are you and Maki sisters?

B : Yes, _____ are.

(4) A : Is this your favorite jacket?

B : Yes.　I love _____.

(5) A : Thank you very much.

B : _____ welcome.

よく出る **4** 次の日本文に合うように，____に適する語を書きなさい。

(1) これらの鉛筆は彼女のものです。

These pencils are _____.

(2) トムはなぜあのレストランに行くのですか。

_____ Tom go to that restaurant?

(3) [(2)に答えて]　なぜなら彼はカレーライスが好きだからです。

_____ he _____ curry and rice.

レベルUP (4) このカップを見てください。それの色は美しいです。

Look at this cup.　_____ color is beautiful.

重要ポイント

❶「〜の」「〜のもの」を表す語を聞き取る。

❷

得点力を UP

(5)〈tell＋人＋about 〜〉は「…(人)に〜について話す」を表す。
tell の直後と，前置詞 about のあとに「人」を表す代名詞が続くときは，「〜を[に，が]」を表す形にする。
tell me about him
(私に彼について話す)

❸

テストに 出る!

「〜を[に]」を表す代名詞
me(私を[に，が])
you(あなたを[に，が])
him(彼を[に，が])
her(彼女を[に，が])
it(それを[に，が])
us(私たちを[に，が])
them(彼ら[彼女ら，それら]を[に，が])

❹ (2)(3)「なぜ〜」は Why 〜?，「なぜなら〜(だから)」は Because 〜. で表す。

5 次の対話文を読んで，あとの問いに答えなさい。

Emily : Look at this boy.　He ①(live) in Kenya.

Ken : Who is he?

Emily : He's Jackson.　We can see (　②　) in a movie.

Ken : Tell me about (　②　).

Emily : Every morning he runs and walks 15 kilometers to school. <u>③[hours / takes / two / it]</u>.

Ken : Wow!

(1) ①の（　）内の語を適する形になおしなさい。

(2) ②の2つの（　）に共通して入る適切な語を書きなさい。

　————————————

(3) 下線部③の〔　〕内の語を並べかえて，意味の通る英文にしなさい。

　————————————

(4) 対話文に合うように，次の質問に3語の英語で答えなさい。
Does Jackson run and walk to school every morning?

　———————— , ———————— ————————.

6 次の〔　〕内の語句や符号を並べかえて，日本文に合う英文を書きなさい。

(1) このぼうしは彼女のものではありません。
〔 hat / hers / this / isn't 〕.

　————————————

(2) 彼女の家は公園の隣にあります。
〔 house / her / next / is / to / the park 〕.

　————————————

(3) 右に曲がってください，そうすれば駅が見えます。
〔 right / , / turn / see / can / you / and 〕 the station.

　———————————— the station.

7 次の日本文を英語になおしなさい。

(1) これらのカメラは彼のものです。

　————————————

(2) 失礼ですが，病院はどこですか。

　————————————

(3) 私の誕生日は8月24日です。

　————————————

重要ポイント

5 (1)主語は三人称・単数。

(2)「彼を[に]」を表す語が入る。

(3) take は「（時間が）かかる」という意味。it を主語にした文にする。

(4)Does ～? の疑問文には does を使って答える。

6

得点力を**UP**

道案内の表現
● Turn right[left], and you can see ～.
「右[左]に曲がってください，そうすれば～が見えます。」
● ～ is next to …
「～は…の隣にあります」
● Excuse me, but ～.
「失礼ですが～。」
● Where is ～?
「～はどこですか。」

7
(1)「これらの」は these。「彼のもの」は his で表す。
(3)自分の誕生日を言うときは〈My birthday is ＋月＋日.〉で表す。

PROGRAM 6 ～ Word Web 4

ちょっと**BREAK**　cameraman は「カメラマン」という意味。では cameraman の複数形は？　➡答えは次のページ

実力判定テスト　ステージ3　PROGRAM 6 〜 Word Web 4　30分　/100

解答 p.24

読 聞 書 話

1 LISTENING　対話と質問を聞いて，その答えとして適するものを1つずつ選び，記号で答えなさい。

♪ l13　2点×3(6点)

(1)　ア　Yes, she does.　　　　　イ　No, she doesn't.

　　ウ　He is Takuya.　　　　　エ　She is Becky.　　　　（　　　）

(2)　ア　Yes, it is.　　　　　　イ　No, it isn't.

　　ウ　It's Ken's.　　　　　　エ　It's mine.　　　　　（　　　）

(3)　ア　Because she likes him.　　イ　Because they are friendly.

　　ウ　Because she is friendly.　エ　Because he is friendly.　（　　　）

2 次の日本文に合うように，＿＿＿に適する語を書きなさい。　　3点×4(12点)

(1)　こちらは私のおばです。私は彼女が大好きです。

　　＿＿＿＿＿＿＿＿ is my aunt.　I love ＿＿＿＿＿＿＿＿.

(2)　これらのくつは彼らのものです。

　　These shoes ＿＿＿＿＿＿＿ ＿＿＿＿＿＿＿.

(3)　私はネコを1匹飼っています。それの名前はシロです。

　　I have a cat.　＿＿＿＿＿＿＿＿＿＿＿＿ is Shiro.

(4)　右に曲がってください，そうすればそのレストランが見えます。

　　＿＿＿＿＿＿＿ right, ＿＿＿＿＿＿＿ you can see the restaurant.

3 次の〔　〕内の語句を並べかえて，日本文に合う英文を書きなさい。　5点×2(10点)

(1)　あなたは彼について何か知っていますか。　〔 you / him / know / about / do / anything 〕?

_____

(2)　エレベーターに乗って，6階へ上がってください。

　　〔 to / and / the elevator / take / up / go 〕 the sixth floor.

_____ the sixth floor.

4 次の文を（　）内の指示にしたがって書きかえなさい。　　4点×4(16点)

(1)　Do you know Tom and Becky?　（下線部を1語の代名詞にかえて）

_____

(2)　These are our gloves.　（「私たちのもの」という語を使ってほぼ同じ意味の文に）

_____

(3)　Your brother studies Korean.　（理由をたずねる疑問文に）

_____

(4)　It's December 8 today.　（下線部をたずねる疑問文に）

_____

ちょっとBREAKの答え　cameramen だよ。男女を区別しない cameraperson(s) という言い方もあるよ。

目標

自分の得点まで色をぬろう！

❸がんばろう	❷もう一歩	❸合格！
0	60	80 100点

❺ 次の対話文を読んで，あとの問いに答えなさい。 (計26点)

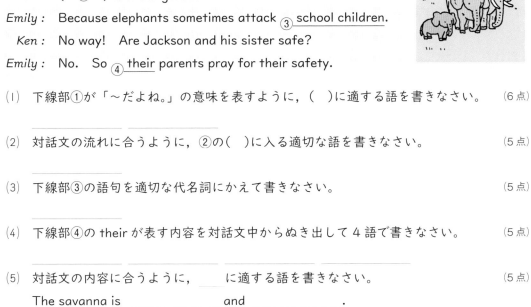

Ken : The savanna is amazing.

Emily : It's a dangerous place too, ①(   ) (   ).

Ken : (②) is it dangerous?

Emily : Because elephants sometimes attack ③school children.

Ken : No way!　Are Jackson and his sister safe?

Emily : No.　So ④their parents pray for their safety.

(1) 下線部①が「〜だよね。」の意味を表すように，（ ）に適する語を書きなさい。 (6点)

_____　_____

(2) 対話文の流れに合うように，②の（ ）に入る適切な語を書きなさい。 (5点)

_____

(3) 下線部③の語句を適切な代名詞にかえて書きなさい。 (5点)

_____

(4) 下線部④の their が表す内容を対話文中からぬき出して4語で書きなさい。 (5点)

_____　_____

(5) 対話文の内容に合うように，　　　に適する語を書きなさい。 (5点)

The savanna is _____ and _____ .

❻ 次の日本文を英語になおしなさい。 5点×4(20点)

よく出る (1) この腕時計は彼のものですか。

_____

(2) あのコンピュータは彼のおとうさんのものです。

_____

よく出る (3) あなたはなぜ早く起きるのですか。

_____

(4) [(3)に答えて]　なぜなら朝食を作るからです。

_____

❼ 次のようなとき，英語でどう言うか書きなさい。 5点×2(10点)

(1) 相手の好きな歴史上の人物を聞いて，彼[彼女]が好きな理由をたずねるとき。

_____

(2) 知らない人に，さくら公園(Sakura Park)の場所をたずねるとき。

_____

 **PROGRAM 7** Research on Australia ①

解答　p.25

教科書の **要点**　「〜があります[います]」

 a24

主語が単数	There	is	*a sushi* restaurant over there.	むこうにおすし屋さんが（1軒）あります。
			主語(単数のもの・人)　　　　　　場所を表す語句	
主語が複数	There	are	*sushi* restaurants over there.	むこうにおすし屋さんが（複数）あります。
			主語(複数のもの・人)　　　　　　場所を表す語句	

要点

● 「…(場所)に〜があります[います]」は，〈There is[are] 〜(主語)＋場所.〉の形で表す。
　主語が単数なら There is 〜. の形，主語が複数なら There are 〜. の形になる。
● There is[are] 〜. は，主語が相手にとって初めて知られるものに使う。主語が the book や
　your pen などの特定のものの場合は〈主語＋be動詞＋場所.〉の形で表す。
　例　Your pen is on the desk.　　あなたのペンは机の上にあります。

プラス　否定文は is[are]のあとに not を置き，疑問文は there の前に is[are] を出す。
　否定文　There isn't[is not] a zoo in this town.　　この町には動物園はありません。
　疑問文　Is there a zoo in this town?　　　　　　　この町には動物園はありますか。
　　　　— Yes, there is. / No, there isn't.　　　　　— はい，あります。/ いいえ，ありません。

Words チェック　次の英語は日本語に，日本語は英語になおしなさい。
□(1)　museum　　　（　　　　　　　　　）　　□(2)　〜の近くの[に]　＿＿＿＿＿＿＿

1 絵を見て例にならい，「…に〜があります[います]」という文を書きなさい。

例　a book / on the desk　(1) a cat / under the table　(2) a shop / by the park　(3) two boys / in the river

例　There is a book on the desk.
(1)　＿＿＿＿＿＿＿　＿＿＿＿＿＿＿ a cat under the table.
(2)　＿＿＿＿＿＿＿　＿＿＿＿＿＿＿ a shop by the park.
(3)　＿＿＿＿＿＿＿　＿＿＿＿＿＿＿ two boys ＿＿＿＿＿＿＿ the river.

まるごと暗記
「…に〜があります[います]」→〈There is[are]＋主語＋場所.〉

よく出る 2 次の文の＿＿に，is, are のうち適する語を書きなさい。
(1)　There ＿＿＿＿＿＿＿ a guitar by the desk.
(2)　There ＿＿＿＿＿＿＿ some students in the gym.
(3)　There ＿＿＿＿＿＿＿ three dishes on the table.

ここがポイント
● 主語が単数
　There is 〜.
● 主語が複数
　There are 〜.

 desk：机, デスク　table：テーブル　park：公園　gym：体育館

③ 次の文を（ ）内の指示にしたがって書きかえなさい。

(1) There is a girl in the library. （下線部を two girls にかえて）

_____

(2) There is a park near here. （否定文に）

_____

(3) There is a dog by the chair.
（疑問文にして，Yes と No で答える文も）

_____

— Yes, _____.
— No, _____.

④ 次の〔 〕内の語を並べかえて，日本文に合う英文を書きなさい。

(1) その動物園には何頭かのライオンがいます。
〔 are / lions / there / some 〕 in the zoo.

_____ in the zoo.

(2) 私たちの町には大きな書店があります。
〔 bookstore / there / big / is / a 〕 in our town.

_____ in our town.

(3) 公園にイヌがいますか。
〔 in / there / dogs / any / are 〕 the park?

_____ the park?

⑤ 次の日本文に合うように，____に適する語を書きなさい。

(1) あそこにウサギが見えますか。
Can you see a rabbit _____ _____ ?

(2) 私はスポーツが好きです。たとえば私はサッカーをします。
I like sports. _____ _____ , I play soccer.

(3) ［ものを手渡して］ ここにあります。
_____ it _____ .

(4) 私はシドニーに行きたいです。
I _____ _____ go to Sydney.

(5) 彼は日本語を勉強します。韓国語も勉強します。
He studies Japanese. He _____ studies Korean.

⑥ 次の日本語を英語になおしなさい。

(1) 古い橋　　an old _____
(2) 大学に行く　go to _____
(3) ショッピングモールで　in the _____

ここがポイント
There is[are] ～. の否定文，疑問文と答え方
●否定文
There is[are] not ～.
●疑問文
Is[Are] there ～?
— Yes, there is[are].
— No, there isn't [aren't].

ミス注意
疑問文の any
some は「いくらかの，いくつかの」の意味で肯定文で使う。
疑問文では，ふつう any を使う。
● There are some books in the box.
● Are there any books in the box?

表現メモ
● over there 「あそこに，むこうに」
● for example 「たとえば」
● Here it is. 「ここにあります（ね）。」
● want to ～ 「～したい」
● also 「～もまた」

ことばメモ
建物や施設を表す語
bridge「橋」
library「図書館」
museum「博物館」
college「大学」
shopping mall「ショッピングモール」

PROGRAM 7

解答　p.25

確認のワーク　ステージ1　PROGRAM 7　Research on Australia ②　読聞書話

教科書の 要点　「どのように〜しますか」

♪ a25

たずね方　**How** can we go to the cake shop?

「どのように」と手段をたずねる　↑ How のあとは疑問文の語順

私たちはどうやったらその
ケーキ屋さんに行けますか。

答え方　— **By** bus.

「〜によって」と具体的な手段を答える

—バスで行けます。

要点

● 「どのように〜しますか」と手段・方法をたずねるときは，疑問詞の **how** で始める。
　答えるときは Yes, No は使わず，具体的な手段・方法を答える。

プラス　・上の疑問文には，次のように主語と動詞を省略しない文で答えることもできる。
　　We can go there(＝to the cake shop) by bus.　　私たちはそこにバスで行けます。
　　・交通手段は，by 〜で「〜によって，〜で」を表す。
　　by bike(自転車で)　　by car(自動車で)　　by train(電車で)　　※「歩いて〜へ行く」は walk to 〜。

Words チェック　次の英語は日本語に，日本語は英語になおしなさい。

□(1)　far　　　　　　（　　　　　　　）　□(2)　party　　　（　　　　　　　）

□(3)　自動車　＿＿＿＿＿＿＿＿＿　□(4)　いつか　＿＿＿＿＿＿＿＿＿

□(5)　来る　＿＿＿＿＿＿＿＿＿　□(6)　(大型の)船　＿＿＿＿＿＿＿＿＿
　　　(相手のいる方向へ)行く

1 絵を見て例にならい，「〜はどのようにして学校に来ますか」という文とその答えの文を
書きなさい。

you / bus

you / bike

Jiro / train

Mr. Ito / car

例　How do you come to school?　— By bus.

(1)　＿＿＿＿＿＿＿　＿＿＿＿＿＿＿　you come to school?
　　— By ＿＿＿＿＿＿＿ .

(2)　＿＿＿＿＿＿＿＿＿＿＿＿＿＿　Jiro come to school?
　　— By ＿＿＿＿＿＿＿ .

(3)　＿＿＿＿＿＿＿＿＿＿＿＿＿＿　Mr. Ito come to school?
　　— ＿＿＿＿＿＿＿　＿＿＿＿＿＿＿ .

ここが ポイント

● ⟨How do[does] ＋ 主語＋go[come] to 〜?⟩
「どのようにして〜に行き[来]ますか」

● 答えるときは By 〜.
のように交通手段を言う。

　bus：バス　bike：自転車　train：電車　car：自動車　school：学校

2 次の文を（ ）内の指示にしたがって書きかえなさい。

(1) You go to Kyoto by train. （下線部をたずねる疑問文に）

_____

(2) Mao walks to school.
（come を使って下線部をたずねる疑問文に）

_____

3 次の対話が成り立つように，＿＿＿に適する語を書きなさい。

(1) A : _____ do you go to Fukuoka?
　　B : By plane.

(2) A : _____ do you do on Sundays?
　　B : I watch TV.

(3) A : _____ does your big brother live?
　　B : He lives in Sydney.

(4) A : _____ does Shota go to Ken's house?
　　B : He goes there on Sundays.

4 次の日本文に合うように，＿＿＿に適する語を書きなさい。

(1) そこでは今は冬です。
　　_____ winter there now.

(2) 私は何か冷たいものがほしいです。
　　I want _____ _____ .

(3) トムは韓国語を少し話します。
　　Tom speaks Korean _____ _____ .

(4) 私はよくボブとテニスをします。― 楽しそうですね。
　　I often play tennis with Bob. ― _____ fun.

(5) 彼女は友だちを案内して回ります。
　　She _____ her friend _____ .

まるごと暗記

交通手段を表す表現
〈by＋乗り物〉で表す。
乗り物名には a [an] や
the はつけない。
● by bike「自転車で」
● by car「自動車で」
● by train「電車で」
「歩いて～へ行く」は
walk to ～で表す。

ここがポイント

疑問詞を使った疑問文
●「どのようにして」
　How do you ～?
●「何を」
　What do you ～?
●「どこへ [に]」
　Where do you ～?
●「いつ」
　When do you ～?

表現メモ

● 〈It's＋季節[月]＋場所〉
「…では～です。」
● 〈something＋形容詞〉
「何か～なもの」
● a little
「少し」
● Sounds fun.
「楽しそうですね。」
● show ～ around
「～（人）を案内して回る」

WRITING Plus

次の質問に，あなた自身の答えを英語で書きなさい。

(1) How do you go to school?

_____

(2) ［(1)の質問の続きとして］ How about your teacher?

_____

文法 のまとめ❼

英語のしくみ　There is[are] 〜. /
「手段・方法」をたずねる文

解答 p.26

読 聞
書 話

まとめ

① There is[are]〜.

● 「…に〜があります[います]」と言うときは，〈There is[are] ＋主語＋場所.〉の形を使う。
● 主語が単数なら There is 〜. の形，主語が複数なら There are 〜. の形になる。
● 否定文は is[are]のあとに not を置く。疑問文は there の前に is[are]を出して作る。

| 肯定文 | There is | a library in our city. | 主語が単数 |

is[are]のあとに主語

| | There are | two libraries in our city. | 主語が複数 |

| 否定文 | There are not any shopping malls in our city. | is[are]のあとに not |

短縮形は aren't　否定文の any は「1つも〜ない」

| 疑問文 | Are there ▢ any colleges? | — Yes, there are. / |

there の前に is[are]　疑問文の any は「何か，いくつか」　No, there aren't.

there を使って答える

② 「手段・方法」をたずねる文

● 「どのように〜しますか」と手段・方法をたずねるときは，疑問詞の how で始める。

| 疑問文 | How do you go to Tom's house? |
| 答え方 | — By bus. （＝I go there by bus.） |

「手段・方法」を具体的に答える

練習

よく出る
1 次の日本文に合うように，＿＿に適する語を書きなさい。

(1) 私の町には博物館があります。
　＿＿＿＿＿ ＿＿＿＿＿ a museum in my town.

(2) あそこに3人の少女がいます。
　＿＿＿＿＿ ＿＿＿＿＿ three girls over there.

(3) 私たちの市には動物園は1つもありません。
　＿＿＿＿＿ ＿＿＿＿＿ ＿＿＿＿＿ zoos in our city.

(4) あなたのぼうしはテーブルの上にあります。
　Your hat ＿＿＿＿＿ ＿＿＿＿＿ the table.

> (4)主語(Your hat)がすでに相手が知っているものなので，There is 〜. は使わないよ。

2 次の対話が成り立つように，＿＿に適する語を書きなさい。

(1) A：＿＿＿＿＿ ＿＿＿＿＿ any boys in the gym?
　　B：Yes, there ＿＿＿＿＿ .

(2) A：＿＿＿＿＿ ＿＿＿＿＿ you go to the station?
　　B：By bike.

(3) A：＿＿＿＿＿ ＿＿＿＿＿ your aunt study English?
　　B：She reads many English books and watches American movies.

3 次の文を（　）内の指示にしたがって書きかえなさい。

(1) There is <u>a</u> shrine near the park. （下線部を some にかえて）

_____

(2) There is a restaurant near the post office. （否定文に）

_____

(3) There are some pencils on the desk.
（疑問文にして，Yes と No で答える文も）

_____

— Yes, _____ . / No, _____ .

(4) He goes to Sapporo <u>by plane</u>. （下線部をたずねる疑問文に）

_____

> 上の(3)の肯定文の some は，疑問文では any にするよ。

4 次の〔　〕内の語句を並べかえて，日本文に合う英文を書きなさい。

(1) テーブルの下に大きなネコがいます。
〔 is / big / there / a / under / cat 〕 the table.

_____ the table.

(2) １週間は７日あります。
〔 are / there / days / in / a week / seven 〕.

_____

(3) この近くに病院はありますか。
〔 is / a / there / hospital / here / near 〕?

_____

(4) あなたはどのようにしてカレーを料理するのですか。
〔 you / do / cook / how / curry 〕?

_____

(5) カップの中に牛乳がいくらかあります。　〔 is / there / milk / in / the cup / some 〕.

_____

5 次の日本文を英文になおしなさい。

(1) ベッドの上にボールが２個とグローブ(glove)が１つあります。

_____

(2) あなたの腕時計は箱の中にあります。

_____

(3) 私たちは船で横浜(Yokohama)に行きます。

_____

(4) この部屋には本が１冊もありません。

_____

英語のしくみ

解答　p.26

確認のワーク　ステージ1

Steps 3 話の組み立て方を考えよう
Steps 4 英語でやりとりしよう ②

読書聞話

教科書の 要点　スピーチの構成　♪a26

導入	I'd like to talk about 〜.	私は〜について話したいと思います。
展開	I have two reasons. / First, 〜. Second, 〜.	2つの理由があります。/ 第1に〜。第2に〜。
まとめ	So 〜. / Thank you for listening.	それで〜。/ 聞いていただきありがとうございます。

要点

● まず何について話すのか，テーマを紹介して，考えを述べる。I'd like to〜は「〜したいと思う」。
● 次に導入で述べた考えの理由，具体例などを述べる。〈have＋数＋reason(s)〉は「〜個の理由がある」。
● 「まとめ」では，so(それで)などを使って再度考えを伝え，結びのことばを言う。

Words チェック　次の英語は日本語に，日本語は英語になおしなさい。

□(1) reason （　　　　　　　）　□(2) 話題，トピック _____

□(3) 田舎，郊外，国 _____　□(4) 生活，人生 _____

1 次の①〜⑥の（ ）に入る適切な文をア〜カから選び，記号で答えなさい。

Today, (　①　)

I like Ogawa Kenta very much. (　②　)(　③　)(　④　)

I always watch his *games on TV.

(　⑤　)(　⑥　)　　　　　*game：試合

ア I'd like to talk about my hero.

イ First, he's a great baseball player.

ウ Thank you for listening.　エ So my hero is Ogawa Kenta.

オ Second, he's cool.　カ I have two reasons.

①(　　) ②(　　) ③(　　) ④(　　)

⑤(　　) ⑥(　　)

ここがポイント

スピーチでよく使う表現
● I'd like to talk about 〜. 「〜について話したいと思います。」
● have＋数＋reason(s) 「〜個の理由がある」
● First, 〜. Second, 〜. 「第1に〜。第2に〜。」
● So 〜. 「それで〜。」
● Thank you for listening. 「聞いていただきありがとうございます。」

2 （ ）内の日本語を参考に，____に適する語を書きなさい。

(1) _____ like to _____ about my town.

（私の町について話したいと思います。）

(2) I _____ three _____. （3つの理由があります）

(3) _____, it's popular. （第1に）

(4) _____ you _____ listening. （聞いていただきありがとうございます。）

 on TV：テレビで　hero：英雄，ヒーロー　cool：かっこいい

解答　p.27

ステージ 1 **Word Web 5** 疑問詞のまとめ〜 **Power-Up 5** インタビューを聞こう

読 聞 書 話

教科書の 要点　いろいろな疑問詞　♪ a27

何 **What** can you make? — I can make salad.
あなたは何が作れますか。
— 私はサラダが作れます。

何時 **What time** is it? — It's six twenty.
何時ですか。— 6時20分です。

要点

●what や who などを疑問詞といい，文頭に置く。疑問詞には，what(何)，who(だれ)，which (どれ)，where(どこ)，when(いつ)，whose(だれの)，why(なぜ)，how(どのように)がある。

だれ **Who** is this boy? — He is Ken.　この少年はだれですか。— 健です。
　　　　Who plays tennis? — Mao does.　だれがテニスをしますか。— 真央です。

どれ *__Which__ cup is yours? — The red one is.　どちらのカップがあなたのですか。— 赤いのです。

どこ **Where** are you from? — I'm from India.　あなたはどちらの出身ですか。— インドです。

いつ **When** is your birthday? — It's May 1.　あなたの誕生日はいつですか。— 5月1日です。

だれの *__Whose__ bag is this? — It's Mike's.　これはだれのかばんですか。— マイクのものです。

なぜ **Why** do you like him? — Because he is kind.　なぜあなたは彼が好きですか。— 親切だからです。

どのように **How** do you go there? — By car.　あなたはどうやってそこへ行きますか。— 車で行きます。

いくつ **How many** bags do you have? — I have three bags.
あなたはかばんを何個持っていますか。— 3つです。

*それぞれ Which is your cup?，Whose is this bag? とも言う。

Words チェック　次の英語は日本語に，日本語は英語になおしなさい。

□(1)　thing　（　　　　　　　）　　□(2)　a lot of 〜　（　　　　　　　）

□(3)　学ぶ，習う　＿＿＿＿＿＿　　□(4)　教える　＿＿＿＿＿＿

よく出る 1 次の対話が成り立つように，＿＿に適する語を書きなさい。

(1)　＿＿＿＿＿　do you watch TV? — After dinner.

(2)　＿＿＿＿＿　is my cap? — It's on the table.

(3)　＿＿＿＿＿　is that girl? — She is my friend Aya.

(4)　＿＿＿＿＿　bag is Emi's? — The green one is.

(5)　＿＿＿＿＿　are these? — They are new robots.

(6)　＿＿＿＿＿　camera is that? — It's mine.

(7)　＿＿＿＿＿　speaks Korean? — Mr. Tanaka does.

(8)　＿＿＿＿＿　do you like winter? — Because I can ski.

(9)　＿＿＿＿＿　time do you get up? — At seven.

(10)　＿＿＿＿＿　do you go to school? — By bike.

(11)　＿＿＿＿＿＿＿＿＿＿　brothers do you have?

— I have two brothers.

 疑問詞の疑問文は Yes，No で答える疑問文とは違って，ふつう文末を下げて(↘)読む。

ミス注意

疑問詞が主語
(7)「だれが〜しますか」は〈Who＋一般動詞〜?〉の形。この who は主語で三人称・単数扱いなので，動詞には -(e)s をつける。

ここが ポイント

数をたずねる疑問文
(11)「いくつ〜」と数をたずねる疑問文は，How many 〜? で表す。

Steps 3 〜 Power-Up 5

解答 ▶ p.27

定着のワーク　ステージ 2　PROGRAM 7 〜 Power-Up 5　読 聞 書 話

1 LISTENING　英文を聞いて，内容に合う絵を1つ選び，記号で答えなさい。　♪ l14

（　　　）

2 次の日本文に合うように，＿＿＿に適する語を書きなさい。

(1) 私の家の近くに湖があります。

＿＿＿＿＿＿ ＿＿＿＿＿＿ a lake near my house.

(2) 私たちの市には4つの図書館があります。

＿＿＿＿＿＿＿＿＿＿＿ four libraries in our city.

(3) ここには1つもたまごがありません。

＿＿＿＿＿ ＿＿＿＿＿ ＿＿＿＿＿ eggs here.

(4) 彼女はしばしば飛行機でフランスに行きます。

She often goes to France ＿＿＿＿＿＿ ＿＿＿＿＿＿.

3 次の対話が成り立つように，＿＿＿に適する語を書きなさい。

(1) A : Are there any bookstores near the station?

B : Yes, ＿＿＿＿＿＿ ＿＿＿＿＿＿.

(2) A : Are there any computers in this room?

B : No, ＿＿＿＿＿＿ ＿＿＿＿＿＿.

(3) A : ＿＿＿＿＿＿ does Miki go to the sea?

B : She ＿＿＿＿＿＿ there by car.

(4) A : ＿＿＿＿＿＿ does your aunt live?

B : She ＿＿＿＿＿＿ near Sakura Park in this town.

4 次の文を（　）内の指示にしたがって書きかえなさい。

(1) There is a tomato on the table.　（下線部を five にかえて）

＿＿＿＿＿＿＿＿＿＿＿＿＿＿＿＿＿＿＿＿＿＿＿

(2) There is a red bag by the window.　（疑問文に）

＿＿＿＿＿＿＿＿＿＿＿＿＿＿＿＿＿＿＿＿＿＿＿

(3) She goes to her grandmother's house on weekends.

（下線部をたずねる疑問文に）

重要ポイント

1 部屋にあるものと場所を表す語句を聞き取る。

2

得点力を UP

否定文の any
「〜が何も［1つも］ない」は，There aren't any 〜. で表す。any は否定文では「何も［1つも］」の意味。some は使わない。

3 (3) by car は交通手段。
(4) near Sakura Park は場所。

得点力を UP

There is[are] 〜. の疑問文への答え方
Yes, there is[are].
No, there isn't[aren't].

4

テストに◎出る!

場所を表す前置詞
near 「〜の近くに」
by 「〜のそばに」
in 「〜の中に」
on 「〜の上に」
under 「〜の下に」
at 「〜に」

5 次の対話文を読んで，あとの問いに答えなさい。

Emily : You like World Heritage Sites, right?

Ken : Yes.

Emily : In Australia, there are many sites.

Ken : Really?　①For example?

Emily : ②[a / is / place / there / famous] in Sydney.
③(ここにありますね。)　It's the Opera House.

Ken : Wow!　It's so beautiful.

(1) 下線部①を日本語になおしなさい。　(　　　　　　　　　　　)

(2) 下線部②の〔 〕内の語を並べかえて，意味の通る英文にしなさい。

_____ in Sydney.

(3) 下線部③を 3 語の英語になおしなさい。

_____ it _____ .

(4) 対話文の内容に合うように，次の質問に 3 語の英語で答えなさい。

Are there many World Heritage Sites in Australia?

_____ , _____ _____ .

6 次の〔 〕内の語句を並べかえて，日本文に合う英文を書きなさい。

(1) 私たちの市には大きなショッピングモールがあります。

〔 shopping mall / there / big / is / a 〕 in our city.

_____ in our city.

(2) この近くにコンビニエンスストアはありますか。

〔 any / there / near / convenience stores / are / here 〕?

_____

UP (3) あなたは本を何冊持っていますか。

〔 you / many / do / books / how / have 〕?

_____

7 次の日本文を英語になおしなさい。

(1) 机の上にリンゴがいくつかあります。

_____

(2) 彼はどのようにして韓国語を勉強する(study)のですか。

_____

UP (3) 私の大好きな季節は秋です。私には 2 つの理由があります。

_____

重要ポイント

5 (2) 主語は a famous place。「～があります」の文。

(3)ものを提示するときの表現。

(4)対話文の 3 行目に注目。

6 (1) a big bookstore が主語。

(2)疑問文ではふつう some の代わりに any を使う。

得点力をUP

How を使う疑問文

●How do you go to ～?
「どのようにして～に行くのですか。」

●How many ～ do you have?
「いくつ～を持っていますか。」

●How much is it?
「それはいくらですか。」

7 (1)肯定文で「いくつか(の)」は some を使う。主語が複数なので There are ～.。

(2)手段・方法をたずねる疑問文は how を使う。

(3)「大好きな」は favorite。「理由」は reason。

PROGRAM 7 ～ Power-Up 5

ちょっと BREAK シドニーのオペラハウスは 1973 年にできたよ。着工してから何年かかった？　➡答えは次のページ

実力判定テスト　ステージ3　PROGRAM 7 〜 Power-Up 5　30分　/100　解答 p.27　読 聞 書 話

1 LISTENING 対話と質問を聞いて，その答えとして適するものを１つずつ選び，記号で答えなさい。　♪ l15　2点×3(6点)

(1)　ア　Yes, there is.　　　イ　No, there isn't.
　　ウ　There is a museum.　　エ　It's a museum.　　　（　　）

(2)　ア　Yes, there is.　　　イ　No, there isn't.
　　ウ　Yes, he does.　　　エ　No, he doesn't.　　　（　　）

(3)　ア　By bike.　　　　　イ　She walks to school.
　　ウ　She goes to school with Kenta.　エ　She usually goes there.　　（　　）

2 次の日本文に合うように，＿＿に適する語を書きなさい。　3点×4(12点)

(1)　テーブルの上にオレンジは１つもありません。
　　＿＿＿＿＿＿ ＿＿＿＿＿＿ ＿＿＿＿＿＿ oranges on the table.

(2)　あの箱の中に何かがあります。
　　＿＿＿＿＿＿ ＿＿＿＿＿＿ something in that box.

(3)　私は少しギターがひけます。
　　I can play the guitar ＿＿＿＿＿＿ ＿＿＿＿＿＿.

(4)　あなたはどうやってそのショッピングモールに行くのですか。
　　＿＿＿＿＿＿ ＿＿＿＿＿＿ you go to the shopping mall?

3 次の〔　〕内の語句を並べかえて，日本文に合う英文を書きなさい。　5点×2(10点)

(1)　あそこにウサギがいます。　〔 over / there / rabbit / is / there / a 〕.
　　＿＿＿＿＿＿＿＿＿＿＿＿＿＿＿＿＿＿＿＿＿＿＿＿

(2)　彼はたくさんのことを子どもたちに教えます。
　　〔 a / to / lot of / teaches / things / he 〕 children.
　　＿＿＿＿＿＿＿＿＿＿＿＿＿＿＿＿＿＿ children.

4 次の文を（　）内の指示にしたがって書きかえなさい。　4点×4(16点)

(1)　There are some notebooks on the desk.　（疑問文に）
　　＿＿＿＿＿＿＿＿＿＿＿＿＿＿＿＿＿＿＿＿＿＿＿＿

(2)　This is my sister's bike.　（下線部をたずねる疑問文に）
　　＿＿＿＿＿＿＿＿＿＿＿＿＿＿＿＿＿＿＿＿＿＿＿＿

(3)　We have 31 days in July.　（There で始めてほぼ同じ内容の文に）
　　＿＿＿＿＿＿＿＿＿＿＿＿＿＿＿＿＿＿＿＿＿＿＿＿

(4)　Emi has three hats.　（下線部をたずねる疑問文に）
　　＿＿＿＿＿＿＿＿＿＿＿＿＿＿＿＿＿＿＿＿＿＿＿＿

5 次の会話文を読んで，あとの問いに答えなさい。　　　　　　　　(計26点)

Mao : It's summer in Australia now.

Ken : (　①　) do you do in summer, Emily?

Emily : I go to the beach and have a barbecue.

Ken : ②(楽しそうですね。)

Emily : I also have a Christmas party on the beach.

Mao : (　③　) does Santa Claus come?

Emily : By jet ski or on a surfboard.

(1) ①と③の(　)に入る適切な語を書きなさい。　　　　　　　(5点×2)

　　①＿＿＿＿＿＿＿　　③＿＿＿＿＿＿＿

(2) 下線部②の日本語の意味を表す英文になるように，＿＿に適する語を書きなさい。(5点)

＿＿＿＿＿＿＿＿＿＿＿＿ .

(3) 会話文の内容に合うように，＿＿に適する語を書きなさい。　　　(5点)

Emily ＿＿＿＿＿＿＿ to the beach and ＿＿＿＿＿＿＿ a barbecue in summer in Australia.

(4) 会話文の内容に合うように，次の質問に英語で答えなさい。　　(6点)

Where does Emily have a Christmas party in Australia?

＿＿＿＿＿＿＿＿＿＿＿＿＿＿＿＿＿＿＿＿＿＿＿

6 次の日本文を英語になおしなさい。　　　　　　　　　5点×4(20点)

よく出る (1) この町にはたくさんの寺があります。

＿＿＿＿＿＿＿＿＿＿＿＿＿＿＿＿＿＿＿＿＿＿＿

レベルUP (2) あなたのかばんは窓のそばにあります。

＿＿＿＿＿＿＿＿＿＿＿＿＿＿＿＿＿＿＿＿＿＿＿

よく出る (3) その動物園にトラ(tigers)はいますか。— いいえ，いません。

＿＿＿＿＿＿＿＿＿＿＿ — ＿＿＿＿＿＿＿＿

(4) このあたり(around)にはケーキ店(a cake shop)はありません。

＿＿＿＿＿＿＿＿＿＿＿＿＿＿＿＿＿＿＿＿＿＿＿

7 次のようなとき，英語でどう言うか書きなさい。　　　5点×2(10点)

(1) 図書館の人に，この図書館に英語の本があるかどうかをたずねるとき。

＿＿＿＿＿＿＿＿＿＿＿＿＿＿＿＿＿＿＿＿＿＿＿

(2) 相手に，大好きな人物はだれかをたずねるとき。

＿＿＿＿＿＿＿＿＿＿＿＿＿＿＿＿＿＿＿＿＿＿＿

PROGRAM 7 ～ Power-Up 5

PROGRAM 8 The Year-End Events ①

読聞書話

教科書の 要点 「〜している」「〜していません」 🎵 a28

肯定文 I'm　　　studying　now.　　　　私は今，勉強しているところです。

↓ 否定文は be 動詞のあとに not

否定文 I'm　not　studying　now.　　　　私は今，勉強していません。

not は動詞の -ing 形の前に置く

要点

● 「（今）〜している」という進行中の動作は，〈be 動詞（am, are, is）＋動詞の -ing 形〉（現在進行形）の形で表す。be 動詞の am, are, is は主語によって使い分ける。

● 「今〜していません」という否定文は be 動詞のあとに not を置く。

動詞の -ing 形の作り方

語尾にそのまま -ing をつける	play → playing / eat → eating
語尾の e をとって -ing をつける	take → taking / use → using
語尾の子音字を重ねて -ing をつける	run → running / swim → swimming

Words チェック 次の英語は日本語に，日本語は英語になおしなさい。

□(1) bathroom （　　　　　　　）　□(2) wipe （　　　　　　　）

□(3) 助ける，手伝う ＿＿＿＿＿＿　□(4) 必要とする ＿＿＿＿＿＿

1 絵を見て例にならい，「…は今〜しているところです」という文を書きなさい。

Aki / play

I / read

Yuka / make

they / run

例　Aki is playing the piano now.

(1) I ＿＿＿＿＿＿＿＿＿＿ a book now.

(2) Yuka ＿＿＿＿＿＿ ＿＿＿＿＿ a cake now.

(3) ＿＿＿＿＿＿ ＿＿＿＿＿ ＿＿＿＿＿ there now.

ここが ポイント

現在進行形の文
意味：「〜している」
形：〈be 動詞＋動詞の -ing 形〉。主語によって be 動詞を使い分ける。

2 次の文を否定文に書きかえるとき，＿＿に適する語を書きなさい。

(1) I am eating lunch.

I'm ＿＿＿＿＿ ＿＿＿＿＿ lunch.

(2) Aya is studying English.

Aya ＿＿＿＿＿ ＿＿＿＿＿ ＿＿＿＿＿ English.

ここが ポイント

現在進行形の否定文
意味：「〜していません」
形：〈be 動詞＋not＋動詞の -ing 形〉。

running は [rʌ́niŋ ラニング] と発音するよ。日本語の「ランニング」にならないようにしよう。

3 次の文を（ ）内の指示にしたがって書きかえるとき，＿＿に適する語を書きなさい。

(1) I watch TV. （「～しているところです」の意味の文に）

＿＿＿＿＿＿ ＿＿＿＿＿＿ TV.

(2) Meg helps her father. （「～しているところです」の意味の文に）

Meg ＿＿＿＿＿＿＿＿＿＿ her father.

(3) He is using a computer. （否定文に）

He ＿＿＿＿＿＿ ＿＿＿＿＿＿ a computer.

まるごと暗記

be 動詞の使い分け
主語が I → am
you, 複数 → are
三人称・単数 → is

4 次の〔 〕内の語を並べかえて，日本文に合う英文を書きなさい。

(1) 私は今，音楽を聞いています。

〔 listening / to / I / music / am 〕 now.

＿＿＿＿＿＿＿＿＿＿＿＿ now.

(2) ショウタは今，ふろに入っています。

〔 bath / Shota / taking / is / a 〕 now.

＿＿＿＿＿＿＿＿＿＿＿＿ now.

ミス注意

-e で終わる動詞
(3) use のように e で終わる動詞は e をとって -ing をつける。
use → using
take → taking
come → coming
make → making

5 次の日本文に合うように，＿＿に適する語を書きなさい。

(1) この部屋を掃除してもらえますか。

＿＿＿＿＿＿ ＿＿＿＿＿＿ clean this room?

(2) [(1)に答えて] わかりました。

All ＿＿＿＿＿＿.

(3) イヌを空中に描いてください。

Draw a dog in ＿＿＿＿＿＿＿＿, please.

(4) テレビを消して，夕食を食べましょう。

＿＿＿＿＿＿ ＿＿＿＿＿＿ the TV and let's eat dinner.

表現メモ

● Can you ～?
「～してもらえますか。」
● All right.
「わかりました。」
● in the air
「空中に」
● turn off ～
「(テレビなどを)消す」

6 次は，いろいろなくだものについての英文です。例にならい，日本語を参考にして英文を完成しなさい。

例 Do you like bananas? （バナナが好きですか）

(1) Do you like ＿＿＿＿＿＿ ? （レモンが好きですか）

(2) I like ＿＿＿＿＿＿ . （パイナップルが好き）

(3) He likes ＿＿＿＿＿＿ . （イチゴが好き）

(4) Is an ＿＿＿＿＿＿ a fruit? （アボカドは果物ですか）

(5) I eat ＿＿＿＿＿＿ in summer. （モモを食べる）

(6) I don't eat ＿＿＿＿＿＿ . （カキを食べない）

(7) I eat ＿＿＿＿＿＿ in fall. （クリを食べる）

(8) A medium ＿＿＿＿＿＿ juice, please. （マンゴージュース）

ことばメモ

いろいろなくだもの
banana「バナナ」
lemon「レモン」
pineapple
「パイナップル」
strawberry「イチゴ」
avocado「アボカド」
peach「モモ」
persimmon「カキ」
chestnut「クリ」
cherry「サクランボ」
mango「マンゴー」

解答　p.29

確認のワーク　ステージ **1**　**PROGRAM 8**　The Year-End Events ②
Steps 5　絵や写真を英語で表現しよう

読聞書話

教科書の 要点 「〜していますか」「何をしているのですか」 ♪a29

| 進行形の疑問文 | **Are you studying now?** | あなたは今，勉強しているところですか。 |

be 動詞を主語の前に出す

| 答え方 | — **Yes, I am. / No, I'm not.** | — はい，しています。/ いいえ，していません。 |

答えの文でも be 動詞を使う

要点 1

● 「（今）〜していますか」という現在進行形の疑問文は，be 動詞を主語の前に出す。
● 答えるときは，〈Yes, 主語＋be 動詞.〉または〈No, 主語＋be 動詞＋not.〉で表す。

| what の疑問文 | **What are you doing?** | あなたは何をしているのですか。 |

what を文頭に置く

| 答え方 | — **I'm reading a book.** | — 私は本を読んでいるところです。 |

要点 2

● 「何をしているのですか」とたずねるときは，〈What＋be 動詞＋主語＋doing?〉で表す。
● 答えるときは，Yes, No は使わずに，具体的にしていることを答える。

プラス doing 以外の一般動詞の -ing 形を使うと，「何を〜していますか」の意味の疑問文になる。
What are you making? — I'm making pizza.　あなたは何を作っていますか。— ピザを作っています。

Wordsチェック 次の英語は日本語に，日本語は英語になおしなさい。

□(1) feel 　（　　　　　　　）　□(2) magazine 　（　　　　　　　）
□(3) 待つ 　＿＿＿＿＿＿＿＿　□(4) 伝統的な 　＿＿＿＿＿＿＿＿

1 絵を見て例にならい，「…は〜していますか」という文と答えの文を書きなさい。

例	(1)	(2)	(3)
she / watch	you / clean	he / read	they / swim

例　Is she watching TV? — Yes, she is.

(1)　＿＿＿＿＿＿＿ you ＿＿＿＿＿＿＿ your room?
　　— Yes, I ＿＿＿＿＿＿＿ .

(2)　＿＿＿＿＿＿＿ he ＿＿＿＿＿＿＿ a newspaper?
　　— Yes, he ＿＿＿＿＿＿＿ .

(3)　＿＿＿＿＿＿＿＿＿＿＿＿＿＿＿＿＿＿ ?
　　— No, ＿＿＿＿＿＿＿ ＿＿＿＿＿＿＿ .

ここがポイント

現在進行形の疑問文
意味：「〜していますか」
形：〈be 動詞＋主語＋動詞の -ing 形 〜?〉
答え方：〈Yes, 主語＋be 動詞.〉/〈No, 主語＋be 動詞＋not.〉

 watch：見る　read：読む　newspaper：新聞

② 次の文を（ ）内の指示にしたがって書きかえるとき，_____に適する語を書きなさい。

(1) You are talking with Mika. （疑問文にして Yes で答える文も）

_____ you _____ with Mika?

— Yes, _____ _____.

(2) They are practicing judo. （疑問文にして No で答える文も）

_____ they _____ judo?

— No, _____ _____.

(3) She is taking a bath. （下線部をたずねる疑問文に）

_____ she _____?

ここが ポイント

be 動詞の疑問文
be 動詞を主語の前に出して作る。
　Is he a teacher?
　Is he kind?
　Is he running?

ミス注意

(3)「していること」を答えているので，「何をしているのですか」とたずねる疑問文にする。
〈What＋be 動詞＋主語＋doing?〉の形になる。

③ 次の〔 〕内の語を並べかえて，日本文に合う英文を書きなさい。

(1) 彼女は今，国語を勉強していますか。

〔 Japanese / she / studying / is 〕now?

_____ now?

(2) あなたは今，何を見ているのですか。

〔 are / what / you / watching 〕now?

_____ now?

④ 次の日本文に合うように，_____に適する語を書きなさい。

(1) 音楽を聞きませんか。

_____ _____ we listen to music?

(2) あなたはスキーをすることができますか。— もちろんです。

Can you ski? — _____ _____.

(3) 私のおじはよくつりに行きます。

My uncle often _____ _____.

(4) 公園でテニスをしましょう。

_____ _____ tennis in the park.

(5) 〔(4)への応答〕 申し訳ありません。あなたといっしょに行けません。

_____. I _____ go _____ you.

表現メモ

● Why don't we ～?
「～しませんか。」
● of course
「もちろん」
● go fishing
「つりに行く」
● Let's ～.
「～しましょう。」
● Sorry.
「申し訳ありません。」
● I can't ～ with you.
「あなたと～できません。」

PROGRAM 8 ～ Steps 5

WRITING Plus

次のようなとき，英語でどう言うか書きなさい。(2)は自由に考えて答えること。

(1) 友だちと電話をしていて，相手が今何をしているかたずねるとき。

_____

(2) あなたが部屋にいるときに，他の人に何をしているかとたずねられて答えるとき。

_____

解答 p.30

文法のまとめ⑧ 〔英語のしくみ〕 現在進行形

読 聞
書 話

まとめ

①　現在進行形の文

●「(今)〜しています」という進行中の動作は〈be 動詞(am, are, is)＋動詞の -ing 形〉で表す。

▶動詞の -ing 形の作り方

語尾にそのまま -ing をつける	play → playing / eat → eating
語尾の e をとって -ing をつける	take → taking / use → using
語尾の子音字を重ねて -ing をつける	run → running / swim → swimming

※現在進行形の be 動詞は，主語によって am, are, is を使い分ける。

Are you studying now? — No, I'm not.　I'm reading a book.

What **is** Ken doing? — He **is** running in the park.

●否定文は be 動詞のあとに not を置く。疑問文は主語の前に be 動詞を出す。「何をしているか」をたずねる疑問文は，what で始める。

	Taku	plays		tennis on Sundays.	←ふだんすることや今の状態を表す
肯定文	Taku	is	playing	tennis now.	←今，進行中の動作を表す
否定文	Taku	is not	playing	tennis now.	←be 動詞のあとに not
疑問文	Is　Taku		playing	tennis now?	←be 動詞を主語の前に置く
	— Yes, he is. / No, he isn't.				←答えの文でも be 動詞を使う
what の疑問文	What is Taku doing?		— He is studying English.		←what(何を)を文頭に

練習

よく出る **1** 次の日本文に合うように，_____ に適する語を書きなさい。

> 主語によって，am, are, is を使い分けるよ。

(1) 私は今，雑誌を読んでいます。

I ＿＿＿＿＿＿＿ ＿＿＿＿＿＿＿ a magazine now.

(2) ジョンは今，公園を走っています。

John ＿＿＿＿＿＿＿ ＿＿＿＿＿＿＿ in the park now.

(3) あなたは今，理科を勉強していますか。— はい，勉強しています。

＿＿＿＿＿＿＿ you ＿＿＿＿＿＿＿ science now? — Yes, I ＿＿＿＿＿＿＿.

(4) 私の兄は今，コンピュータを使っていません。

My brother ＿＿＿＿＿＿＿ ＿＿＿＿＿＿＿ a computer now.

(5) 真央は今，何をしていますか。— 彼女は料理をしています。

＿＿＿＿＿＿＿ ＿＿＿＿＿＿＿ Mao doing now? — She is ＿＿＿＿＿＿＿.

2 次の対話が成り立つように，_____ に適する語を書きなさい。

(1) A : ＿＿＿＿＿＿＿ ＿＿＿＿＿＿＿ taking pictures, Yuka?

B : No, ＿＿＿＿＿＿＿ not.

(2) A : ＿＿＿＿＿＿＿ ＿＿＿＿＿＿＿ you doing now?

B : ＿＿＿＿＿＿＿ listening to music.

3 次の文を（　）内の指示にしたがって書きかえなさい。

(1) I clean my room every day. （下線部を now にかえて）

(2) Maki sings a song. （「今，〜していません」の文に）

(3) Your parents are swimming in the pool.
（疑問文にして，Yes と No の答えの文を）

— Yes, _____ .
— No, _____ .

(4) He's washing the dishes. （下線部をたずねる疑問文に）

> (4)「何をしているか」をたずねる文にするよ。

4 次の〔　〕内の語を並べかえて，日本文に合う英文を書きなさい。

(1) 私は北海道でスキーをしています。　〔 skiing / Hokkaido / I'm / in 〕.

(2) 彼女は今，バイオリンをひいていません。
〔 playing / she / the / isn't / violin / now 〕.

(3) 彼らは今，テレビを見ていますか。
〔 watching / are / they / TV / now 〕?

UP (4) あなたは夕食に何を作っているのですか。
〔 you / are / for / what / making / dinner 〕?

5 次の日本文を英語になおしなさい。

(1) 私は大きなハンバーガー(hamburger)を食べています。

(2) 私は毎日バスで学校に行きます。

(3) 私の妹と私はいっしょに(together)歩いています。

UP (4) あなたのお姉さんは今，何を勉強しているのですか。

(5) ［(4)に答えて］　彼女は韓国語(Korean)を勉強しています。

英語のしくみ

解答 p.30

定着のワーク ステージ **2** PROGRAM 8 〜 Steps 5 読 聞 書 話

1 LISTENING 英文を聞いて，内容に合う絵を1つ選び，記号で答えなさい。 116

ア　　　　イ　　　　ウ　　　　エ

（　　　　）

2 次の日本文に合うように，＿＿に適する語を書きなさい。

(1) 森先生は今，新聞を読んでいます。

Mr. Mori ＿＿＿＿＿＿＿＿＿＿＿＿ a newspaper now.

(2) ベンと私は部屋を掃除しています。

Ben and I ＿＿＿＿＿＿ ＿＿＿＿＿＿ our room.

(3) 私は今，定規を使っていません。

＿＿＿＿＿＿ ＿＿＿＿＿＿ ＿＿＿＿＿＿ my ruler

now.

(4) 彼は宇宙飛行士です。— 確かですか。

He's an astronaut. — ＿＿＿＿＿＿ you ＿＿＿＿＿＿ ?

3 次の対話が成り立つように，＿＿に適する語を書きなさい。

(1) A : Are you studying three languages, Mary?

B : Yes, ＿＿＿＿＿＿ ＿＿＿＿＿＿ .

(2) A : Is your sister playing the flute?

B : No, ＿＿＿＿＿＿ ＿＿＿＿＿＿ .

(3) A : ＿＿＿＿＿＿ are they ＿＿＿＿＿＿ in Hokkaido?

B : They are skiing.

(4) A : ＿＿＿＿＿＿ ＿＿＿＿＿＿ you, Meg?

B : I'm in my room, Mom.

4 次の文を（　）内の指示にしたがって書きかえなさい。

(1) I eat an omelet. （現在進行形の文に）

＿＿＿＿＿＿＿＿＿＿＿＿＿＿＿＿＿＿＿＿＿＿＿＿

(2) Mark is dancing with Emi now. （疑問文に）

＿＿＿＿＿＿＿＿＿＿＿＿＿＿＿＿＿＿＿＿＿＿＿＿

(3) They are practicing volleyball now. （否定文に）

＿＿＿＿＿＿＿＿＿＿＿＿＿＿＿＿＿＿＿＿＿＿＿＿

重要ポイント

1 登場する人物がどこで何をしているかを聞き取る。

2

得点力をUP

現在進行形の be 動詞
進行形の be 動詞は，主語によって使い分ける。(2) Ben and I は代名詞で表すと we なので，be 動詞は are。am としないこと。

3

テストに出る!

現在進行形の疑問文への答え方
●〈Yes, 主語＋be 動詞.〉
●〈No, 主語＋be 動詞＋not.〉
(1)(2)答えの文でも主語に合わせて be 動詞を使う。

(3)応答から「何をしているのですか」とたずねる疑問文にする。

4

(3)「〜していません」という否定文は〈be 動詞＋not＋動詞の -ing 形〉で表す。

5 次の会話文を読んで，あとの問いに答えなさい。

Jack : Hey, Emily.　Please help me.　①(　　　)(　　　) come here?

Emily : Sorry, I can't, Dad.　I'm cleaning the bathroom now.

Jack : OK.　②(きみはどうだい), Mark?

Mark : I'm busy.　③[living / the / I'm / room / cleaning].

Emily : Are you sure?　You're watching TV.

I can hear the sound.

(1) 下線部①が「こちらに来てもらえますか。」という文になるように，（　）に適する語を書きなさい。

_____ come here?

(2) 下線部②を 3 語の英語になおしなさい。

_____ _____ _____, Mark?

(3) 下線部③の〔　〕内の語を並べかえて，意味の通る英文にしなさい。

_____

(4) 会話文の内容に合うように，次の質問に英語で答えなさい。
What is Emily doing now?

_____

6 次の〔　〕内の語句を並べかえて，日本文に合う英文を書きなさい。

(1) 私は今，手紙を書いています。
〔 writing / I'm / letter / a 〕 now.

_____ now.

(2) 生徒たちは歌を歌っていますか。
〔 the students / a song / singing / are 〕?

_____

レベルUP (3) つりに行きませんか。
〔 don't / fishing / why / we / go 〕?

_____

7 次の日本文を英語になおしなさい。

(1) 彼女はエイトと話しています。

_____

(2) 私は彼女をよく知っています。

_____

レベルUP (3) あなたは何を食べているのですか。

_____

ちょっとBREAK fish は「魚」，star は「星」。では starfish とは何のこと？

重要ポイント

5 (1)「〜してもらえますか」という依頼は Can you 〜? で表す。

(3)〈be 動詞＋動詞の -ing 形〉の現在進行形の文。

(4)「エミリーは今，何をしていますか」という質問。

6 (1)〈be 動詞＋動詞の -ing 形〉の形。(2)〈be 動詞＋主語＋動詞の -ing 形 〜?〉の形。

得点力をUP

提案したり誘ったりする表現
● Let's 〜.
「〜しましょう。」
● Why don't we 〜?
「〜しませんか。」
● How about 〜?
「〜はどうですか。」

7 (1)「〜と話す」は talk with〜 を使う。

(2) know は進行形にしない動詞。

(3) What で始まる現在進行形の疑問文で表す。eat または have の -ing 形を使う。

PROGRAM 8 ～ Steps 5

➡答えは次のページ

実力判定テスト　ステージ**3**　　PROGRAM 8　〜　Steps 5　　**30**分　／100

解答　p.31

読 聞
書 話

🎧 **1** LISTENING　対話と質問を聞いて，その答えとして適するものを１つずつ選び，記号で答えなさい。

♪ 〔17〕2点×3(6点)

(1)　ア　Yes, she is.　　　　　　　　　　イ　No, she isn't.
　　　ウ　She isn't reading a magazine.　エ　She is studying.　　　　　（　　　）

(2)　ア　She is helping John.　　　　　　イ　She is cleaning her room.
　　　ウ　She is making salad.　　　　　エ　She is cooking with John.　（　　　）

(3)　ア　He's playing baseball.　　　　　イ　He's not in the gym.
　　　ウ　He's practicing basketball.　　エ　He likes basketball.　　　　（　　　）

2 次の日本文に合うように，＿＿に適する語を書きなさい。　　　3点×5(15点)

(1)　私は朝食を食べています。

　　　＿＿＿＿＿＿＿　＿＿＿＿＿＿＿ breakfast.

(2)　彼は今，おふろに入っていません。

　　　He ＿＿＿＿＿＿＿ ＿＿＿＿＿＿＿ a bath now.

(3)　だれが居間にいますか。

　　　＿＿＿＿＿＿＿ ＿＿＿＿＿＿＿ in the living room?

UP (4)　テレビを消してもらえますか。

　　　＿＿＿＿＿＿＿ ＿＿＿＿＿＿＿ ＿＿＿＿＿＿＿ off the TV?

(5)　〔(4)に答えて〕　申し訳ありませんが，できません。

　　　＿＿＿＿＿＿＿, I ＿＿＿＿＿＿＿.

3 次の〔　〕内の語を並べかえて，日本文に合う英文を書きなさい。　　　5点×2(10点)

(1)　彼女は今，何もしていません。　〔 is / anything / she / not / doing 〕 now.

　　　＿＿＿＿＿＿＿＿＿＿＿＿＿＿＿＿＿ now.

UP (2)　彼は今日は緑のジャケットを着ています。

　　　〔 is / a / jacket / wearing / green / he 〕 today.

　　　＿＿＿＿＿＿＿＿＿＿＿＿＿＿＿＿＿ today.

4 次の文を（　）内の指示にしたがって書きかえなさい。　　　4点×3(12点)

(1)　She sits next to me.　（「〜しています」の意味の文に）

　　　＿＿＿＿＿＿＿＿＿＿＿＿＿＿＿＿＿＿＿＿＿＿＿＿

(2)　Your mother is watching TV.　（疑問文にして Yes で答える文も）

　　　＿＿＿＿＿＿＿＿＿＿＿＿ — Yes, ＿＿＿＿＿＿＿＿＿＿＿.

(3)　You're studying math.　（下線部をたずねる疑問文に）

ちょっとBREAK の答え　starfish は「ヒトデ」のこと。jellyfish（クラゲ）も魚ではないのに -fish がつくよ。

目標

自分の得点まで色をぬろう！

0　　　　　　　　　60　　80　100点

5 次の対話文を読んで，あとの問いに答えなさい。 (計27点)

Helen :　Daniel!　Where are you?　I need your help.
Daniel :　I'm ①(come).　②(　　　) (　　　) (　　　) (　　　),
　　　　　Mom?
Helen :　I'm mashing sweet potatoes.　It's very hard.
Daniel :　OK.　I can do ③it for you.　Are you making potato salad?
Helen :　④No, (　　　) (　　　).　I'm making *kurikinton*.

(1)　①の( )内の語を適する形にしなさい。 (5点)

――――――――

(2)　対話文の流れに合うように，下線部②の(　　)に適する語を書きなさい。 (5点)
　――――――― ――――――― ――――――― ―――――――, Mom?

(3)　下線部③の it のさす内容を具体的に日本語で書きなさい。 (6点)
　(　　　　　　　　　　　　　　　　　　　　　　　　　　　　)こと。

(4)　下線部④がダニエルの質問への答えとなるように，___ に適する語を書きなさい。(5点)
　No, ――――――― ―――――――.

(5)　対話文の内容に合うように，次の質問に英語で答えなさい。 (6点)
　Who is making *kurikinton*?

6 次の日本文を英語になおしなさい。 5点×4(20点)

(1)　私は今，牛乳を飲んでいるところです。

(2)　彼らは今，テレビゲーム(video games)をしているのですか。

(3)　彼女は今，どこでテニスを練習していますか。

(4)　これは子ども(children)のための伝統的な日本のゲームです。

7 次のようなとき，英語でどう言うか書きなさい。 5点×2(10点)

(1)　つりに行きませんかと相手を誘うとき。 （why を使って）

(2)　鉛筆で絵を描いている相手に，今，何を描いているかをたずねるとき。

 ステージ **1** **PROGRAM 9** A Trip to Finland ①

解答 p.32

 読 聞 書 話

教科書の 要点 「〜しました」（規則動詞） ♪ a30

過去の文 **I stayed** home and **watched** TV.

動詞に -ed をつける（過去形）

私は家にいてテレビを見ました。

Ken **worked** a little. He **cleaned** his room.

主語が三人称・単数でも過去形は同じ形

健は少し働きました。彼は部屋の掃除をしました。

要点

● 「〜しました」と過去のことを言うときは，動詞の語尾に −(e)d をつけた過去形を使う。
● 過去形の −(e)d のつけ方

ふつうの動詞	そのまま −ed をつける	play → played talk → talked
語尾が e	d だけつける	like → liked use → used
語尾が〈子音字＋y〉	y を i にかえて −ed をつける	study → studied try → tried
語尾が〈短母音＋子音字〉	子音字を重ねて −ed をつける	stop → stopped

−(e)d の発音は 3 通り。 [t ト]…liked [d ド]…played [id イド]…wanted

プラス 語尾が y でも，y の前が母音字(-ay, -ey, -oy, -uy)のときはそのまま -ed をつける。
　play → played　enjoy → enjoyed　stay → stayed

Wordsチェック 次の英語は日本語に，日本語は英語になおしなさい。

□(1) invent （　　　　　　） □(2) medical （　　　　　　）
□(3) 滞在する，泊まる ＿＿＿＿＿ □(4) 人々 ＿＿＿＿＿

1 絵を見て例にならい，「…はこの前の土曜日に〜しました」という文を書きなさい。

例	(1)	(2)	(3)
 I / play	I / cook dinner	Meg / use a computer	Riko / study math

例 I played soccer last Saturday.

(1) I ＿＿＿＿＿ dinner last Saturday.

(2) Meg ＿＿＿＿＿ a computer last Saturday.

(3) Riko ＿＿＿＿＿ last Saturday.

2 次の文の＿＿に適する語を（ ）内から選び，書きなさい。

(1) I ＿＿＿＿＿ home last Monday. （stay　stayed）

(2) They ＿＿＿＿＿ here last week. （dance　danced）

(3) Emi ＿＿＿＿＿ Kyoto last Friday. （visits　visited）

ここが ポイント

-(e)d のつけ方
● ふつうは語尾に **-ed**
● 語尾が e なら **-d**
● 語尾が〈子音字＋y〉なら y を i にかえて **-ed**
　study → stud**ied**
● 語尾が〈短母音＋子音字〉なら **子音字を重ねて -ed**　stop → stop**ped**

cooked の -ed は[t ト]，stayed の -ed は[d ド]，visited の -ed は[id イド]と発音するよ。

3 次の文を（　）内の指示にしたがって書きかえるとき，＿＿に適する語を書きなさい。

(1) I play the piano. （last Tuesday を加えて）

I ＿＿＿＿＿＿ the piano last Tuesday.

(2) We often practice basketball. （「～しました」の文に）

We often ＿＿＿＿＿＿ basketball.

(3) John listens to music. （last Friday を加えて）

John ＿＿＿＿＿＿ to music last Friday.

(4) Emily cleans her room. （「～しました」の文に）

Emily ＿＿＿＿＿＿ her room.

ここが ポイント

● last Tuesday や last week のような過去を表す語句があるとき，動詞は過去形を使う。
● 主語が何であっても過去形は同じ形。
I lived in Kyoto.
He lived in Kyoto.

4 次の〔　〕内の語句を並べかえて，日本文に合う英文を書きなさい。

(1) 私はこの前の日曜日に，ケンタと話しました。

〔 talked / Kenta / with / I 〕 last Sunday.

＿＿＿＿＿＿＿＿＿＿＿＿＿＿＿＿ last Sunday.

(2) 私の父はテレビで野球の試合を見ました。

〔 watched / a / my father / baseball game 〕 on TV.

＿＿＿＿＿＿＿＿＿＿＿＿＿＿＿＿ on TV.

まるごと 暗記

last ～ 「(この)前の～」
● last Sunday
「この前の日曜日に」
● last year
「昨年」
● last month
「先月」

5 次の日本文に合うように，＿＿に適する語を書きなさい。

(1) 私は先週，祖父を訪ねました。

I visited my grandfather ＿＿＿＿＿＿ ＿＿＿＿＿＿.

(2) このぼうしをちょっと見てください。

＿＿＿＿＿＿ a ＿＿＿＿＿＿ at this hat.

(3) ユキはピザが大好きだよね。

Yuki loves pizza, ＿＿＿＿＿＿ ＿＿＿＿＿＿.

(4) これは私のネコです。
— 何てかわいいのでしょう！

This is my cat.

— ＿＿＿＿＿＿ ＿＿＿＿＿＿ !

表現メモ

● last week
「先週」
● take a look at ～
「～を(ちょっと)見る」
● ～, you know.
「～だよね」
● 〈How＋形容詞 !〉
「何て～なのでしょう!」

WRITING Plus ✏

あなたが先週したことを2つ，「私は～しました」という英文にして書きなさい。ただし，過去を表す語句を使い，動詞は下の〔　〕内から選んで，適する形になおして書くこと。

(1) ＿＿＿＿＿＿＿＿＿＿＿＿＿＿＿＿＿＿＿＿

(2) ＿＿＿＿＿＿＿＿＿＿＿＿＿＿＿＿＿＿＿＿

〔 play　watch　visit　listen　stay　talk　study　help　use 〕

PROGRAM 9

ステージ **1** PROGRAM 9 A Trip to Finland ②

解答 p.32

読 聞
書 話

教科書の 要点 「〜しました」（不規則動詞） ♪ a31

過去の文 I **had** a good time yesterday.

have → had と不規則に変化

私は昨日，楽しい時を過ごしました。

I **ate** an ice cream bar and **won** another one.

eat → ate, win → won と不規則に変化

私は棒アイスを食べて，もう1本当たりました。

要点

● 動詞の中には，過去形が –(e)d の形にならず，have → **had** のように不規則に変化するものがある。
● 語尾に –(e)d をつけて過去形を作る動詞を 規則動詞，不規則に変化する動詞を 不規則動詞という。

不規則動詞の例

have → had　　win → won　　take → took　　eat → ate　　buy → bought
find → found　　see → saw　　go → went　　read → read　　get → got　　do → did
※ read の過去形 read は，原形（もとの形）とつづりは同じだが，［red レッド］と発音する。

● 不規則動詞の過去形も，規則動詞の場合と同じで，主語が何であっても同じ形を使う。
例　He had a good time yesterday.

Wordsチェック 次の英語は日本語に，日本語は英語になおしなさい。

□(1) lucky （　　　　　　　）　　□(2) tasty （　　　　　　　）
□(3) 昨日（は）＿＿＿＿＿＿＿　　□(4) もうひとつ［1人］の ＿＿＿＿＿＿＿

1 絵を見て例にならい，「…は昨日（は）〜しました」という文を書きなさい。

I / go

I / take pictures

They / win the game

Meg / get up early

例　I went to the library yesterday.

(1)　I ＿＿＿＿＿＿ pictures yesterday.
(2)　They ＿＿＿＿＿＿ the game yesterday.
(3)　Meg ＿＿＿＿＿＿ ＿＿＿＿＿＿ early yesterday.

ここがポイント

不規則動詞の過去形
● それぞれ異なる変化をするので1つ1つ覚える。
● 主語が何でも，その形は変化しない。
I went to school.
She went to school.

2 次の文の ＿＿＿ に，（　）内の語を適する形にして書きなさい。

(1)　We ＿＿＿＿＿＿ grapes yesterday. （ eat ）
(2)　They ＿＿＿＿＿＿ shopping last week. （ go ）
(3)　Emi ＿＿＿＿＿＿ her pen last Wednesday. （ find ）

eat の過去形 ate は，数を表す eight(8)と同じで，［eit エイト］と発音するよ。

3 次の文を（　）内の指示にしたがって書きかえなさい。

(1) Yuka reads this magazine. （yesterday を加えて）

Yuka _____ .

(2) We have fun at the party. （last Sunday を加えて）

We _____ .

(3) I find my eraser under the desk. （過去の文に）

I _____ .

(4) Emily buys a new bike. （last Thursday を加えて）

Emily _____ .

yesterday, last ～ のような過去を表す語句があるとき, 動詞は過去形を使う。
- yesterday（昨日）
- yesterday morning（昨日の朝[午前中]）
- yesterday afternoon（昨日の午後）

4 次の〔　〕内の語句を並べかえて, 日本文に合う英文を書きなさい。

(1) 彼らはサウナに入り, くつろぎました。

〔 a sauna / they / relaxed / took / and 〕.

_____

(2) 私は昨日, 博物館でアンを見かけました。

〔 Ann / saw / I / the museum / in 〕 yesterday.

_____ yesterday.

まるごと暗記

take を使った表現
- take a bath「ふろに入る」
- take a shower「シャワーをあびる」
- take a sauna「サウナに入る」

5 次の日本文に合うように,　　に適する語を書きなさい。

(1) この町はモモで有名です。

This town is _____ _____ its peaches.

(2) 私は京都をたった一度だけ訪れました。

I visited Kyoto _____ _____ .

(3) 彼は旅の間に多くの寺を見ました。

He saw many temples _____ the trip.

(4) 日本では何のスポーツが人気がありますか。

_____ _____ is popular in Japan?

表現メモ

- be famous for ～「～で有名である」
- only「たった～だけ, ほんの～」
- during ～「～の間に」
- 〈what＋名詞〉「何の～, どんな～」

6 次は, 先週のミカの行動を述べた文です。例にならい, 日本語を参考にして英文を完成しなさい。

例 Mika went to the library last Tuesday.
（図書館へ行きました）

(1) Mika _____ a _____ last Friday.
（散歩をしました）

(2) Mika _____ a _____ last Saturday.
（映画を見ました）

(3) Mika _____ a _____ time last week.
（先週は楽しい時を過ごしました）

ことばメモ

- take a walk「散歩をする」
- see a movie「映画を見る」
- have a good time「楽しい時を過ごす」

PROGRAM 9

確認のワーク ステージ **1** 〔PROGRAM 9〕 A Trip to Finland ③
〔Steps 6〕 文の内容を整理し，表現しよう

読聞書話

教科書の 要点 「〜しませんでした」「〜しましたか」 ♪ a32

（否定文） I **didn't** stay home yesterday.　　私は昨日，家にいませんでした。

動詞の前に didn't　　動詞は原形

要点1

●「〜しませんでした」という一般動詞の過去の否定文は，動詞の前に didn't[did not] を置いて作る。動詞は −(e)d がつかない原形になる。didn't は did not の短縮形。

（疑問文） **Did** you eat two ice cream bars?　　あなたは棒アイスを2本食べたのですか。

主語の前に did　　動詞は原形

（答え方） — Yes, I **did.** / No, I **didn't.**　　— はい，食べました。/ いいえ，食べていません。

要点2

●「〜しましたか」という一般動詞の過去の疑問文は，主語の前に did を置いて作る。動詞は −(e)d がつかない原形にする。
●答えるときは，〈Yes, 〜 did.〉か〈No, 〜 didn't[did not].〉の形。

プラス 疑問詞を使う疑問文は，現在の文と同じように，疑問詞を文頭に置く。
What time did you get up today? — At seven.　あなたは今日，何時に起きましたか。—7時です。

Wordsチェック 次の英語は日本語に，日本語は英語になおしなさい。

□(1)（ラテン語の略）a.m.（　　　　　　）　□(2)（ラテン語の略）p.m.（　　　　　　）
□(3) 球場，競技場 ＿＿＿＿＿＿＿＿　□(4)（太陽などが）昇る ＿＿＿＿＿＿＿＿

1 絵を見て例にならい，「…は昨日〜しましたか」という文とその答えの文を書きなさい。

you /swim

you /play

Bob / watch

your brother / study

例 Did you swim yesterday? — Yes, I did.

(1) ＿＿＿＿＿＿ you ＿＿＿＿＿＿ the guitar yesterday?
　— Yes, I ＿＿＿＿＿＿ .

(2) ＿＿＿＿＿＿ Bob ＿＿＿＿＿＿ TV yesterday?
　— Yes, he ＿＿＿＿＿＿ .

(3) ＿＿＿＿＿＿ your brother ＿＿＿＿＿＿ hard yesterday?
　— No, ＿＿＿＿＿＿ ＿＿＿＿＿＿ .

ここがポイント

過去の疑問文と答え方
●疑問文：〈Did＋主語＋動詞の原形 〜?〉の形。動詞は原形にする。
●答え方：〈Yes, 主語＋did.〉または〈No, 主語＋didn't[did not].〉

 watch TV：テレビを見る　hard：いっしょうけんめいに

2 次の文を（ ）内の指示にしたがって書きかえるとき， に適する語を書きなさい。

(1) Shota washed the dishes. （疑問文にして Yes で答える文も）

　　_____ Shota _____ the dishes?

　　— Yes, he _____ .

(2) Does Emi use this pen? （yesterday を加えて No で答える）

　　_____ Emi _____ this pen yesterday?

　　— No, she _____ .

(3) He studied math last night. （否定文に）

　　He _____ _____ math last night.

(4) You ate *sushi* for lunch. （下線部をたずねる疑問文に）

　　_____ you _____ for lunch?

ここが ポイント

過去の否定文

(3)〈主語＋didn't[did not]＋動詞の原形 〜.〉の形。肯定文の動詞は過去形だが，否定文では動詞を原形にする。

ミス注意

(4)「何を食べましたか」とたずねる疑問文に。「何を」は what で，文頭に置く。what のあとは，過去の疑問文を続ける。動詞は原形にすることに注意。

3 次の〔 〕内の語を並べかえて，日本文に合う英文を書きなさい。

(1) あなたは昨年，フィンランドを訪れましたか。

　　〔 visit / did / Finland / you 〕 last year?

　　_____ last year?

(2) 私は 3 日前にはサッカーを練習しませんでした。

　　〔 practice / I / soccer / didn't 〕 three days ago.

　　_____ three days ago.

まるごと 暗記

過去を表す語句

yesterday「昨日」
last 〜「この前の〜」
〜 ago「（今から）〜前に」

4 次の日本文に合うように， に適する語を書きなさい。

(1) 私は昨夜，部屋を掃除しました。

　　I cleaned my room _____ _____ .

(2) 私は図書館で宿題をしました。

　　I _____ my _____ in the library.

(3) あなたはこの前の土曜日，どこかに行きましたか。

　　Did you _____ _____ last Saturday?

(4) 私たちは一日中テレビゲームをしました。

　　We played video games _____ _____ .

表現メモ

● last night「昨夜」
● do my homework「宿題をする」
● anywhere「（疑問文で）どこかに」
● all day「一日中」

5 に適する語を下の〔 〕内から選んで書きなさい。

(1) Let's _____ some games.

　　— _____ fun.

(2) I saw the movie. — _____ ?

(3) I cooked dinner. — That's _____ .

(4) I played tennis with John. Oh, _____ you?

〔 really　great　sounds　did　play 〕

表現メモ

反応・感想を表す表現

● That's great.「それはすばらしい。」
● Wow!「うわー」
● Really?「ほんとう？」
● Sounds good[fun].「よさ[楽し]そうですね。」
● Did you?「そうですか。」

PROGRAM 9 〜 Steps 6

文法 のまとめ 9

英語のしくみ 一般動詞の過去形

解答 p.33

読 聞
書 話

まとめ

① 規則動詞の過去形

●規則動詞の過去形は，動詞の原形の語尾に –(e)d をつけて作る。

ふつうの動詞	そのまま -ed をつける	play → played talk → talked
語尾が e	-d だけつける	like → liked use → used
語尾が〈子音字＋y〉	y を i にかえて -ed をつける	study → studied try → tried
語尾が〈短母音＋子音字〉	子音字を重ねて -ed をつける	stop → stopped

※ –(e)d の発音は 3 通り。　[t ト]…liked　[d ド]…played　[id イド]…wanted

●過去の肯定文では，動詞は過去形を使う。過去形は主語が何でも形は同じ。疑問文は did を主語の前に置き，答えの文でも did を使う。否定文は動詞の前に didn't(＝did not)を置く。

肯定文　　　Mai cleaned her room yesterday. 　＜主語が何でも過去形の形は同じ

疑問文　Did Mai clean　her room yesterday? 　＜動詞は原形に

　　　　　— Yes, she did. / No, she didn't. 　＜答えの文でも did を使う

否定文　　Mai didn't clean her room yesterday. 　＜動詞は原形に

※疑問詞の疑問文は疑問詞を文頭に置く。**When** did you come here? — Last Saturday.

② 不規則動詞の過去形

●不規則動詞の過去形は，それぞれ異なる変化をする。（下の表の黒字は原形，赤字は過去形）

| have → had　eat → ate　　win → won　　see → saw　　buy → bought　do → did |
| go → went　take → took　get → got　　read → read　find → found |

●不規則動詞を使った過去の肯定文・疑問文・否定文の形は規則動詞の場合と同じ。

練習

よく出る **1** 次の文の（　）内から適する語を選び，記号を○で囲みなさい。

(1) We（ア　learn　　イ　learns　　ウ　learned ）about Finland yesterday.

(2) I（ア　get　　イ　gets　　ウ　got ）up at eight thirty last Sunday.

(3) Shota（ア　live　　イ　lives　　ウ　lived ）in Saitama now.

(4) Maki（ア　is living　　イ　lives　　ウ　lived ）in Kobe two years ago.

(5) My father（ア　cook　　イ　cooks　　ウ　cooked ）dinner last night.

2 次の文の＿＿に，（　）内の語を適する形にかえて書きなさい。

(1) John ＿＿＿＿＿＿＿ Kyoto six months ago. （ visit ）

(2) They ＿＿＿＿＿＿＿ volleyball last Thursday. （ practice ）

(3) He studies English and ＿＿＿＿＿＿＿ an English book every day. （ read ）

(4) My father is ＿＿＿＿＿＿＿ at home now. （ work ）

(5) I ＿＿＿＿＿＿＿ this book last week. （ buy ）

3 次の対話文が成り立つように，＿＿＿に適する語を書きなさい。

(1) A : Did you clean your room yesterday, Yuka?

　　B : No, ＿＿＿＿＿＿＿ ＿＿＿＿＿＿＿ .

(2) A : ＿＿＿＿＿＿＿ you listen to music last night?

　　B : Yes, I ＿＿＿＿＿＿＿ .

(3) A : ＿＿＿＿＿＿＿ did Yuka go last Sunday?

　　B : She ＿＿＿＿＿＿＿ to her aunt's house.

> (3)「どこへ行ったか」たずねる疑問文と応答だよ。

4 次の文を（ ）内の指示にしたがって書きかえなさい。

(1) I use this computer every day. （下線部を yesterday にかえて）

(2) Aya had a camera two years ago. （否定文に）

(3) Mr. Tanaka took a bath after dinner. （疑問文にして，Yes と No で答える文も）

　　— Yes, ＿＿＿＿＿＿＿ .

　　— No, ＿＿＿＿＿＿＿ .

(4) She found her umbrella in this room. （下線部をたずねる疑問文に）

5 次の〔 〕内の語を並べかえて，日本文に合う英文を書きなさい。

(1) 私は昨日，昼食を食べませんでした。

　　I〔 yesterday / have / did / lunch / not 〕.

　　I ＿＿＿＿＿＿＿ .

(2) あなたは昨夜，おかあさんを手伝いましたか。

　　〔 help / your / did / mother / you 〕last night?

　　＿＿＿＿＿＿＿ last night?

(3) あなたは沖縄ではどこに滞在しましたか。

　　〔 did / stay / where / you / in 〕Okinawa?

　　＿＿＿＿＿＿＿ Okinawa?

6 次の日本語を英文になおしなさい。

(1) 私はその湖の近くでサル(a monkey)を見ました。

(2) 彼女は5年前はコーヒー(coffee)が好きではありませんでした。

(3) 彼は昨日，夕食に何を作りましたか。 （cook を使って）

定着のワーク　ステージ2　PROGRAM 9 〜 Steps 6

読聞書話

🎧 **1 LISTENING** 英文を聞いて，内容に合う絵を1つ選び，記号で答えなさい。 ♪ L18

ア　イ　ウ　エ

（　　　）

2 次の日本文に合うように，＿＿＿に適する語を書きなさい。

(1) 私の姉は一日じゅう本を読みました。

My sister ＿＿＿＿ a book ＿＿＿＿ day.

(2) 彼は午後9時まで（ずっと）家に帰って来ませんでした。

He ＿＿＿＿ come home ＿＿＿＿ 9 p.m.

(3) 私はもうひとつ質問があります。

I ＿＿＿＿ ＿＿＿＿ question.

(4) 私は2時間前に宿題をしました。

I ＿＿＿＿ my homework two hours ＿＿＿＿.

3 次の対話が成り立つように，＿＿＿に適する語を書きなさい。

(1) A : Did you come to school by bus today, Kenta?

B : Yes, ＿＿＿＿ ＿＿＿＿.

(2) A : ＿＿＿＿ you win the game yesterday?

B : No, we ＿＿＿＿.

(3) A : ＿＿＿＿ did you buy at the convenience store?

B : I ＿＿＿＿ some notebooks.

4 次の文を（ ）内の指示にしたがって書きかえなさい。

(1) Mary eats sandwiches for lunch. （文末にyesterdayを加えて）

(2) I watched TV last night. （否定文に）

(3) The car stopped here. （疑問文に）

(4) He went to school by train yesterday.

（下線部をたずねる疑問文にする）

重要ポイント

1 英文の人物がどこで何をしたかを聞き取る。

2

得点力をUP

another の使い方

(3)「もうひとつ[1人]の」の意味。an はつけない。

動詞 do の過去形

(4)「する」という意味の動詞 do の過去形は did。

3 (2) yesterday があるので過去の文。

4

テストに出る!

疑問文と否定文の動詞

疑問文は〈Did＋主語＋動詞〜?〉の形で，答えるときも did を使う。否定文は〈主語＋didn't[did not]＋動詞〜.〉の形。どちらも動詞は原形。

(4)交通手段をたずねる疑問文にする。「どのようにして」は疑問詞 how を使う。

5 次の対話文を読んで，あとの問いに答えなさい。

> *Miki :* I ①(see) the aurora and relaxed in a sauna.
>
> *Daniel :* Finnish people invented saunas, you know.
>
> *Miki :* Right. They have saunas in their homes!
>
> *Daniel :* ②(　　　　) nice!
>
> *Miki :* ③〔 a sauna / some / take / people 〕 and then jump into a lake.
>
> *Daniel :* Sounds fun.

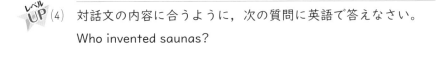

(1) ①の（ ）内の語を適する形にしなさい。

_____

(2) 下線部②が「何てすてきなのでしょう！」という意味になるように，＿＿＿に適する疑問詞を書きなさい。 ＿＿＿＿＿＿ nice!

(3) 下線部③の〔 〕内の語句を並べかえて，意味の通る英文にしなさい。

_____

レベルUP (4) 対話文の内容に合うように，次の質問に英語で答えなさい。

Who invented saunas?

_____

6 〔 〕内の語句を並べかえて，日本文に合う英文を書きなさい。

(1) 私はこれを書店で見つけました。

〔 at / I / this / found / the bookstore 〕.

_____

(2) それは花と水の都市です。

〔 a city / it's / flowers / of / water / and 〕.

_____

レベルUP (3) あなたは先週どこかに行きましたか。

〔 did / last / you / anywhere / go / week 〕?

_____

7 次の日本文を英語になおしなさい。

(1) 彼女は３年前，ネコを２匹飼っていました。

_____

(2) 私は昨日，早く起きました。

_____

レベルUP (3) あなたは何時に家を出発しましたか。

_____

重要ポイント

5 (1)後半の and のあとの動詞が過去形。

(2)〈How＋形容詞！〉で「何て〜なのでしょう！」と感嘆を表す文。

(4)「だれが〜しましたか」と主語をたずねる疑問文。〈主語＋did.〉の形で答える。

6 (2)〈a city of A and B〉で「AとBの都市」。

得点力をUP

疑問文と any

- Do you have any 〜?
 「〜を(何か / 少しでも) 持っていますか。」
- Are there any 〜?
 「〜が(少しでも)ありますか。」
- Do you go anywhere?
 「(どこでもいいが) どこかに行きますか。」

7 (1)「〜年前」は〜 year(s) ago を使う。「飼う」は have。

(2)「起きる」は get up。

(3)「何時に」は what time を文頭に置く。「出発する」は leave。

ちょっと **BREAK** 森と湖の国と言われるフィンランド。いったいいくつぐらい湖があるのかな？ ➡答えは次のページ

解答　p.34

実力判定テスト　ステージ3　PROGRAM 9 〜 Steps 6　30分　/100　読聞書話

1 LISTENING 対話と質問を聞いて，その答えとして適するものを１つずつ選び，記号で答えなさい。

♪ 119 2点×3(6点)

(1) ア　Yes, she did.　　　　　イ　No, she didn't.

　　ウ　She played basketball.　エ　Aya did.　　　　　　（　　　）

(2) ア　He visited the museum.　イ　He listened to music at home.

　　ウ　He stayed home with Meg.　エ　He didn't do anything.　（　　　）

(3) ア　She went to the library.　イ　She went there yesterday.

　　ウ　She walked to the library.　エ　By bike.　　　　　　（　　　）

2 次の日本文に合うように，＿＿に適する語を書きなさい。　　　　4点×2(8点)

(1) 彼は時計をちょっと見ました。

　　He ＿＿＿＿＿＿ a ＿＿＿＿＿＿ at his watch.

(2) ここで午後６時まで待ちましょう。

　　Let's wait ＿＿＿＿＿＿ 6 ＿＿＿＿＿＿ here.

3 次の文の＿＿に，（　）内の語を適する形にかえて書きなさい。　2点×4(8点)

(1) I ＿＿＿＿＿＿ the soccer game last night. （watch）

(2) We ＿＿＿＿＿＿ badminton in the gym two days ago. （practice）

(3) My brother ＿＿＿＿＿＿ a new bike last Monday. （buy）

(4) I ＿＿＿＿＿＿ a famous singer at the station yesterday. （see）

4 次の〔　〕内の語を並べかえて，日本文に合う英文を書きなさい。　5点×2(10点)

(1) ベンはおじとつりに行きました。　〔 his / went / with / Ben / fishing / uncle 〕.

レベルUP (2) 私は２年前はトマトが好きではありませんでした。

　　〔 didn't / two / tomatoes / I / like / ago / years 〕.

5 次の文を（　）内の指示にしたがって書きかえなさい。　　4点×3(12点)

(1) I take a walk in the park on Sundays. （下線部を last Sunday にかえて）

(2) She had many books in her house. （疑問文にして Yes で答える文も）

　　　　　　　　　　　　　　　　　　— Yes, ＿＿＿＿＿＿＿.

(3) They visited London two months ago. （下線部をたずねる疑問文に）

ちょっとBREAKの答え　フィンランドには19万近くの湖があると言われ，最大の湖は琵琶湖の６倍以上の広さがある。

目標 ●英語で「〜しました」と過去にしたことを言ったりたずねたりできるようにしよう。過去を表す語句も使いこなそう。

自分の得点まで色をぬろう!

|0 | | 60 | 80 | 100点|

6 次の対話文を読んで，あとの問いに答えなさい。 (計26点)

Miki : Finland ①is (　　　) (　　　) Moomin and
　　　 Santa Claus too.

Daniel : What food is famous?

Miki : Well, do you know *salmiakki*?

Daniel : No, I don't. ②(　　　) that?

Miki : It's a bitter and salty candy. Many Finnish people like ③it. ④I (　　　) it (　　　) once (　　　) the trip.

(1) 下線部①が「〜で有名です」の意味になるように，(　)に適する語を書きなさい。(5点)

＿＿＿＿＿＿ ＿＿＿＿＿＿

(2) 対話文の流れに合うように，②の(　)に入る適切な語を書きなさい。 (5点)

＿＿＿＿＿

(3) 下線部③のitがさす具体的な内容を表す語を対話文中から抜き出して書きなさい。(5点)

＿＿＿＿＿

(4) 下線部④が「旅行の間，それをたった一度だけ食べました」という意味になるように，(　)に適する語を書きなさい。 (5点)

I ＿＿＿＿＿ it ＿＿＿＿＿ once ＿＿＿＿＿ the trip.

(5) 対話文の内容に合うように，次の質問に英語で答えなさい。 (6点)

Did Daniel know *salmiakki*?

＿＿＿＿＿

7 次のようなとき，英語でどう言うか書きなさい。 6点×3(18点)

(1) 自分はこの前の日曜日に本を1冊読んだことを伝えるとき。

＿＿＿＿＿

(2) 雨の日に，相手に，今日はどうやって学校に来たかをたずねるとき。

＿＿＿＿＿

UP (3) 昨夜，自分はパーティーで楽しい時(a good time)を過ごしたことを伝えるとき。

＿＿＿＿＿

8 次の質問に，あなた自身の答えを英語で書きなさい。 6点×2(12点)

(1) What did you eat for dinner last night?

＿＿＿＿＿

(2) What did you do last Sunday?

＿＿＿＿＿

PROGRAM 9 〜 Steps 6

解答 p.35

確認のワーク
ステージ **1**
PROGRAM 10 Grandma Baba's Warming Ideas! ① 読聞書話

教科書の 要 点 「〜でした」 ♪a33

主語がI I **was** a student 30 years ago.　　　　私は30年前，生徒でした。
主語が I → be 動詞は was

主語がyou You **were** a student 30 years ago.　　　　あなたは30年前，生徒でした。
主語が you → be 動詞は were

要点
● 「〜でした」と言うときは，be 動詞(am, is, are)の過去形の was または were を使う。
● was と were は主語によって右のように使い分ける。
　am, is の過去形は was，are の過去形は were になる。

主語	現在形	過去形
I	am	was
三人称・単数	is	was
you か複数	are	were

例　My sister **was** a student two years ago.
　They **were** students two years ago.

プラス　「〜がいました[ありました]」と言うときも be 動詞の過去形を使って表す。
He **was** in the park two hours ago.　　彼は2時間前，公園にいました。

Words チェック 次の英語は日本語に，日本語は英語になおしなさい。
□(1) awesome （　　　　　　　） □(2) program （　　　　　　　）
□(3) 終える _____ □(4) 言う(s で始めて) _____

1 絵を見て例にならい，「…は〜でした」という文を書きなさい。

例　I / hungry　(1) I / sleepy　(2) Ken / tired　(3) they / busy

例　I was hungry this afternoon.
(1) I _____ sleepy this afternoon.
(2) Ken _____ tired yesterday.
(3) They _____ _____ last week.

ここがポイント
be 動詞の過去形
● 主語が I か三人称・単数
　→ was
● 主語が you か複数
　→ were

2 次の文の ＿＿＿ に，適切な be 動詞を書きなさい。
(1) Jenny _____ a student last year.
(2) I _____ at home last Wednesday.
(3) We had a party last night. The party _____ nice.
(4) We _____ classmates two years ago.

まるごと暗記
● am, is の過去形
　→ was
● are の過去形 → were

hungry：おなかがすいて　tired：疲れて　busy：忙しい　interesting：おもしろい

3 次の文を（ ）内の指示にしたがって書きかえなさい。

よく出る (1) Ms. Tanaka's house is near the lake. （過去の文に）

_____

(2) It is hot here today. （下線部を yesterday にかえて）

_____

(3) They are in the gym now. （下線部を an hour ago にかえて）

_____

ここが ポイント

天気や寒暖を表す文
天気・寒暖・時などは，it を主語にして表す。この it には「それは」の意味はない。
It is cold today.
（今日は寒いです。）

よく出る **4** 次の〔 〕内の語句を並べかえて，日本文に合う英文を書きなさい。

(1) 私たちは居間にいました。

〔 were / we / in / living room / the 〕.

_____

(2) このノートは先週100円でした。

〔 notebook / this / 100 yen / was 〕 last week.

_____ last week.

(3) その試合はとてもわくわくするものでした。

〔 was / the game / exciting / very 〕.

_____

ミス注意

「いる[ある]」の意味
(1) be 動詞は「（～に）いる[ある]」の意味も表す。あとに場所を表す語句が来ることが多い。
I was in my room yesterday.
（私は昨日，自分の部屋にいました。）

5 次の日本文に合うように，＿＿＿に適する語を書きなさい。

(1) これらのくつは古いです。私は新しいものがほしいです。

These shoes are old. I want new _____.

(2) 私たちはサッカー部のメンバーです。

_____ members of the soccer team.

(3) どうしたのですか。

_____ the _____ ?

(4) 私の母は今，家にいます。

My mother is _____ now.

表現メモ

● ones
前に出た名詞の代わりに使う one の複数形。
● we're
we are の短縮形。
● What's the matter?
「どうしたのですか。」

WRITING Plus 🖊

あなたが過去に行った場所について，「私は…に行きました。それは～でした。」という英文を書きなさい。ただし，「～」に入る語は下の〔 〕内の語を使ってもよい。

_____

_____

〔 beautiful　big　tall　wonderful　cool 〕

  **PROGRAM 10** Grandma Baba's Warming Ideas! ② 読聞書話

解答 p.36

教科書の 要点 「〜ではありませんでした」「〜でしたか」 🎵 a34

否定文 I **wasn't** busy today. 私は今日は忙しくありませんでした。

be動詞のあとに not wasn't は was not の短縮形

要点 1

●「〜ではありませんでした」という be 動詞の過去の否定文は，be 動詞のあとに not を置く。
was not の短縮形 wasn't，were not の短縮形 weren't もよく使われる。

疑問文 **Were** you busy today? あなたは今日，忙しかったですか。

主語の前に be 動詞 be 動詞を使って答える

答え方 — Yes, I **was**. / No, I **wasn't**. — はい，忙しかったです。/
いいえ，忙しくありませんでした。

要点 2

●「〜でしたか」という be 動詞の過去の疑問文は，主語の前に be 動詞を出す。
●答えるときは，〈Yes, 〜 was[were].〉または〈No, 〜 wasn't[weren't].〉の形。

プラス 疑問詞を使う疑問文は，現在の文と同じように，疑問詞を文頭に置く。
Where were you last night? — At home. あなたは昨夜どこにいましたか。— 家にいました。

Words チェック 次の英語は日本語に，日本語は英語になおしなさい。

□(1) terrible （　　　　　　） □(2) leg （　　　　　　）
□(3) 十分に ＿＿＿＿＿＿ □(4) 飛ぶ ＿＿＿＿＿＿
□(5) 切る ＿＿＿＿＿＿ □(6) 出発する，始める ＿＿＿＿＿＿

1 絵を見て例にならい，「…は〜にいましたか」という文とその答えの文を書きなさい。

you / at school

(1) you / at home　　(2) Mike / in his room　　(3) they / in London

例 Were you at school last Saturday? — Yes, we were.

(1) ＿＿＿＿＿＿ you at home at seven last night?
　 — Yes, I ＿＿＿＿＿＿ .

(2) ＿＿＿＿＿＿ Mike in the park yesterday morning?
　 — No, he ＿＿＿＿＿＿ .

(3) ＿＿＿＿＿＿ they in Sydney last week?
　 — No, ＿＿＿＿＿＿ .

ここが ポイント

be 動詞の過去の疑問文
●疑問文：〈Was[Were] ＋主語 〜?〉
●答え方：〈Yes, 主語＋was[were].〉または〈No, 主語＋wasn't [weren't].〉

 Saturday：土曜日　Sunday：日曜日　London：ロンドン　Sydney：シドニー

よく出る **2** 次の文を（ ）内の指示にしたがって書きかえるとき， に適する語を書きなさい。

(1) Meg was a soccer fan. （疑問文にして Yes で答える文も）

_____ Meg a soccer fan?

— Yes, she _____ .

(2) Those singers were popular. （疑問文にして No で答える文も）

_____ those singers popular?

— No, they _____ .

(3) The movie was interesting. （否定文に）

The movie _____ _____ interesting.

(4) Ben was in the library then. （下線部をたずねる疑問文に）

_____ _____ Ben then?

ここがポイント
be 動詞の過去の否定文
(3)〈主語＋was[were] not[wasn't / weren't] ～.〉の形。

ミス注意
(4)「ベンはどこにいましたか」と場所をたずねる疑問文に。「どこに」は where で，文頭に置く。where のあとは，be 動詞の過去の疑問文の語順が続く。

3 次の〔 〕内の語句を並べかえて，日本文に合う英文を書きなさい。

(1) あなたはこの前の火曜日，博物館にいましたか。

〔 in / were / the museum / you 〕 last Tuesday?

_____ last Tuesday?

(2) この木は5年前には高くありませんでした。

〔 tree / not / this / was / tall 〕 five years ago.

_____ five years ago.

まるごと暗記
過去を表す語句
yesterday「昨日」
last ～「この前の～」
～ ago「（今から）～前に」

よく出る **4** 次の日本文に合うように， に適する語を書きなさい。

(1) ［家に帰って］ ただいま。 _____ .

(2) 私は駅でバスに乗りました。

I _____ _____ the bus at the station.

(3) 私の手にしがみついてください。

_____ _____ to my hand.

(4) 一日どうでしたか。

_____ _____ your day?

表現メモ
●I'm home.「ただいま。」
●get on ～「～に乗る」
●hold on to ～「～にしがみつく」
●How was your day?「一日どうでしたか。」

5 下の表はユミの昨日の行動を表したものです。例にならい，表の内容に合うように(1)(2)の質問に答えるとき， に適する語を書きなさい。

例 Where was Yumi at 11 a.m. yesterday?
— She was in the library.

(1) Where was Yumi at 3 p.m. yesterday?
— She was in the _____ .

(2) Where was Yumi at 5 p.m. yesterday?
— She was in the _____ .

午前9時30分	家を出発
午前10時～11時30分	図書館で読書
午後12時～午後1時	マキと公園で昼食
午後2時～午後4時	マキと映画館で映画鑑賞
午後4時30分～5時30分	スーパーで買い物
午後5時30分	帰宅

解答 p.36

PROGRAM 10 Grandma Baba's Warming Ideas! ③ 読 聞 書 話

教科書の 要点 「～していました」「～していましたか」 ♪a35

肯定文 **I was studying then.** 私はそのとき勉強していました。

[be 動詞（過去形）＋動詞の -ing 形]

要点1

●「～していました」と，過去のあるときに進行中だった動作を表すときは〈be 動詞の過去形（was, were）＋動詞の -ing 形〉の形を使う。これを過去進行形という。

疑問文 **Were you studying then?** あなたはそのとき勉強していましたか。

[主語の前に be 動詞] [be 動詞を使って答える]

答え方 **— Yes, I was. / No, I wasn't.** ― はい，勉強していました。/
いいえ，勉強していませんでした。

要点2

●「～していましたか」という過去進行形の疑問文は，主語の前に be 動詞を出す。
答えるときは，〈Yes, ～ was[were].〉または〈No, ～ wasn't[weren't].〉の形を使う。
●否定文は be 動詞のあとに not を置く。 例 I was not reading a textbook then.
●疑問詞を使う疑問文は，疑問詞を文頭に置く。
例 What were you doing? — I was sleeping.
あなたは何をしていましたか。― 眠っていました。

Words チェック 次の英語は日本語に，日本語は英語になおしなさい。

□(1) finally （ ） □(2) hill （ ）
□(3) 驚いて _____ □(4) 温める，温かい

1 絵を見て例にならい，「…はそのとき～していました」という文を書きなさい。

I / watch
Kate / run
my brother / eat
The girls / play tennis

例 I was watching TV then.

(1) Kate _____ in the park then.

(2) My brother _____ sandwiches then.

(3) The girls _____
then.

ここがポイント

過去進行形の形
●主語が I，三人称・単数
→〈was＋動詞の -ing 形〉
●主語が you か複数
→〈were＋動詞の -ing 形〉

 park：公園 sandwich：サンドイッチ

2 次の文を（ ）内の指示にしたがって書きかえるとき，＿＿＿に適する語を書きなさい。

(1) I cleaned my room. （過去進行形の文に）

I ＿＿＿＿＿＿＿＿＿＿＿＿＿＿ my room.

(2) Ken was doing his homework.（疑問文にして No で答える文も）

＿＿＿＿＿＿＿＿ Ken ＿＿＿＿＿＿＿＿ his homework?

— No, he ＿＿＿＿＿＿＿＿ .

(3) My father was washing his car then. （否定文に）

My father ＿＿＿＿＿＿＿＿ ＿＿＿＿＿＿＿＿ his car then.

(4) Emi was dancing then. （下線部をたずねる疑問文に）

＿＿＿＿＿＿＿＿ ＿＿＿＿＿＿＿＿ Emi ＿＿＿＿＿＿＿＿ then?

ここがポイント

過去進行形の疑問文
● 疑問文：〈Was［Were］
＋主語＋動詞の –ing
形 ～?〉
● 答え方：〈Yes, 主語＋
was［were］.〉/〈No,
主語＋wasn't
［weren't］.〉

ここがポイント

過去進行形の否定文
be 動詞のあとに not を
置く。短縮形の wasn't
［weren't］もよく使う。

3 次の〔 〕内の語句を並べかえて，日本文に合う英文を書きなさい。

(1) トムと私はパーティーを楽しんでいました。

〔 and / were / I / enjoying / Tom 〕 the party.

＿＿＿＿＿＿＿＿＿＿＿＿＿＿＿＿＿＿ the party.

(2) その少女たちはそのときいっしょに勉強していましたか。

〔 studying / the girls / together / were / then 〕?

＿＿＿＿＿＿＿＿＿＿＿＿＿＿＿＿＿＿

ことばメモ

then の意味
●「それでは，それなら」
●「それから，そのうえ」
●「そのとき，そのころ」

4 次の日本文に合うように，＿＿＿に適する語を書きなさい。

(1) このようにして皿を洗ってください。

Wash the dishes ＿＿＿＿＿＿＿＿ ＿＿＿＿＿＿＿＿ .

(2) 私はよくインターネットのサイトをあちこち見て回ります。

I often ＿＿＿＿＿＿＿＿ the ＿＿＿＿＿＿＿＿ .

(3) 彼についていきましょう。

＿＿＿＿＿＿＿＿ ＿＿＿＿＿＿＿＿ him.

(4) その神社は丘の上にあります。

The shrine is ＿＿＿＿＿＿＿＿ ＿＿＿＿＿＿＿＿ of the hill.

表現メモ

● this way
「このようにして」
● surf the internet
「インターネットのサ
イトをあちこち見て回
る」
● on top of ～
「～の上に」

WRITING Plus

次の質問に，あなた自身の答えを英語で書きなさい。

(1) Were you studying an hour ago?

＿＿＿＿＿＿＿＿＿＿＿＿＿＿＿＿＿＿

(2) What were you doing at 9 a.m. today?

＿＿＿＿＿＿＿＿＿＿＿＿＿＿＿＿＿＿

PROGRAM 10

解答 ▶ p.37

Try! READING ▶ PROGRAM 10 Grandma Baba's Warming Ideas! 読 聞 書 話

● 次の英文を読み，あとの問いに答えなさい。

①[a / was / winter day / snowy / it]. Grandma Baba ②（家にいました）.
All her friends were outside.
Then a cat and a dog came into her house.
　Grandma Baba :　③（どうしたのですか）, my
　　　　　　　　　young friends?
　　Cat and Dog :　④We're freezing!

5

Question

(1) 下線部①の〔 〕内の語句を並べかえて，意味の通る英文にしなさい。

_____

(2) 下線部②，③の日本語を英語になおしなさい。

　② _____（3語で）

　③ _____（3語で）

(3) 下線部④の英文を日本語になおしなさい。

　（　　　　　　　　　　　　　　　　　　　　　　　　　）

(4) 本文の内容に合うように，次の質問に英語で答えなさい。

　1.　Where were Grandma Baba's friends *at first?　　　　*at first：最初のうちは

　_____

　2.　Who came into Grandma Baba's house?

　_____

Word Box BIG

1 次の英語は日本語に，日本語は英語になおしなさい。

(1) outside 　　（　　　　　　　）　(2) sleigh 　　（　　　　　　　）

(3) slope 　　　（　　　　　　　）　(4) あなたがた自身を[に] _____

(5) 若い 　　　_____　(6) 着く，到着する 　_____

(7) cut の過去形 _____　(8) break の過去形 _____

2 次の日本文に合うように，　　に適する語を書きなさい。

(1) 私のあとについて来てください。 _____ _____, please.

(2) このテーブルは私たちには十分に大きいです。

　This table is _____ _____ for us.

英語の文のしくみ・冠詞とは

英語の文の語順は日本語の語順とは違うよ。そして，英語には，日本語には
ない冠詞があるんだ。ここでは，この2つについて学習しようね。

1 英語の語順

☆ 基本的な文の形

日本語と英語の語順の大きな違いは，動詞[述語]の位置が異なることです。

英語では，日本語の述語にあたる**動詞が主語のあと**にきます。

> 英語には「～が[を]」などの助詞がないよ。主語の次に動詞がくるよ！

日本語	私は	テニスが	好きです。
	主語	「～が[を]」	述語
英語	I	like	tennis.
	主語	動詞	目的語

☆ 肯定文・疑問文・否定文の語順

① be 動詞：否定文は **not を be 動詞のあと**，疑問文は **be 動詞を主語の前**に置く。

肯定文	She is a teacher.	彼女は先生です。
否定文	She is not a teacher.	彼女は先生ではありません。
疑問文	Is she a teacher?	彼女は先生ですか。

②一般動詞：否定文は **don't[doesn't]を主語のあと**，疑問文は **do[does]を主語の前**に置く。

肯定文	You play soccer.	あなたはサッカーをします。
	Kei plays soccer.	ケイはサッカーをします。
否定文	You don't play soccer.	あなたはサッカーをしません。
	Kei doesn't play soccer.	ケイはサッカーをしません。
疑問文	Do you play soccer?	あなたはサッカーをしますか。
	Does Kei play soccer?	ケイはサッカーをしますか。

> be 動詞，一般動詞の否定文と疑問文の作り方をしっかりとおさえようね。

2 冠詞

冠詞とは，名詞[人や物の名前などを表す語]の前に置く **a, an, the** のことをいう。

☆ a, an

数えられる**1つ[1人]の名詞の前**に置く。**母音で始まる名詞の前には an** を置く。

a book(1冊の本)， a student(1人の生徒)，

an orange(1個のオレンジ)， an egg(1個の卵)

☆ the

「その」の意味で，①前に出てきた**名詞を2度目に使うとき**，②その名詞が**何をさすのか
わかっているとき**に使う。そして，③ the sun(太陽)のように**1つしかないもの**などの前に
置く。

また，「楽器を演奏する」などの場合も the をつける。　I play the piano.

文法 のまとめ⑩

英語のしくみ be 動詞の過去形 / 過去進行形

解答 p.37

読聞書話

まとめ

① be 動詞の過去形

●「〜だった」「(〜に)あった[いた]」と言うときには, be 動詞の過去形を使う。be 動詞の過去形は, 主語によって, **was** と **were** を使い分ける。

▼ be 動詞の使い分け

主語	現在形	過去形
I	am	was
三人称・単数	is	was
you か複数	are	were

肯定文　Taku **was** in Kyoto last Sunday.

You **were** busy yesterday.

疑問文　**Was** Taku in Kyoto last Sunday?

be 動詞を主語の前に

— Yes, he **was**. / No, he **wasn't**.

was not の短縮形

Were you busy yesterday?

— Yes, I **was**. / No, I **wasn't**.

答えの文でも be 動詞を使う

否定文　Taku **was** **not** in Kyoto last Sunday.

be 動詞のあとに not

短縮形は wasn't

You **were** **not** busy yesterday.

短縮形は weren't

※疑問詞の疑問文は疑問詞を文頭に置く。**Where** were you this morning? — At home.

② 過去進行形

●「〜していた」と, 過去のあるときに進行中だった動作を表すときは, 〈be 動詞の過去形＋動詞の -ing 形〉(過去進行形)を使う。

肯定文　She **was** cleaning her room then.

be 動詞は過去形

疑問文　**Was** she cleaning her room then?

be 動詞を主語の前に

— Yes, she **was**. / No, she **wasn't**.

答えの文でも be 動詞を使う

否定文　She **wasn't** cleaning her room then.

be 動詞のあとに not

※疑問詞の疑問文は疑問詞を文頭に置く。**What** were you doing then? — I was running.

練習

1 次の文の( )内から適する語句を選び, 記号を〇で囲みなさい。

(1) I (ア am　イ was　ウ were) tired last night.

(2) Maki (ア is　イ was　ウ were) in the gym two hours ago.

(3) We (ア are　イ was　ウ were) classmates last year.

(4) Bill (ア is studying　イ studies　ウ was studying) then.

(5) My aunt (ア is　イ was　ウ were) playing the piano then.

2 次の文の＿＿＿に, 適切な be 動詞を書きなさい。

(1) John ＿＿＿＿＿＿ in Fukuoka last week.

(2) Tom and I ＿＿＿＿＿＿ practicing tennis then.

(3) ＿＿＿＿＿＿ you hungry then?

(4) My grandmother ＿＿＿＿＿＿ not cooking then.

(5) This singer ＿＿＿＿＿＿ not famous ten years ago.

3 次の対話が成り立つように，＿＿＿＿に適する語を書きなさい。

(1) A : Was your grandfather a bus driver?

　　 B : No, ＿＿＿＿＿＿＿＿ ＿＿＿＿＿＿＿＿ .

(2) A : ＿＿＿＿＿＿＿＿ you in the park last Sunday?

　　 B : Yes, I ＿＿＿＿＿＿＿＿ .

(3) A : ＿＿＿＿＿＿＿＿ ＿＿＿＿＿＿＿＿ you yesterday?

　　 B : I was at home all day.

> (3)「どこにいたか」をたずねる疑問文とその応答だよ。

4 次の文を（ ）内の指示にしたがって書きかえなさい。

(1) I am 12 years old now. （下線部を last year にかえて）

(2) The girls were members of the basketball team. （否定文に）

(3) Ms. Ito was reading a book then. （疑問文にして，Yes と No で答える文も）

　　 — Yes, ＿＿＿＿＿＿＿＿ .

　　 — No, ＿＿＿＿＿＿＿＿ .

(4) John was listening to music then. （下線部をたずねる疑問文に）

5 次の〔 〕内の語を並べかえて，日本文に合う英文を書きなさい。

(1) その絵はとても美しかったです。

　　〔 was / the / very / picture / beautiful 〕.

(2) あなたはそのとき，彼と話していましたか。

　　〔 him / talking / were / with / you 〕 at that time?

　　　　　　　　　　　　　　　　　　　　　　　 at that time?

UP (3) 私の妹はそのとき，朝食を食べていませんでした。

　　〔 not / my / was / breakfast / having / sister 〕 then.

　　　　　　　　　　　　　　　　　　　　　　　 then.

6 次の日本文を英語になおしなさい。

(1) 私のイヌは5年前は大きくありませんでした。

(2) その映画はおもしろかったですか。

UP (3) あなたは昨夜，テレビで何を見ていましたか。

解答　p.37

 **Steps 7** 英語でやりとりしよう ③ 〜
Power-Up 6 絵はがきを書こう

読聞書話

教科書の **要点** たずね方と答え方

 a36

今していること 現在進行形を使う。

Are you studying English? — Yes, I am. / No, I'm not.

あなたは英語を勉強していますか。— はい，しています。/ いいえ，していません。

過去にしたこと 一般動詞の過去の文を使う。

Did you clean the room yesterday? — Yes, I did. / No, I didn't.

あなたは昨日部屋を掃除しましたか。— はい，しました。/ いいえ，しませんでした。

What time did Yuki get up this morning? — She got up at seven.

ユキは今朝何時に起きましたか。— 彼女は7時に起きました。

過去の状態 be 動詞の過去の文を使う。

Were you at home last Sunday? — Yes, I was. / No, I wasn't.

あなたはこの前の日曜日に家にいましたか。— はい，いました。/ いいえ，いませんでした。

過去のある時点で進行中のこと 過去進行形を使う。

Were you watching TV then? — Yes, I was. / No, I wasn't.

あなたはそのときテレビを見ていましたか。

— はい，見ていました。/ いいえ，見ていませんでした。

What was Taku doing at that time? — He was running in the park.

タクはそのとき何をしていましたか。— 彼は公園を走っていました。

Words チェック　次の英語は日本語に，日本語は英語になおしなさい。

□(1) powerful 　　（　　　　　　） □(2) creative 　　（　　　　　　）

□(3) lastly 　　（　　　　　　） □(4) 運動する 　　_____

□(5) 趣味 　　_____ □(6) さようなら, じゃあね 　　_____

1 次の対話が成り立つように，_____に適する語を書きなさい。

(1) _____ you study math last night?

— Yes I _____ .

(2) _____ you reading a book now, Jenny?

— No, _____ not.　I'm studying.

(3) _____ you in Hokkaido last week?

— Yes, we _____ .　We skied there.

(4) _____ _____ Emi doing then?

— She _____ practicing volleyball.

(5) _____ _____ you go last Sunday?

— I _____ to the museum with my aunt.

ミス注意

疑問詞の疑問文

(4)(5) Yes, No で答えて
いない場合，答えの文の
中心は何かを考える。(4)
は「何をしていたか」，
(5)「どこへ行ったか」か
ら疑問文を考える。

🐛 museum は真ん中の -se- の部分を強く読む。

2 次の英文はジェニーがユミに送った絵はがきの本文である。①〜⑤の（　）に入る適切な語や文をア〜オから選び，記号で答えなさい。

> （　①　）Yumi,
> （　②　）　It's famous for the Opera House.　I visited it yesterday.　It was wonderful!　You can see it on the front of this card.　（　③　）
> I went shopping after lunch.　（　④　）　It's a secret.
>
> 　　　　　　　　　　　　　　　　　　　　　　　（　⑤　）
> 　　　　　　　　　　　　　　　　　　　　　　　Jenny

> **表現メモ**
>
> **はがき・手紙の表現**
> ●はじめのあいさつ
> 　Dear 〜，「〜様」
> ●おわりのあいさつ
> [一般的な表現]
> 　Sincerely (yours),
> [親しい人に使う表現]
> 　Your friend,
> 　Love,
> 　Best wishes,
> 　Bye for now,
> 　Cheers,

ア　Love,　　　　　　イ　I'm in Sydney now.
ウ　Dear　　　　　　エ　I bought your favorite thing for you.
オ　I also enjoyed lunch at the restaurant there.

①（　　　）　②（　　　）　③（　　　）　④（　　　）　⑤（　　　）

3 次の日本文に合うように，英語の対話文を完成させなさい。

(1) あなたは昨日テレビを見ましたか。― いいえ，見ませんでした。

　_____ yesterday?

　― No, _____ .

(2) 彼は 2 日前どこにいましたか。― 韓国にいました。

　_____ two days ago?

　― _____ in Korea.

(3) 彼女は何を食べていましたか。― すしを食べていました。

　_____ ?

　― She _____ *sushi*.

> **ここがポイント**
>
> (2)過去の状態は be 動詞の過去の文で表す。
> **Where was [were] 〜?**
> (〜はどこにいました [ありました]か)
> (3)過去に進行中の動作は過去進行形で表す。
> 〈**What was [were] ＋主語＋〜ing?**〉(…は何を〜していましたか)

4 次の日本文に合うように，_____ に適する語を書きなさい。

(1) 私は英語が好きです。理由は 2 つあります。

　I like English.　I _____ two _____ .

(2) 私たちは将棋部です。

　We _____ _____ the *shogi* club.

> **ことばメモ**
>
> ●be in the 〜 club
> ●be on the 〜 team
> 　「〜部に入っています」
> ※ club のときは in,
> 　team のときは on を使うことが多い。

WRITING Plus ✎

次のようなとき，英語でどう言うか英語で書きなさい。

(1) 相手の休暇(your vacation)はどうだったかと感想をたずねるとき。

_____

(2) 相手に，今朝 6 時に起きた理由をたずねるとき。

_____

解答 p.38

定着のワーク　ステージ 2　PROGRAM 10 〜 Power-Up 6

1 LISTENING 英文を聞いて，内容に合う絵を 1 つ選び，記号で答えなさい。♪ 120

（　　　）

2 次の日本文に合うように，＿＿＿に適する語を書きなさい。

(1) 私のおばは 6 年前，看護師でした。

My aunt ＿＿＿＿＿＿＿ a nurse six years ＿＿＿＿＿＿＿.

(2) 彼らは木の下にすわっていました。

They ＿＿＿＿＿＿＿ ＿＿＿＿＿＿＿ under the tree.

(3) あなたは何時に昼食を食べましたか。

＿＿＿＿＿＿＿ ＿＿＿＿＿＿＿ ＿＿＿＿＿＿＿ you eat lunch?

(4) 彼女はそのときは学生ではありませんでした。

She ＿＿＿＿＿＿＿ a student at that ＿＿＿＿＿＿＿.

3 次の対話が成り立つように，＿＿＿に適する語を書きなさい。

(1) A : ＿＿＿＿＿＿＿ you tired then, Ben?

B : Yes, I ＿＿＿＿＿＿＿.

(2) A : ＿＿＿＿＿＿＿ your father washing his car then?

B : No, he ＿＿＿＿＿＿＿. He was watching TV.

(3) A : Where ＿＿＿＿＿＿＿ you last night?

B : We ＿＿＿＿＿＿＿ at the restaurant.

4 次の文を（　）内の指示にしたがって書きかえなさい。

(1) I'm at the bookstore. （文末に two hours ago を加えて）

＿＿＿＿＿＿＿＿＿＿＿＿＿＿＿＿＿＿＿＿＿＿＿＿

(2) They are swimming. （「〜していました」の意味の文に）

＿＿＿＿＿＿＿＿＿＿＿＿＿＿＿＿＿＿＿＿＿＿＿＿

(3) Meg and I were twelve years old last year. （否定文に）

＿＿＿＿＿＿＿＿＿＿＿＿＿＿＿＿＿＿＿＿＿＿＿＿

(4) Bill was surfing the internet then. （下線部を問う疑問文に）

＿＿＿＿＿＿＿＿＿＿＿＿＿＿＿＿＿＿＿＿＿＿＿＿

重要ポイント

1 絵の人物がいた場所と何をしていたかを正しく聞き取る。

2

得点力を UP

ago の使い方
「(今から)〜前に」の意味で過去の文で使う。
〜 hour(s) ago
〜 day(s) ago
〜 year(s) ago

3 (3) 「どこにいたか」と場所をたずねる疑問文。

テストに◎出る!

●be 動詞の過去の疑問文
〈Was[were]＋主語 〜?〉
●過去進行形の疑問文
〈Was[were]＋主語＋動詞の -ing 形 〜?〉
どちらも答えの文では be 動詞を使う。

4

得点力を UP

疑問詞の疑問文
(4) 「〜していた」の部分を問うので，what を使って「何をしていたか」をたずねる疑問文にする。

5 次の英文を読んで，あとの問いに答えなさい。

All the animals pulled the sleigh up the hill. Finally they reached Grandma
Baba's house. Everyone was ①(steam).

   All the animals : Gosh, we're hot now!

   Grandma Baba : ②[warm / can / you / yourselves]
                ③this way.

   Raccoon dog : Hey, everyone, where is Grandma Baba?

   All the animals : Where? Where?

   Raccoon dog : Follow me.

Grandma Baba was sleeping in her closet on top of warm
and fluffy quilts.

(1)　①の（　）内の語を適する形にしなさい。

(2)　下線部②の〔　〕内の語を並べかえて，意味の通る英文にしなさい。

(3)　下線部③を日本語になおしなさい。
　　（　　　　　　　　　　　　　　　　　　　　　　　　　　）

(4)　英文の内容に合うように，次の質問に英語で答えなさい。
　　What was Grandma Baba doing in her closet?

6 次の〔　〕内の語を並べかえて，日本文に合う英文を書きなさい。
ただし，下線部の語は適する形になおすこと。

(1)　私たちはそのとき宿題をしていました。
　　〔 <u>do</u> / we / homework / were / our 〕 then.
　　　　　　　　　　　　　　　　　　　　　　　　　then.

レベルUP (2)　だれが公園で走っていましたか。
　　〔 was / who / in / <u>run</u> / park / the 〕?

7 次の日本文を英語になおしなさい。

(1)　彼女は昨日の5時に学校にいました。

(2)　あなたはどこでバスに乗りましたか。

レベルUP (3)　フランス(France)への旅行はどうでしたか。

ちょっと BREAK　　Follow me. は「あとについて来て。」の意味。では follower は？　　→答えは次のページ

重要ポイント

5 (1)前に be 動詞がある
ことに注目。

(2)この warm は動詞で「温
める」。yourselves は「あ
なたがた自身を」。

(4)「～は何をしていました
か」という質問。本文の
最後の文を参照。

6

得点力をUP

「～していました」の文
(1)過去進行形の文〈主
語＋was〔were〕＋動詞
の -ing 形 ～.〉で表す。
(2)「だれが～していま
したか」は疑問詞
who を文頭に置き，
あとに〈was〔were〕＋
動詞の -ing 形 ～.〉を
続ける。

7 (1)「(～に)いました」
は be 動詞の過去形で表す。

(2)「どこで」は疑問詞
where を使う。あとに一
般動詞の過去の疑問文の
形を続ける。

(3)「どうでしたか」は疑問
詞 how を使う。

解答　p.39

実力判定テスト　ステージ3　PROGRAM 10 〜 Power-Up 6　30分　/100　読 聞 書 話

1 LISTENING　対話と質問を聞いて，その答えとして適するものを1つずつ選び，記号で答えなさい。

♪ 121　2点×3(6点)

(1)　ア　Yes, he was.　　　　イ　No, he wasn't.

　　ウ　He was at his uncle's house.　エ　He was at home in the afternoon.　(　　)

(2)　ア　She was reading a book.　イ　She was with Kenta yesterday.

　　ウ　Yes, she was.　　　　エ　Yes, she did.　(　　)

(3)　ア　She was at home.　　イ　She was watching a movie.

　　ウ　She was busy.　　　　エ　She was practicing the piano.　(　　)

2 次の日本文に合うように，＿＿に適する語を書きなさい。　4点×2(8点)

(1)　昨日おばが家に来て，写真をとりました。

　　My aunt ＿＿＿＿＿＿＿ to my house and ＿＿＿＿＿＿＿ pictures yesterday.

(2)　ここ横浜では昨日はくもりでした。

　　＿＿＿＿＿＿＿ ＿＿＿＿＿＿＿ cloudy here in Yokohama yesterday.

3 次の対話が成り立つように，＿＿に適する語を書きなさい。　2点×4(8点)

(1)　＿＿＿＿＿＿＿ you with Emi yesterday, John? — Yes, I ＿＿＿＿＿＿＿.

(2)　＿＿＿＿＿＿＿ she talking with Ken then? — No, she ＿＿＿＿＿＿＿.

(3)　＿＿＿＿＿＿＿ was today's game? — It ＿＿＿＿＿＿＿ great.

(4)　Why ＿＿＿＿＿＿＿ you surprised? — ＿＿＿＿＿＿＿ I saw a famous singer.

4 次の〔　〕内の語句を並べかえて，日本文に合う英文を書きなさい。　5点×2(10点)

(1)　その手紙は私のかばんにはありませんでした。　〔 wasn't / my / the letter / bag / in 〕.

(2)　これらのコンピュータは10年前は人気がありました。

　　〔 were / ten / computers / these / popular / ago / years 〕.

5 次の文を（　）内の指示にしたがって書きかえなさい。　4点×3(12点)

(1)　Aya and I are in 1-C.　（文末に last year を加えて）

(2)　Your brother was at the theater last night.　（疑問文にして Yes で答える文も）

　　　　　　　　　　　　　— Yes, ＿＿＿＿＿＿＿.

(3)　They were playing baseball in the stadium.　（下線部をたずねる疑問文に）

ちょっとBREAKの答え　follower は「支持者」のことで，スポーツチームなどの「ファン」のこともさすよ。

●「~だった」「~にいた」という過去の状態や、「~していた」という動作について言ったりたずねたりできるようにしよう。

自分の得点まで色をぬろう！

| ⓐがんばろう | ⓑもう一歩 | ⓒ合格！ |
0　　　　　　　　　　60　　80　　100点

6 次の英文を読んで，あとの問いに答えなさい。 (計26点)

Bang! The bed broke with a terrible sound. It wasn't strong enough.

    All the animals : Oh, no!　Was that a bad idea?

    Grandma Baba : No, ①(   ) (   ).　Mmm, watch this.

She cut the legs off the bed.

    Grandma Baba : Well, well!　②[at / bed / look / the / now]!

    All the animals : Wow, it's a sleigh!

Everyone ③(get) on the sleigh.

    Grandma Baba : Now, let's go down.

                  Everyone, hold on to the sleigh.

(1) 英文の流れに合うように，下線部①の( )に適する語を書きなさい。 (5点)

No, _____ _____.

(2) 下線部②の[ ]内の語を並べかえて，意味の通る文にしなさい。 (5点)

_____!

(3) ③の( )内の語を適する形にしなさい。 _____ (4点)

(4) 英文の内容に合うように，次の質問に英語で答えなさい。 (6点)

Why did the bed break?

_____

(5) 英文の内容に合うように，_____に適する語を書きなさい。 (6点)

Grandma Baba cut the legs off the bed and _____ a _____.

7 次のようなとき，英語でどう言うか書きなさい。 6点×3(18点)

(1) 相手に，大好きな(favorite)科目は何だったかたずねるとき。 （過去の文で）

_____

(2) 相手に，昨日はなぜ忙しかったのかたずねるとき。

_____

(3) 具合が悪そうな相手に，どうしたんですかとたずねるとき。

_____

8 次の質問に，あなた自身の答えを英語で書きなさい。 6点×2(12点)

(1) Where were you at seven o'clock last night?

_____

(2) What were you doing at seven o'clock this morning?

_____

数の表し方

⭐英語での数の表し方を覚えよう。

⭐数には，「1（つ），2（つ）…」とふつうの数を表す基数，「1番目（の），2番目（の）…」と順序を表す序数，の2種類がある。日付には序数を使う。

⭐20以上の十の位と 0以外の一の位の組み合わせで表す数字は，ハイフン（－）を入れる。

基　数		序　数	
1	one	1番目	first
2	two	2番目	second
3	three	3番目	third
4	four	4番目	fourth
5	five	5番目	fifth
6	six	6番目	sixth
7	seven	7番目	seventh
8	eight	8番目	eighth
9	nine	9番目	ninth
10	ten	10番目	tenth
11	eleven	11番目	eleventh
12	twelve	12番目	twelfth
13	thirteen	13番目	thirteenth
14	fourteen	14番目	fourteenth
15	fifteen	15番目	fifteenth
16	sixteen	16番目	sixteenth
17	seventeen	17番目	seventeenth
18	eighteen	18番目	eighteenth
19	nineteen	19番目	nineteenth
20	twenty	20番目	twentieth
21	twenty-one	21番目	twenty-first
30	thirty	30番目	thirtieth
40	forty	40番目	fortieth
50	fifty	50番目	fiftieth
60	sixty	60番目	sixtieth
70	seventy	70番目	seventieth
80	eighty	80番目	eightieth
90	ninety	90番目	ninetieth
100	one hundred	100番目	one hundredth
1000	one thousand	1000番目	one thousandth

3ケタの数の表し方

◆百の位は hundred を使って表す。

200　two hundred
300　three hundred

> sをつけない

350　three hundred (and) fifty

> and はなくてもよい

4ケタの数の表し方

◆千の位は thousand を使って表す。

2000　two thousand
3000　three thousand

> sをつけない

3500　three thousand five hundred
4675　four thousand six hundred (and) seventy-five

大きな数の表し方

10,000　ten thousand
100,000　one hundred thousand
1,000,000　one *million
10,000,000　ten million
100,000,000　one hundred million
　*million は「100万」という意味。

電話番号の読み方

◆数字を1つずつ読む。「-」の位置で少し間を開ける。
03-1234-5678　*zero three, one two three four, five six seven eight　*0は oh [óu] とも読む。

アプリで学習！
Challenge! SPEAKING

- ● この章は，付録のスマートフォンアプリ『文理のはつおん上達アプリ　おん達 Plus』を使用して学習します。
- ● 右の QR コードより特設サイトにアクセスし，アプリをダウンロードしてください。
- ● アプリをダウンロードしたら，アクセスコードを入力してご利用ください。

おん達 Plus
特設サイト

アプリアイコン

> **アプリ用アクセスコード** ▶ A064323
> ※アクセスコード入力時から15か月間ご利用になれます。

アプリの特長

- ● アプリでお手本を聞いて，自分の英語をふきこむと，AI が採点します。
- ● 点数は「流暢度」「発音」「完成度」の３つと，総合得点が出ます。
- ● 会話の役ごとに練習ができます。
- ● 付録「ポケットスタディ」の発音練習もできます。

アプリの使い方

① ホーム画面の「かいわ」を選びます。
② 学習したいタイトルをタップします。

 ┤ トレーニング ├

① 🔊 をタップしてお手本の音声を聞きます。
② 🎤 をおして英語をふきこみます。
③ 点数を確認します。
- ・点数が高くなるように何度もくりかえし練習しましょう。
- ・ 🔁 をタップするとふきこんだ音声を聞くことができます。

 ┤ チャレンジ ├

① カウントダウンのあと，会話が始まります。
② 🎤 が光ったら英語をふきこみます。
③ ふきこんだら 🎤 をタップします。
④ "Role Change!" と出たら役をかわります。

(利用規約・お問い合わせ) https://www.kyokashowork.jp/ontatsuplus/terms_contact.html

Challenge! SPEAKING❶

自分や相手のこと

アプリで学習

 ●付録アプリを使って，発音の練習をしましょう。

読 聞 書 話

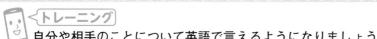

トレーニング　　　　　　　　　　　　　　　　　　　　　♪ s01

自分や相手のことについて英語で言えるようになりましょう。

☐ When is your birthday?	あなたの誕生日はいつですか。
☐ My birthday is October 1st. └ April 22nd / July 3rd / 　 December 12th	私の誕生日は10月1日です。
☐ What is your favorite subject?	あなたのいちばん好きな教科は何ですか。 favorite：いちばん好きな
☐ My favorite subject is science. └ English / history / P.E.	私のいちばん好きな教科は理科です。
☐ Really?　Me, too.	本当？　私もです。
☐ What are you interested in?	あなたは何に興味がありますか。
☐ I'm interested in space. └ movies / music / baseball	私は宇宙に興味があります。 be interested in ～：～に興味がある
☐ Great!	すごい！

チャレンジ　　　　　　　　　　　　　　　　　　　　　♪ s02

自分や相手のことについての英語を会話で身につけましょう。□に言葉を入れて言いましょう。

A : When is your birthday?
B : My birthday is ☐ .
A : What is your favorite subject?
B : My favorite subject is ☐ .
A : Really?　Me, too.
　　What are you interested in?
B : I'm interested in ☐ .
A : Great!

 **Challenge! SPEAKING❷**

将来なりたいもの

アプリで学習

 ●付録アプリを使って，発音の練習をしましょう。 読 聞 書 話

📱 トレーニング ♪ s03

将来なりたいものについて英語で言えるようになりましょう。

☐ What do you want to be in the future?	あなたが将来なりたいものは何ですか。 want to be ～：～になりたい in the future：将来
☐ I want to be an astronaut. 　　　　　a music teacher / 　　　　　a cook / a firefighter	私は宇宙飛行士になりたいです。 firefighter：消防士
☐ Why?	なぜですか？
☐ I want to see the earth from space. 　　　　like music and children / 　　　　like cooking / want to help people	私は宇宙から地球を見たいです。 like ～ing：～するのが好きだ
☐ Oh, I see.	ああ，わかりました。
☐ So, I study math hard. 　　　　practice the piano / 　　　　cook lunch on Sundays / 　　　　run in the park every day	だから，私は数学を一生懸命に勉強します。 practice：練習する
☐ That's good.	それはいいですね。

📱 チャレンジ ♪ s04

将来なりたいものについての英語を会話で身につけましょう。☐に言葉を入れて言いましょう。

A : **What do you want to be in the future?**
B : **I want to be** ☐ **.**
A : **Why?**
B : **I** ☐ **.**
A : **Oh, I see.**
B : **So, I** ☐ **.**
A : **That's good.**

●付録アプリを使って，発音の練習をしましょう。

読書 聞話

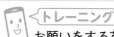

🎵 s05

トレーニング

お願いをする英語を言えるようになりましょう。

☐ I'm thirsty.
　　　hungry / tired / busy

私はのどがかわいています。

☐ Can I drink this juice?
　　　eat this cookie / take a rest /
　　　　use your desk

このジュースを飲んでもいいですか。
take a rest：ひと休みする

☐ Sure.

もちろん。

☐ I want to go shopping.
　　　clean the kitchen / drink something
　　　　　use the computer

私は買い物に行きたいです。
kitchen：台所

☐ Can you come with me?
　　　help me / make tea /
　　　　bring it to me

いっしょに来てくれませんか。
bring：持ってくる

☐ All right.

いいですよ。

☐ Thanks.

ありがとう。

チャレンジ

🎵 s06

お願いをする英語を会話で身につけましょう。☐に言葉を入れて言いましょう。

A：I'm ☐.
　　Can I ☐?
B：Sure.
A：I want to ☐.
　　Can you ☐?
B：All right.
A：Thanks.

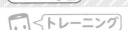

Challenge! SPEAKING❹
レストランで注文

●付録アプリを使って，発音の練習をしましょう。

読 聞
書 話

🎵 s07

😊〈トレーニング〉
レストランでの注文を英語で言えるようになりましょう。

☐ What would you like?　　　　　　　　何になさいますか。

☐ I'd like pizza.　　　　　　　　ピザをお願いします。
　　　　└ a hamburger /　　　　　　I'd：I would の短縮形
　　　　　a sandwich / cake　　　　　would like：want のていねいな言い方

☐ What do you recommend?　　　　　何がおすすめですか。
　　　　　　　　　　　　　　　　　　recommend：すすめる

☐ I recommend the Napoli Pizza.　　　ナポリピザをおすすめします。
　　　　　　　└ the cheeseburger /
　　　　　　　　the egg sandwich /
　　　　　　　　the chocolate cake

☐ I'll have that.　　　　　　　　　それをいただきます。

☐ Would you like some dessert?　　　デザートはいかがですか。
　　　　　　　　└ something to drink　something to drink：何か飲み物

☐ No, thank you.　　　　　　　　いいえ，けっこうです。

🎵 s08

😊〈チャレンジ〉
レストランでの注文の英語を会話で身につけましょう。□に言葉を入れて言いましょう。

A : **What would you like?**
B : **I'd like [　　　].**
　　What do you recommend?
A : **I recommend [　　　].**
B : **I'll have that.**
A : **Would you like [　　　]?**
B : **No, thank you.**

 **Challenge! SPEAKING⑤**

持ち主をたずねる

 アプリで学習

 付録アプリを使って，発音の練習をしましょう。

 読聞書話

📱 ⟨トレーニング⟩　🎵 s09

持ち主をたずねる英語を言えるようになりましょう。

☐ Whose <u>notebook</u> is that?
　　└ racket / pen / bike

あれはだれのノートですか。

☐ Is it yours?

それはあなたのものですか。

☐ No, it's not mine.　It's <u>Lisa's</u>.
　　　　　　└ Ken's / Kate's / Bob's

いいえ，それは私のものではありません。それはリサのものです。

☐ Which <u>bag</u> is yours, the <u>black</u> one or
　　　　　└ towel / T-shirt / cap　　└ blue / green / pink
the <u>red</u> one?
　　└ orange / white / yellow

どちらのかばんがあなたのものですか，黒いほうですか，赤いほうですか。

☐ The <u>red</u> one is.
　　└ orange / white / pink

赤いほうです。

☐ Whose <u>bag</u> is the other one?
　　└ towel / T-shirt / cap

もう一つはだれのかばんですか。

☐ Maybe it's <u>Jack's</u>.
　　└ Emi's / Beth's / Yuto's

それはたぶんジャックのものです。
maybe：たぶん

📱 ⟨チャレンジ⟩　🎵 s10

持ち主をたずねる英語を会話で身につけましょう。☐に言葉を入れて言いましょう。

A : Whose ☐ is that?
　　Is it yours?
B : No, it's not mine.　It's ☐ .
A : Which ☐ is yours, the ☐
　　one or the ☐ one?
B : The ☐ one is.
A : Whose ☐ is the other one?
B : Maybe it's ☐ .

Challenge! SPEAKING❻

道案内

 ●付録アプリを使って，発音の練習をしましょう。 読 聞 書 話

アプリで学習

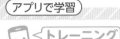 トレーニング　🎵s11

道案内で使う英語を言えるようになりましょう。

| ☐ Excuse me. | すみません。 |

☐ How can I get to the library?　　どうすれば図書館まで行けますか。
　└ the station / the zoo / the post office

☐ Go along this street.　　この通りに沿って行ってください。
　└ down this street / straight for two blocks / straight along this street
along：〜に沿って
straight：まっすぐに
block：区画

☐ Turn left at the second traffic light.　　2つ目の信号機で左に曲がってください。
　└ right　└ the third corner / the flower shop / the bookstore
corner：角

☐ You can see it on your right.　　それはあなたの右手に見えます。
　└ your left

☐ Thank you very much.　　どうもありがとうございます。

☐ Have a good time.　　楽しい時間をお過ごしください。

チャレンジ　🎵s12

道案内で使う英語を会話で身につけましょう。 □ に言葉を入れて言いましょう。

A : **Excuse me.**
　How can I get to ☐ **?**
B : **Go** ☐ **.**
　Turn ☐ **at** ☐ **.**
　You can see it on ☐ **.**
A : **Thank you very much.**
B : **Have a good time.**

Challenge! SPEAKING❼

体調をたずねる・言う

アプリで学習

📱 トレーニング　🎵 s13

自分や相手のことについて英語で言えるようになりましょう。

☐ What's wrong?	どうかしたのですか。

☐ I have a headache.
    a fever / a stomachache /
    a toothache
	私は頭痛がします。
	fever：熱　　stomachache：腹痛
	toothache：歯痛

☐ Oh, that's too bad.	ああ，それはいけませんね。
☐ Did you take any medicine?	薬は飲みましたか。
☐ No.　I feel terrible.	いいえ。ひどいのです。

☐ Go home.
    to the doctor / to the nurse's office /
    to the dentist
	家に帰りなさい。
	nurse's office：保健室
	dentist：歯科医

☐ Take care.	お大事に。
☐ Thank you.	ありがとう。

📱 チャレンジ　🎵 s14

自分や相手のことについての英語を会話で身につけましょう。☐に言葉を入れて言いましょう。

A : **What's wrong?**

B : **I have** ☐ **.**

A : **Oh, that's too bad.**
　　Did you take any medicine?

B : **No.　I feel terrible.**

A : **Go** ☐ **.**
　　Take care.

B : **Thank you.**

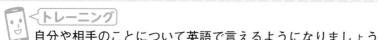

定期テスト対策

得点アップ！ 予想問題

1 この「予想問題」で実力を確かめよう！

時間もはかろう

2 「解答と解説」で答え合わせをしよう！

3 わからなかった問題は戻って復習しよう！

この本での学習ページ

スキマ時間でポイントを確認！
別冊「スピードチェック」も使おう

●予想問題の構成

回数	教科書ページ	教科書の内容	この本での学習ページ
第1回	7〜20	Get Ready / PROGRAM 0	6〜11
第2回	21〜28	PROGRAM 1 / Word Web 1	12〜21
第3回	29〜38	PROGRAM 2 〜 アクションコーナー	22〜33
第4回	39〜52	PROGRAM 3 / Our Project 1 / Power-Up 1　　など	34〜45
第5回	53〜60	PROGRAM 4 / Power-Up 2	46〜55
第6回	61〜68	PROGRAM 5 / Word Web 3	56〜65
第7回	69〜78	PROGRAM 6 〜 Word Web 4	66〜77
第8回	79〜94	PROGRAM 7 / Our Project 2 / Power-Up 5　　など	78〜89
第9回	95〜102	PROGRAM 8 / Steps 5	90〜99
第10回	103〜112	PROGRAM 9 / Steps 6	100〜111
第11回	113〜130	PROGRAM 10 / Our Project 3 / Power-up 6　　など	112〜127

英語1年　開隆堂版

解答 ▶ p.40

第**1**回 予想問題 Get Ready / PROGRAM 0

30分 /100

🎧 **1 LISTENING** 対話を聞いて，その内容に合う絵を 1 つずつ選び，記号で答えなさい。

t01 4点×2(8点)

(1)		(2)	

2 次の文字をアルファベット順に並べかえて書きなさい。　　　3点×2(6点)

(1)　NLKMJ　　　　　　　　　　(2)　zvwyx

(1)		(2)	

3 次の大文字で書かれた単語を小文字に，小文字で書かれた単語を大文字に書きかえなさい。

(1)　ROOF　　　　　　　　　　(2)　DESK　　　　4点×4(16点)

(3)　piano　　　　　　　　　　(4)　jacket

(1)		(2)	
(3)		(4)	

4 次のア，イの単語の下線部の発音が同じなら〇を，異なるなら×を書きなさい。

3点×5(15点)

(1)　ア　t<u>a</u>ble　　　　　　イ　c<u>a</u>ke
(2)　ア　r<u>u</u>ler　　　　　　イ　J<u>u</u>ne
(3)　ア　h<u>i</u>king　　　　　　イ　s<u>i</u>ster
(4)　ア　cl<u>o</u>ck　　　　　　イ　j<u>u</u>ice
(5)　ア　g<u>ir</u>l　　　　　　　イ　g<u>y</u>m

(1)		(2)		(3)		(4)		(5)	

5 次のアとイの単語の＿には同じ文字が入る。その文字を書きなさい。　3点×4(12点)

(1)　ア　b ＿ s　（バス）　　　　　　　　イ　c ＿ te　（かわいい）

(2)　ア　b ＿ t　（バット）　　　　　　　イ　＿ pron　（エプロン）

(3)　ア　＿ ＿ irty　（30(の)）　　　　　イ　fa ＿ ＿ er　（おとうさん，父）

(4)　ア　t ＿ ＿ m　（チーム）　　　　　　イ　br ＿ ＿ kfast　（朝食）

(1)	(2)	(3)	(4)

6 次のア〜シの単語を，意味の上から下の(1)〜(3)のグループに分け，記号で答えなさい。

4点×3(12点)

ア　doctor　　　　イ　hospital　　ウ　park　　　エ　science

オ　Japanese　　カ　math　　　　キ　zoo　　　　ク　dentist

ケ　station　　　コ　florist　　　サ　music　　シ　vet

(1)教科		(2)職業	
(3)施設			

7 次のようなとき，英語でどう言うか。ア〜エから選び，記号で答えなさい。　4点×4(16点)

(1)　相手にどんな教科が好きかたずねるとき。

(2)　相手にテニスをするかどうかたずねるとき。

(3)　相手にいっしょに走ろうとさそうとき。

(4)　相手に何になりたいかたずねるとき。

ア　Do you play tennis?　　　　　　イ　What do you want to be?

ウ　What subject do you like?　　　エ　Let's run together.

(1)	(2)	(3)	(4)

8 次はアヤの自己紹介である。〔　〕内の語を並べかえて，日本文に合う英文を書きなさい。
ただし，文の最初にくる単語も小文字になっている。　5点×3(15点)

(1)　私の名前はアヤです。　〔 name / is / my 〕Aya.

(2)　私はサッカーが好きです。　〔 soccer / like / I 〕.

(3)　私はサッカー部に参加したいです。　〔 want / join / I / to 〕 the soccer team.

(1)	Aya.
(2)	
(3)	the soccer team.

第2回 予想問題　PROGRAM 1 / Word Web 1

読聞書話　30分　/100

解答 ▶ p.40

1 LISTENING　対話を聞いて、その内容に合うように、(1)〜(3)の( )に入る適切な日本語を書きなさい。

t02　4点×3(12点)

(1)　キャロルは( )の出身である。	
(2)　キャロルは( )歳である。	
(3)　キャロルは( )のファンである。	

(1)		(2)		(3)	

2 次の日本文に合うように、＿＿に適する語を書きなさい。　4点×4(16点)

(1)　あなたは生徒ですか。— はい、そうです。
　＿＿＿＿＿＿＿ you a student? — Yes, I ＿＿＿＿＿＿＿.

(2)　あなたは中国の出身ですか。　＿＿＿＿＿＿ you ＿＿＿＿＿＿ China?

(3)　私は活発ではありません。　＿＿＿＿＿＿＿＿ active.

(4)　お手紙をありがとう。　＿＿＿＿＿＿ ＿＿＿＿＿＿ your letter.

(1)		(2)	
(3)		(4)	

3 次の文を( )内の指示にしたがって書きかえなさい。　4点×5(20点)

(1)　I'm a new student.　(主語を you にして 4 語で)

(2)　I'm in 1-C.　(否定文に)

(3)　You are a soccer fan.　(疑問文にして No で答える文も)

(4)　I am shy.　(下線部を you and I にかえて)

(5)　You are from China.　(下線部をたずねる疑問文に)

(1)	
(2)	
(3)	
(4)	
(5)	

4　次の対話文を読んで，あとの問いに答えなさい。　　　　　　（計24点）

> *Emily :*　I ①(　　　)(　　　) go to the gym.
> *Ken :*　I see. ②Let's go.
> *Emily :*　Thanks. ③(　　　) so helpful.
> *Ken :*　No problem. ④Where are you from?
> *Emily :*　I'm from Australia.

(1)　下線部①が「～したい」という意味になるように，（　）に適する語を書きなさい。（5点）

(2)　下線部②の go のあとに省略されている語を補うとき，（　）に入る語を答えなさい。

Let's go (　　　)(　　　)(　　　).　　　　　　　　　　　　　　（5点）

(3)　下線部③が「あなたはとても助けになりますね。」という意味になるように，（　）に適する語を書きなさい。　　　　　　　　　　　　　　　　　　　　　　　（4点）

(4)　下線部④を日本語になおしなさい。　　　　　　　　　　　　　　　（5点）

(5)　エミリーになったつもりで次の質問に答えるとき，＿＿＿に適する語を書きなさい。（5点）

Are you from New Zealand, Emily?　― ＿＿＿＿＿, ＿＿＿＿＿ ＿＿＿＿＿.

(1)		(2)			
(3)		(4)			
(5)					

5　次の日本文を英語になおしなさい。　　　　　　　　　　6点×3(18点)

(1)　私は13歳です。　（数字も英語で書くこと，4語で）

(2)　あなたはタケシ(Takeshi)ですか。

(3)　私は芸術家(artist)ではありません。

(1)	
(2)	
(3)	

6　次のようなとき，英語でどう言うか書きなさい。　　　　　5点×2(10点)

(1)　テニスファンだと言う相手に対して，私もですと言うとき。　（2語で）

(2)　初対面の人に「はじめまして。」と言われて，こちらこそよろしくと言うとき。

(1)	
(2)	

第 **3** 回 予想問題 〉 **PROGRAM 2 〜 アクションコーナー** 読 書 聞 話 **30** 分

解答 ▶ p.41

/100

1 LISTENING 対話を聞いて，その内容に合うように，(1)〜(4)の（　）に入る適切な日本語を書きなさい。　♪ t03　5点×4（20点）

(1)	ベンが音楽を聞く時間帯は（　　　　　）である。
(2)	ベンは（　　　　　）を演奏する。
(3)	ベンがその楽器を演奏する場所は（　　　　　）である。
(4)	ベンがその楽器を演奏する曜日は（　　　　　）である。

(1)		(2)	
(3)		(4)	

2 次の日本文に合うように，＿＿＿ に適する語を書きなさい。　4点×4（16点）

(1) あなたは夏が好きですか。— はい，好きです。

＿＿＿＿＿＿ you like summer? — Yes, I ＿＿＿＿＿＿.

(2) 今日は何曜日ですか。　＿＿＿＿＿＿ day is ＿＿＿＿＿＿ today?

(3) 窓を開けてはいけません。　＿＿＿＿＿＿ ＿＿＿＿＿＿ the window.

(4) 私は夜に本を読みます。　I read a book ＿＿＿＿＿＿ ＿＿＿＿＿＿.

(1)		(2)	
(3)		(4)	

3 次の文を（　）内の指示にしたがって書きかえなさい。　4点×4（16点）

(1) I play video games. （否定文に）

(2) You speak English here. （「〜しなさい」という命令文に）

(3) You run before dinner. （疑問文にして No で答える文も）

(4) You clean your room on Saturdays. （下線部をたずねる疑問文に）

(1)	
(2)	
(3)	
(4)	

4 次の対話文を読んで，あとの問いに答えなさい。 (計23点)

> Daniel :　(　①　) do you play basketball?
> Emily :　(　②　) lunch break.
> Daniel :　I play basketball too.
> Emily :　③[together / play / let's] tomorrow.
> Daniel :　Yes, let's.

(1)　①の(　)に入る適切な語を書きなさい。 (4点)

(2)　②の(　)が「〜の間に」という意味になるように，適する語を書きなさい。 (4点)

(3)　下線部③の[　]内の語を並べかえて，意味の通る英文にしなさい。 (5点)

(4)　エミリーとダニエルは明日，何をしますか。(　)に適する日本語を書きなさい。 (5点)
　　昼の休憩の間に，いっしょに(　　　　　　　　　)をする。

(5)　エミリーになったつもりで，次の質問に英語で答えなさい。 (5点)
　　Do you play basketball, Emily?　—＿＿＿＿＿＿，＿＿＿＿＿＿ ＿＿＿＿＿.

(1)		(2)		
(3)				tomorrow.
(4)			(5)	

5 次の日本文を英語になおしなさい。 5点×3(15点)

(1)　私はネコを2匹飼っています。

(2)　あなたはどこでサッカーをしますか。

(3)　今日の天気はどうですか。　(4語で)

(1)	
(2)	
(3)	

6 次のようなとき，英語でどう言うか書きなさい。 5点×2(10点)

(1)　自分は朝食にリンゴを1個食べると言うとき。

(2)　今日，東京(Tokyo)は雨だと今の天気を言うとき。

(1)	
(2)	

第4回 予想問題 PROGRAM 3 〜 Power-Up 1

読聞書話

30分

解答 p.42

/100

1 LISTENING 対話を聞いて，その内容に合うように，(1)〜(4)の（ ）に入る適切な日本語を書きなさい。　　　　　　♪ t04 5点×4(20点)

(1) アヤはスキーをすることが（　　　　）。

(2) アヤは（　　　　）をじょうずにすることができる。

(3) アヤとダニエルは明日いっしょに（　　　）を練習する。

(4) アヤとダニエルがいっしょに練習する場所は（　　　　）である。

(1)		(2)	
(3)		(4)	

2 次の日本文に合うように，＿＿に適する語を書きなさい。　　　　4点×4(16点)

(1) イヌが何匹か見えますか。　＿＿＿＿＿＿ you see ＿＿＿＿＿ dogs?

(2) 私のいとこはじょうずに英語を話すことができます。
My cousin ＿＿＿＿＿ ＿＿＿＿＿ English well.

(3) [注文するときに] ハンバーガーを1つとコーラを1杯いただけますか。
＿＿＿＿＿ ＿＿＿＿＿ have a hamburger and a cola, please?

(4) あなたはここで，家族といっしょにすばらしい時を過ごすことができます。
You can ＿＿＿＿＿ a great ＿＿＿＿＿ with your family here.

(1)		(2)	
(3)		(4)	

3 次の文を（ ）内の指示にしたがって書きかえなさい。　　　　4点×4(16点)

(1) I use a computer. （「〜することができる」という意味の文に）

(2) Eat lunch in the park. （「〜しましょう」と相手を誘う文に）

(3) You can swim fast. （疑問文にして No で答える文も）

(4) You can cook omelets. （下線部をたずねる疑問文に）

(1)	
(2)	
(3)	
(4)	

4　次の対話文を読んで，あとの問いに答えなさい。　　　　　　　　　　　(計23点)

> *Daniel :*　Do you (　①　) the Japanese dancer, EBIKEN?
> *Mao :*　②<u>Yes, (　　　) (　　　).</u>
> *Daniel :*　③<u>[dance / EBIKEN / like / let's].</u>　④<u>(　　　) (　　　) (　　　)?</u>
> *Mao :*　Yes, I can.

(1)　①の(　)に入る適切な語をア～エから選び，記号で答えなさい。　　　(4点)
　　　ア　have　　　イ　know　　　ウ　listen　　　エ　sing

(2)　下線部②の(　)に入る適切な語を書きなさい。　　　　　　　　　　　(5点)

(3)　下線部③の[　]内の語を並べかえて，意味の通る英文にしなさい。　　(4点)

(4)　下線部④が「あなたはダンスができますか。」という意味になるように，(　)に適する
　　語を書きなさい。　　　　　　　　　　　　　　　　　　　　　　　　　(5点)

(5)　対話文の内容に合うように，＿＿に適する語を書きなさい。　　　　　(5点)
　　　EBIKEN is a ＿＿＿＿＿＿ ＿＿＿＿＿＿.

(1)		(2)				
(3)						
(4)					(5)	

5　次の日本文を英語になおしなさい。　　　　　　　　　　　5点×3(15点)

(1)　私はピアノをひくことができます。

(2)　あなたは何を演奏することができますか。

(3)　私は英語の歌(songs)を歌うことができません。

(1)	
(2)	
(3)	

6　次のようなとき，英語でどう言うか書きなさい。　　　　　5点×2(10点)

(1)　相手に，放課後はふつう何をするかをたずねるとき。　(usually を使って)

(2)　店員に注文したあと，それの値段をたずねるとき。　(it を使って)

(1)	
(2)	

解答 ▶ p.43

第5回 予想問題 PROGRAM 4 / Power-Up 2

読 聞 書 話 30分 /100

1 LISTENING (1)〜(3)の対話を聞いて，それぞれの対話の最後のチャイムのところに入る適切な英文を1つずつ選び，記号で答えなさい。 ♪ t05 5点×3(15点)

(1) ア The red one is. イ It's a bag.
　　ウ It's my big. エ It's Carol's.

(2) ア He's my uncle. イ He's forty.
　　ウ He's cool. エ He's a baseball fan.

(3) ア Yes, I am. イ She's my classmate.
　　ウ She's a new student. エ Yes, she is.

(1)		(2)		(3)	

2 次の日本文に合うように，＿＿＿に適する語を書きなさい。 4点×4(16点)

(1) あの男の子はだれですか。— 私のいとこです。

＿＿＿＿＿＿ is that boy? — ＿＿＿＿＿＿ my cousin.

(2) これは何ですか。— それは新しいコンピュータです。

＿＿＿＿＿＿ this? — ＿＿＿＿＿＿ a new computer.

(3) どちらのかさがあなたのものですか。— 緑のかさです。

＿＿＿＿＿＿ umbrella is yours? — The green one ＿＿＿＿＿＿.

(4) これはだれのサンドイッチですか。— それは私のものです。

＿＿＿＿＿＿ sandwich is this? — It is ＿＿＿＿＿＿.

(1)		(2)	
(3)		(4)	

3 次の文を（ ）内の指示にしたがって書きかえなさい。 5点×3(15点)

(1) This is my bag. （否定文に）

(2) She is a popular artist. （疑問文にして No で答える文も）

(3) That's a soap pump. （下線部をたずねる疑問文に）

(1)	
(2)	
(3)	

4 次の対話文を読んで，あとの問いに答えなさい。 (計20点)

Daniel : (①) is this woman ②(＿＿＿) kimono?

Mao : She is Ono no Komachi.

Daniel : ③[princess / a / she / is]?

Mao : No, she isn't. ④(＿＿＿) (＿＿＿) a (＿＿＿) (＿＿＿).

(1) ①の（ ）に入る適切な語を書きなさい。 (5点)

(2) 下線部②が「着物を着た」という意味になるように，（ ）に入る適切な語をア～エから
選び，記号で答えなさい。 (4点)

    ア at   イ for   ウ in   エ by

(3) 下線部③の〔 〕内の語を並べかえて，意味の通る英文にしなさい。 (5点)

(4) 下線部④が「彼女は有名な詩人です。」という意味になるように，（ ）に適する語を書
きなさい。 (6点)

(1)		(2)		
(3)				
(4)				

5 次の日本文を英語になおしなさい。 6点×4(24点)

(1) これはあなたの本ですか。— いいえ，違います。

(2) 彼はサッカー部ではありません。 （6語で）

(3) これらはベン(Ben)の絵です。— なるほど。 （「なるほど」は2語で）

(4) これは本物の(real)たまごのようです。

(1)	
(2)	
(3)	
(4)	

6 次のようなとき，英語でどう言うか書きなさい。 5点×2(10点)

(1) 近くにある何冊かのノートについて，だれのものかたずねるとき。

(2) 友だちの女の子について聞かれて，彼女は今日は休んでいると伝えるとき。

(1)	
(2)	

第6回 予想問題 PROGRAM 5 / Word Web 3

読 聞 書 話 **30**分

解答 p.44

/100

1 LISTENING アンとショウタの対話を聞いて，その内容に合うように，ボブについての表の(1)〜(4)の（ ）に入る適切な日本語を書きなさい。 ♪ t06 5点×4(20点)

(1) 出身はどこか。	（　　　　　　　　）。
(2) 兄弟か姉妹はいるか。	（　　　　　）が（　　　　　）人いる。
(3) ショウタとしばしばすることは何か。	（　　　　　　）をする。
(4) 日曜日にふつうすることは何か。	（　　　　　）で（　　　　　）をする。

(1)		(2)	
(3)		(4)	

2 次の日本文に合うように，＿＿に適する語を書きなさい。 4点×4(16点)

(1) あなたの妹さんはスパゲッティが大好きですか。— はい，大好きです。
＿＿＿＿＿＿＿＿ your sister love spaghetti? — Yes, she ＿＿＿＿＿＿＿＿.

(2) ベンはいつテニスを練習しますか。
＿＿＿＿＿＿＿ ＿＿＿＿＿＿＿ Ben practice tennis?

(3) ユカは自転車に乗りません。
Yuka ＿＿＿＿＿＿＿ ＿＿＿＿＿＿＿ a bike.

(4) 彼は週末には家で音楽を聞きます。
He listens to music ＿＿＿＿＿＿＿ ＿＿＿＿＿＿＿ on weekends.

(1)		(2)	
(3)		(4)	

3 次の文を（ ）内の指示にしたがって書きかえなさい。 5点×3(15点)

(1) I watch TV every day. （下線部を Aya にかえて）

(2) Ms. Mori travels abroad in fall. （疑問文にかえて）

(3) He cooks curry for lunch. （下線部をたずねる疑問文に）

(1)	
(2)	
(3)	

4　次の対話文を読んで，あとの問いに答えなさい。　　　　　　　(計24点)

> *Daniel :*　This is my cousin Jenny.
> *Mao :*　①(彼女はかっこいいです。)
> *Daniel :*　She's a member of the Junior Safety Patrol.
> *Mao :*　②[her / job / enjoy / she / does]?
> *Daniel :*　Yes, she does. ③(　　　) (　　　) (　　　) it too.
> *Mao :*　It's an (　④　).

(1)　下線部①を 2 語の英語になおしなさい。　　　　　　　　　　(5点)

(2)　下線部②の[　]内の語を並べかえて，意味の通る英文にしなさい。　(5点)

(3)　下線部③が「彼女はそれをほこりにも思っています。」という意味になるように，(　)
　　　に適する語を書きなさい。　　　　　　　　　　　　　　　(5点)

(4)　④の(　)に入る適切な語句をア〜エから選び，記号で答えなさい。　(4点)
　　　ア　good job　イ　great place　ウ　interesting member　エ　important job

(5)　次の質問に答えるとき，＿＿＿に適する語を書きなさい。　　　(5点)
　　　Is Jenny Daniel's cousin? — ＿＿＿＿＿, ＿＿＿＿＿ ＿＿＿＿＿.

(1)		(2)	
(3)			
(4)		(5)	

5　次の日本文を英語になおしなさい。　　　　　　　　　　5点×3(15点)

(1)　彼はコンピュータ(a computer)を持っていますか。— いいえ，持っていません。

(2)　マキ(Maki)は魚が好きではありません。

(3)　あなたのおとうさんはどこで走りますか。

(1)	
(2)	
(3)	

6　次のように家族の 1 人を紹介するとき，英語でどのように言うか書きなさい。　5点×2(10点)

(1)　自分の姉はよくコンサート(the concert)へ行くと言うとき。

(2)　[(1)に続けて]　彼女にはたくさんの友だちがいると言うとき。

(1)	
(2)	

第**7**回 予想問題　PROGRAM 6 〜 Word Web 4　読聞書話　　/100

解答 ▶ p.44

1 LISTENING (1)〜(3)の対話を聞いて，それぞれの対話の中でチャイムのところに入る適切な英文を1つずつ選び，記号で答えなさい。　♪ t07　5点×3(15点)

(1)　ア　Yes, it is mine.　　　　イ　Yes, it is his too.
　　　ウ　It's a glove.　　　　　エ　It's a ball.

(2)　ア　Yes.　She's a famous singer.　イ　Yes, she is.
　　　ウ　No.　She's a famous singer.　エ　No, she doesn't.

(3)　ア　What do you do in summer?　　イ　Where do you swim in summer?
　　　ウ　Why do you like summer?　　　エ　What do you do on the beach?

(1)		(2)		(3)	

2 次の日本文に合うように，＿＿に適する語を書きなさい。　4点×4(16点)

(1)　アンは多くの本を持っています。私は彼女が好きです。これらの本は彼女のものです。
　　Ann has many books.　I like ＿＿＿＿＿＿.　These books are ＿＿＿＿＿＿.

(2)　私は新しい自転車を持っています。それの色は緑色です。
　　I have a new bike.　＿＿＿＿＿＿ ＿＿＿＿＿＿ is green.

(3)　あなたはなぜこのお笑い芸人が好きなのですか。— なぜなら彼はとてもおかしいからです。
　　＿＿＿＿＿＿ do you like this comedian? — ＿＿＿＿＿＿ he's very funny.

(4)　すみませんが，病院はどこですか。
　　＿＿＿＿＿＿ ＿＿＿＿＿＿, but where is the hospital?

(1)		(2)	
(3)		(4)	

3 次の文を( )内の指示にしたがって書きかえなさい。　5点×3(15点)

(1)　I know these children.　（下線部を1語の代名詞にかえて）

(2)　Mike goes to the library every day.　（理由をたずねる文に）

(3)　These are their uniforms.　（these uniforms を主語にしてほぼ同じ意味の文に）

(1)	
(2)	
(3)	

4　次の対話文を読んで，あとの問いに答えなさい。　　　　　　　　　　(計24点)

> *Emily :* He's Jackson.　We can see him in a movie.
> *Ken :* ①(彼について私に話してください。)
> *Emily :* Every morning he runs and ②(walk) 15 kilometers to school.　③It takes two hours.
> *Ken :* Wow!
> *Emily :* He goes to school with ④his sister.

(1)　下線部①を4語の英語になおしなさい。　　　　　　　　　　　　　　(5点)

(2)　②の( )内の語を適する形にしなさい。　　　　　　　　　　　　　(4点)

(3)　下線部③を日本語になおしなさい。　　　　　　　　　　　　　　　(5点)

(4)　下線部④の語句を1語の代名詞にかえなさい。　　　　　　　　　　(4点)

(5)　次の質問に，主語と動詞のある4語の英文で答えなさい。　　　　　(6点)

　　　Where does Jackson go every morning?

(1)		(2)	
(3)		(4)	
(5)			

5　次の日本文を英語になおしなさい。　　　　　　　　　　　　5点×4(20点)

(1)　あなたは彼らといっしょにテニスをしますか。

(2)　これらのオレンジは私たちのものです。

(3)　ジョン(John)は月曜日は早く起きます。

(4)　今日は何月何日ですか。

(1)	
(2)	
(3)	
(4)	

6　次のようなとき，英語でどう言うか書きなさい。　　　　　　5点×2(10点)

(1)　相手に礼を言われて，どういたしましてと言うとき。（2語で）

(2)　あなた自身の誕生日について，私の誕生日は○月○日ですと言うとき。

(1)	
(2)	

第**8**回　予想問題　**PROGRAM 7 〜 Power-Up 5**　読聞書話　**30**分

解答 p.45　/100

1 LISTENING (1)〜(3)の対話を聞いて，それぞれの対話の中でチャイムのところに入る適切な英文を1つずつ選び，記号で答えなさい。　♪ t08　5点×3(15点)

(1)　ア　Yes, there is.　　　　　イ　No, there isn't.

　　ウ　There aren't any bookstores.　エ　Yes, it is.

(2)　ア　I have a hat.　　　　　イ　I want five.

　　ウ　I have five hats.　　　エ　I don't have any hats.

(3)　ア　Tomorrow afternoon.　　イ　To the lake.

　　ウ　With my sister.　　　　エ　By bus.

(1)		(2)		(3)	

2 次の日本文に合うように，　　に適する語を書きなさい。　5点×4(20点)

(1)　私はその本から多くのことを学びます。

　　I learn a ＿＿＿＿＿＿＿ things from the book.

(2)　私たちの市には遊園地は1つもありません。

　　＿＿＿＿＿＿ aren't ＿＿＿＿＿＿ amusement parks in our city.

(3)　公園には子どもがいますか。— いいえ，いません。

　　＿＿＿＿＿＿ there any children in the park? — No, ＿＿＿＿＿＿ aren't.

(4)　私の家は駅から少し遠いです。

　　My house is ＿＿＿＿＿＿ ＿＿＿＿＿＿ far from the station.

(1)		(2)	
(3)		(4)	

3 次の文を( )内の指示にしたがって書きかえなさい。　5点×3(15点)

(1)　There is <u>a</u> gym in our school.　（下線部を two にかえて）

(2)　We can go to the lake <u>by train</u>.　（下線部をたずねる文に）

(3)　There is a cap on the desk.　（疑問文にして Yes で答える文も）

(1)	
(2)	
(3)	

4 次の対話文を読んで，あとの問いに答えなさい。 (計25点)

Ken : ①(あなたは何をしますか) in summer, Emily?

Emily : I go to the beach and have a barbecue.

Ken : ②Sounds fun.

Emily : I also have a Christmas party on the beach.

Mao : ③[come /does / Santa Claus / how]?

Emily : (　④　) jet ski or on a surfboard.

(1) 下線部①を4語の英語になおしなさい。 (5点)

(2) 下線部②を日本語になおしなさい。 (5点)

(3) 下線部③の[　]内の語句を並べかえて，意味の通る英文にしなさい。 (5点)

(4) ④の(　)が「～によって」という意味になるように，適する語を書きなさい。 (5点)

(5) 次の質問に，主語と動詞のある5語の英文で答えなさい。 (5点)

Where does Emily go and have a barbecue in summer?

(1)		(2)	
(3)		(4)	
(5)			

5 次の日本文を英語になおしなさい。 5点×3(15点)

(1) 1週間は7日あります。　(there を使って)

(2) あなたのお気に入りの人はだれですか。

(3) あなたは朝食に何個のたまごを食べますか。

(1)	
(2)	
(3)	

6 次のようなとき，英語でどう言うか書きなさい。 5点×2(10点)

(1) この近くに郵便局(a post office)があるかどうかたずねるとき。

(2) 相手に，どのようにしておじさんの家に行くかたずねるとき。

(1)	
(2)	

第9回 予想問題　PROGRAM 8 / Steps 5

読書 聞話　30分　解答 p.46　/100

1 LISTENING ジョンと母親が電話で話しています。その内容に合うように，(1)〜(4)の(　)に入る適切な日本語を書きなさい。　♪ t09　4点×4(16点)

(1)	ジョンが今いる場所はどこか。	(　　　　　)。
(2)	ジョンはそこで何をしているか。	(　　　　　　　　)。
(3)	ジョンの母親がジョンに頼んだことは何か。	(　　　　)を買うこと。
(4)	ジョンはどこで買い物をするか。	(　　　　　　　　)。

(1)		(2)	
(3)		(4)	

2 次の日本文に合うように，＿＿＿に適する語を書きなさい。　5点×4(20点)

(1) 私は今，イヌといっしょに走っています。

＿＿＿＿＿＿ ＿＿＿＿＿＿ with my dog.

(2) 彼らは今，その車を使っていません。

They ＿＿＿＿＿＿ ＿＿＿＿＿＿ the car now.

(3) 彼女は今，勉強していますか。 — いいえ，していません。

＿＿＿＿＿＿ she studying now? — No, she ＿＿＿＿＿＿.

(4) あのレストランで昼食を食べませんか。

＿＿＿＿＿＿ ＿＿＿＿＿＿ we eat lunch at that restaurant?

(1)			(2)		
(3)			(4)		

3 次の文を(　)内の指示にしたがって書きかえなさい。　5点×3(15点)

(1) Meg washes the dishes.　(現在進行形の文に)

(2) He's singing a song.　(疑問文にして Yes で答える文も)

(3) Ken is drawing some fruits.　(下線部をたずねる文に)

(1)	
(2)	
(3)	

4　次の対話文を読んで，あとの問いに答えなさい。　　　　　　　　　　　(計24点)

> *Daniel* :　①I'm coming.　②(あなたは何をしているのですか), Mom?
> *Helen* :　I'm mashing sweet potatoes.　It's very hard.
> *Daniel* :　OK.　③I can do it for you.　Are you ④(make) potato salad?
> *Helen* :　(　⑤　)　I'm ④(make) *kurikinton*.

(1)　下線部①を日本語になおしなさい。　　　　　　　　　　　　　　　　(5点)

(2)　下線部②を英語になおしなさい。　　　　　　　　　　　　　　　　　(5点)

(3)　下線部③を具体的に言いかえるとき，(　)に適する語を書きなさい。　(5点)

　　I can (　　　) (　　　) (　　　) for you.

(4)　④の(　)内の語を適する形にしなさい。ただし，2つとも同じ形になる。(4点)

(5)　⑤の(　)に入る適切な英文を1つ選び，記号で答えなさい。　　　　(5点)

　　ア　Yes, it is.　　イ　Yes, I am.　　ウ　No, I'm not.　　エ　I'm cooking.

(1)					
(2)					
(3)				(4)	(5)

5　次の日本文を英語になおしなさい。　　　　　　　　　　　　5点×3(15点)

(1)　私の両親は今，テレビを見ています。

(2)　あなたは音楽を聞いているのですか。

　　— はい，そうです。

(3)　彼は今，どこで泳いでいるのですか。

(1)		
(2)		
(3)		

6　次のようなとき，英語でどう言うか書きなさい。　　　　　　5点×2(10点)

(1)　料理をしている相手に，何を作っているかをたずねるとき。

(2)　相手に，窓を開けてくれるように頼むとき。　(can を使って)

(1)	
(2)	

第10回 予想問題 PROGRAM 9 / Steps 6

読書 聞話 30分 /100

1 LISTENING 対話を聞いて，その内容に合うように，(1)〜(4)の（　）に入る適切な日本語を書きなさい。　　　　　♪t10 5点×4(20点)

> (1) メグはこの前の日曜日に（　　　　　　　）へ行った。
> (2) メグは（　　　　　　　）といっしょにそこへ行った。
> (3) メグはそこで（　　　　　　）を見た。
> (4) メグのお気に入りのチームは試合に（　　　　　　　）。

(1)		(2)	
(3)		(4)	

2 次の日本文に合うように，＿＿に適する語を書きなさい。　　　　5点×4(20点)

(1) 私はこの前の土曜日に，ユミとテニスをしました。

I ＿＿＿＿＿＿ tennis with Yumi ＿＿＿＿＿＿ Saturday.

(2) 私たちは昨日，テレビを見ませんでした。

We ＿＿＿＿＿＿ ＿＿＿＿＿＿ TV yesterday.

(3) 彼は昨日家にいましたか。— いいえ，いませんでした。

＿＿＿＿＿＿ he stay home yesterday? — No, he ＿＿＿＿＿＿.

(4) 沖縄はその美しい浜辺で有名です。

Okinawa is ＿＿＿＿＿＿ ＿＿＿＿＿＿ its beautiful beach.

(1)		(2)		
(3)		(4)		

3 次の文を（　）内の指示にしたがって書きかえなさい。　　　　5点×3(15点)

(1) Ann studies math <u>every day</u>. （下線部を last night にかえて）

(2) Mr. Ito visited the U. S. last year. （疑問文にして Yes と答える文も）

(3) They <u>practiced soccer</u> yesterday morning. （下線部をたずねる疑問文に）

(1)	
(2)	
(3)	

4　次の対話文を読んで，あとの問いに答えなさい。　　　　　　(計20点)

> *Miki*:　Yes．I saw a reindeer on the road.
> *Daniel*:　On the road?　Amazing!
> *Miki*:　And I enjoyed the long nights.
> *Daniel*:　①What do you mean?
> *Miki*:　The sun didn't rise（　②　）11 a.m.
> *Daniel*:　③[did / set / time / the sun / what] then?
> *Miki*:　About 2 p.m.
> *Daniel*:　I didn't know that.

(1)　下線部①を日本語になおしなさい。　　　　　　　　　　　(5点)
(2)　②の（　）が「～まで」という意味になるように，適する語を書きなさい。　(5点)
(3)　下線部③の[　]内の語句を並べかえて，意味の通る英文にしなさい。　(5点)
(4)　対話文の内容に合うように，次の質問に主語と動詞のある英語で答えなさい。　(5点)
　　What did Miki see on the road?　（注：Miki は女性の名）

(1)		(2)	
(3)			then?
(4)			

5　次の日本文を英語になおしなさい。　　　　　　　　5点×3(15点)
(1)　私は昼食にオレンジを2個食べました。
(2)　あなたは先週泳ぎましたか。― はい，泳ぎました。
(3)　彼は昨日，どこかへ行きましたか。

(1)	
(2)	
(3)	

6　次のようなとき，英語でどう言うか書きなさい。　　　5点×2(10点)
(1)　相手に，自分が昨日の夜，英語の本を1冊読んだことを伝えるとき。
(2)　相手に，いつ宿題をしたかたずねるとき。

(1)	
(2)	

第**11**回 予想問題　**PROGRAM 10 〜 Power-Up 6**　読 聞 書 話　**30**分

解答 ▶ p.47

/100

1 LISTENING　対話を聞いて，その内容に合うように，(1)〜(4)の（　）に入る適切な日本語を書きなさい。

♪ t11　3点×4（12点）

- (1)　アンは昨日の午後6時には家で（　　　　　　　　）を勉強していた。
- (2)　ケンが昨日，家にいた理由は，（　　　　　　　　）だったからである。
- (3)　ケンは昨日の午後6時には（　　　　　　　　）を見ていた。
- (4)　カズヤの職業は（　　　　　　）である。

(1)		(2)	
(3)		(4)	

2 次の日本文に合うように，　　に適する語を書きなさい。　　3点×4（12点）

- (1)　私はそのときおなかがすいていました。
  I ＿＿＿＿＿＿ ＿＿＿＿＿＿ then.
- (2)　私たちは昨夜7時にはテレビゲームをしていませんでした。
  We ＿＿＿＿＿＿ ＿＿＿＿＿＿ video games at seven last night.
- (3)　彼女はそのとき家にいましたか。いいえ，いませんでした。
  ＿＿＿＿＿＿ she at home at that time? — No, she ＿＿＿＿＿＿.
- (4)　（困っている様子の相手に）どうしたのですか。
  ＿＿＿＿＿＿ the ＿＿＿＿＿＿?

(1)		(2)	
(3)		(4)	

3 次の対話が成り立つように，　　に適する語を書きなさい。　　3点×2（6点）

- (1)　A : ＿＿＿＿＿＿ you practicing tennis at that time?
  B : No, I ＿＿＿＿＿＿.　I was in the library.
- (2)　A : ＿＿＿＿＿＿ it rainy in Sapporo yesterday?
  B : Yes, it ＿＿＿＿＿＿.

(1)	
(2)	

4 次の英文を読んで，あとの問いに答えなさい。 (計14点)

> *Everyone got on the sleigh.*
>
> 　*Grandma Baba :*　Now, let's go down.　Everyone, ①hold on to the sleigh.
>
> *The sleigh started and* ②(*go*) *down the slope.*
>
> *It picked up speed.*
>
> 　*Grandma Baba :*　③(私たちは飛んでいます！)
>
> 　*Cat and Dog :*　Wow!　Whee-ee!
>
> 　　　　*Fox :*　Go!　Go!　Our sleigh!
>
> 　*All the animals :*　Go!　Go!　Whee-ee!

(1)　下線部①を日本語になおしなさい。 (4点)

(2)　②の（　）内の語を適する形になおしなさい。 (3点)

(3)　下線部③を 2 語の英語になおしなさい。 (3点)

(4)　本文の内容に合うように，次の質問に，主語と動詞のある英語で答えなさい。 (4点)

　　　Were all the animals on the sleigh?

(1)		(2)	
(3)			
(4)			

5 次の文を（　）内の指示にしたがって書きかえなさい。 4点×3(12点)

(1)　Jenny swims every day.　（下線部を at that time にかえて過去進行形の文に）

(2)　They were kind to you then.　（疑問文にして Yes で答える文も）

(3)　Bill was cleaning his room then.　（下線部をたずねる疑問文に）

(1)		
(2)		
(3)		

6 次の〔　〕内の語句を並べかえて，日本文に合う英文を書きなさい。 4点×2(8点)

(1)　森先生は先週シドニーにいました。　〔 was / Mr. Mori / Sydney / in 〕 last week.

(2)　そのいすは十分に強かったです。　〔 was / enough / strong / the chair 〕.

(1)	last week.
(2)	

7 次はショウタからマイクにあてた絵はがきの英文です。これを読んで、あとの問いに答えなさい。 (計11点)

(①) Mike,

I'm in London.　It's sunny today.

I visited *the British Museum yesterday.　（ア）

Look at the picture on the front of this card.　It's a very large museum.　（イ）

There are many art works there.　We can see Japanese things.

I saw *ukiyoe*.　They came from Japan many years ago.　（ウ）

I'm having a great time.

Your friend,

Shota

*the British Museum：大英博物館

(1)　①の（　）が「親愛なる」という意味になるように、適する語を書きなさい。 (3点)

(2)　次の英文を入れるのに適するところはア～ウのどこですか。記号で答えなさい。 (3点)

They were very beautiful.

(3)　本文の内容に合うように、次の質問に、主語と動詞のある英語で答えなさい。 (5点)

Where did Shota go yesterday?

(1)		(2)	
(3)			yesterday.

8 次の日本文を英語になおしなさい。 5点×3(15点)

(1)　その映画はとてもおもしろかったです。

(2)　あなたはそのとき体育館で(in the gym)走っていましたか。— はい、走っていました。

(3)　あなたの週末はいかがでしたか。　（be動詞を使って）

(1)	
(2)	
(3)	

9 次のようなとき、英語でどう言うか書きなさい。 5点×2(10点)

(1)　相手に、この前の土曜日にどこにいたかをたずねるとき。

(2)　相手に、今朝6時には眠っていたかどうかたずねるとき。　（数字も英語で書くこと）

(1)	
(2)	

教科書ワーク 英語 特別ふろく

無料アプリ どこでもワーク

こちらにアクセスして，ご利用ください。
https://portal.bunri.jp/app.html

単語特訓▶

重要語句の
暗記に便利

音声つき

間違えた問題だけを何度も確認できる！

▼文法特訓

文法事項を
三択問題で
確認！

無料ダウンロード ホームページテスト

無料でダウンロードできます。
表紙カバーに掲載のアクセス
コードを入力してご利用くだ
さい。
https://www.bunri.co.jp/infosrv/top.html

文法問題▶

テスト対策や
復習に使おう！

リスニング試験対策に
バッチリ！

▼リスニング問題

注意 ●アプリは無料ですが，別途各通信会社からの通信料がかかります。
●アプリの利用には iPhone の方は Apple ID，Android の方は Google アカウントが必要です。対応 OS や対応機種については，各ストアでご確認ください。
●お客様のネット環境および携帯端末により，ご利用いただけない場合，当社は責任を負いかねます。ご理解，ご了承いただきますよう，お願いいたします。

中学教科書ワーク
解答と解説

この「解答と解説」は，取りはずして 使えます。

開隆堂版 サンシャイン

英語 1 年

Get Ready / PROGRAM 0

p.6～7 ステージ1

❶ (1) curry　(2) beefsteak

(3) What, sushi

❷ (1)イ　(2)ウ　(3)ア

❸ 例 Hayashi Miwa

❹ (1)ウ　(2)ア　(3)イ

❺ (1)8　(2)夏　(3)水泳部

解説

❶ 「あなたはどんな食べ物が好きですか」は What food do you like? と言う。「私は～が好きです」と答えるときは I like ～. と言う。

❷ (1)「あなたの誕生日はいつですか」という質問。イ「私の誕生日は5月18日です」。
(2)「あなたは何部に参加したいですか」という質問。ウ「私は野球部に参加したいです」。
(3)「あなたは何色が好きですか」という質問。ア「私は青色が好きです」。

❸ 「私の名前は～です」は My name is ～. と言う。姓と名はそれぞれ大文字で書き始める。英米式に〈名＋姓〉の順序で表してもよい。

❹ (1)「あなたはどんなスポーツが好きですか」は What sport do you like? と言う。
(2)「あなたは音楽が好きですか」は Do you like music? と言う。
(3)「あなたはフルートをふけますか」は Can you play the flute? と言う。

❺ (1) August は「8月」。
(2) I like～. は「私は～が好きです」。
(3) swimming team は「水泳部」。

ポイント❶ 名前と誕生日の言い方
・「私の名前は～です」→ My name is ～.
・「私の誕生日は～です」→〈My birthday is＋月＋日.〉

ポイント❷ 好きなものと参加したい部活の言い方
・「私は～が好きです」→ I like ～.
・「私は～に参加したい」→ I want to join ～.

p.8～9 ステージ1

❶ (1) B, C, E, F, H, I, K, M, N, P, Q, S, T, V, W, Y

(2) b, d, f, g, i, j, k, l, n, p, q, r, t, u, w, y

❷ (1) box　(2) jump

(3) big　(4) soccer

(5) watch　(6) school

❸ (1)〇　(2)×　(3)×　(4)〇　(5)×　(6)×

❹ (1) a　(2) i　(3) u　(4) o

❺ (1) r　(2) f　(3) c

❻ (1) oo　(2) ea　(3) ou

解説

❶ (2)ミス注意 b と d，p と q は左右の向きが対称になっていて間違えやすい。

❷ ミス注意 (2)の j と p，(3)の g は文字の下の部分が，4線のいちばん下の線にふれる。

2

❸ (1)両方とも[エ]。　(2)アは[アイ], イは[イ]。

(3)アは[ユー], イは[ア]。

(4)両方とも[ア]と[エ]の中間の音。

(5)アは[ズ], イは[ス]。

(6)アは[ク], イは[ス]。

❹ (1)どちらも[エイ]と発音する。

(2)どちらも[アイ]。(3)どちらも[ア]。

(4)どちらも[オウ]。

❺ (1)rとlの音読みはどちらも日本語にない音。

(2)fとvの音読みも日本語にない音。

(3)cは単語によって[ク]と発音する場合と[ス]と発音する場合がある。

❻ (1)ooはここでは[ウー]と発音する。

(2)eaはここでは[イー]と発音する。

(3)ouはここでは[アウ]と発音する。

```
ポイント　母音文字, 子音文字と発音
・母音：ア, イ, ウ, エ, オに近い音。
・子音：母音以外の音。
・母音文字：a, e, i, o, u。cake, apple のように,
　2つ以上の音がある。
・子音文字：母音文字以外。c, g, s, x は2つ以上
　の音がある。(例：bus, music)
```

p.10〜11　ステージ3

❶ LISTENING　(1)○　(2)×　(3)○　(4)×

❷ (1) CDEFG　(2) pqrst

❸ (1) pin　(2) year

(3) jacket　(4) question

❹ (1)×　(2)○　(3)×　(4)×　(5)×

❺ (1)エ　(2)ウ　(3)イ　(4)イ

❻ (1) a　(2) g　(3) o o

❼ (1)ウ　(2)イ　(3)エ　(4)ア

❽ (1)ウ　(2)ア　(3)オ

❾ (1) I like fruit.

(2) What color do you like?

━━━ 解説 ━━━

❶ LISTENING　(1)誕生日「3月3日」を聞き取る。

(2)好きな教科が「理科」であることを聞き取る。

(3)加入したい部活が「野球部」であることを聞き取る。

(4)「ピザ」と「スパゲッティ」の両方が好きであることを聞き取る。

```
♪ 音声内容
(1) A : Hi, Kenta.  When is your birthday?
    B : My birthday is March 3.
(2) A : What subject do you like, Miki?
    B : I like science.
(3) A : What club do you want to join,
        Takuya?
    B : I want to join the baseball team.
(4) A : Do you like spaghetti, Yumi?
    B : Yes.  I like pizza too.
```

❸ ミス注意!　(1)の p, (2)の y, (3)の j, (4)の q は, 文字の下の部分が, 4線のいちばん下にふれる。

❹ ミス注意!　(1)アは[エイ], イは[ア]と[エ]の中間の[ア]。(2)両方とも[アイ]。(3)アは[θ ス], イは[ð ズ]。(4)アは[ス], イは[ク]。(5)アは[s ス], イは[z ズ]。

❺ (1)エの box(箱)以外は食べ物。

(2)ウの hat(ぼうし)以外は色。

(3)イの computer(コンピュータ)以外はスポーツ。

(4)イの flute(フルート)以外は飲み物。

❻ (1) sandwich は[ア], cake は[エイ]。

(2) gym は[ヂ], game は[グ]。

(3) food は[ウー], cook は[ウ]。

❼ (1)(2) What 〜 do you like? (あなたはどんな〜が好きですか)。

(3) Can you 〜? (あなたは〜できますか)。

(4) Do you know 〜? (あなたは〜を知っていますか)。

❽ (1)何の教科が好きかという質問。

(2)誕生日はいつかという質問。「1月」は January。

(3)何の部活に加入したいかという質問。

❾ (1)「私は〜が好きです」は I like 〜. で表す。

(2)「あなたは何色が好きですか」は What color do you like? で表す。

```
PROGRAM 1
```

p.12〜13　ステージ1

Wordsチェック　(1)恥ずかしがりの

(2)親しみやすい

(3) student　(4) talk

❶ (1) am (2) I am

(3) You are

❷ (1) I'm (2) You're

(3) I'm in

(4) I'm from

❸ (1) I am not

(2) I'm not

❹ (1) Nice, meet

(2) Thanks for

WRITING Plus (1)例 I'm[I am] from Hokkaido.

(2)例 You're[You are] in 1-A.

解説

❶ (1)(2)「私は～です」は I am ～., (3)「あなたは～です」は You are ～. と言う。

❷ (3)「私は～(のクラス)です」は I'm[I am] (in) ～. で表す。

(4)出身地を言うときは I'm[I am] from ～. で表す。

❸ (1)(2)「私は～ではありません」という否定文は I'm[I am] not ～. で表す。

❹ (1)初対面のあいさつの「お会いできてうれしいです」は Nice to meet you. で表す。

WRITING Plus (1)地名は大文字で始める。

(2)クラスを表すときは am や are のあとに〈in＋クラス名〉を続ける。

ポイント① 「～です」を表す be 動詞の使い分け

・主語が I なら am → I'm[I am] ～.

・主語が you なら are → You're[You are] ～.

ポイント② 否定文の作り方

「～ではありません」という否定文は am, are のあとに not を置いて作る。

p.14～15 ステージ1

Wordsチェック (1)すみません。

(2) really

❶ (1) Are / am

(2) Are you / am not (3) Are you from / I am

❷ (1) Are you (2) I'm not (3) Are you

(4) I am

❸ (1) Are you

(2) Where are you

❹ (1) No problem

(2) want to

❺ (1)例 I'm[I am] active.

(2)例 I'm[I am] not careful.

解説

❶ (1)「あなたは～ですか」は Are you ～?, 答えが Yes なら Yes, I am. で表す。

(2) Are you ～? に No の答えのときは No, I am[I'm] not. で表す。

(3) Are you from ～? で「あなたは～の出身ですか」。

❷ (2) Are you ～? に No で答えるときは No, I'm[I am] not. を使う。

❸ (1) You are ～. の疑問文は are を you の前に出して Are you ～?。

(2)「あなたはどこの出身ですか」とたずねる疑問文に。where を文頭に置く。

❹ (2)「～したい」は want to ～で表す。

4

⑤ (1)「私は～です」は I am[I'm] ～. で表す。

(2)「私は～ではありません」は I am[I'm] not ～. で表す。 例 は「私は注意深くありません」。

ポイント You are ～.の疑問文
・Are you ～?(あなたは～ですか。)
― Yes, I am. / No, I'm[I am] not.
(はい、そうです。/ いいえ、違います。)
・Where are you from?(あなたはどこの出身ですか。)
― I'm[I am] from India.(インドの出身です。)

p.16 ◀◀ 英語のしくみ

1 (1) I'm , fan

(2) You are

(3) I'm not

2 (1) Are you /

I'm not

(2) Where are / I'm

《 解説 》

1 (1)「私は～です」は I'm[I am] ～. で表す。

(2)「あなたは～です」は You're[You are] ～. で表す。

(3)「私は～ではありません」という否定文は I'm[I am] not ～. で表す。

2 (1)「あなたは～ですか」は Are you ～? の形。

(2)出身地がどこかをたずねる疑問文は Where are you from? で表す。

p.17 ■ ステージ1

❶ (1) two three , five

(2) eleven twelve, fourteen

(3) thirty forty fifty

❷ three seven four

six , one nine

zero[oh] eight

❸ I'm[I am] fourteen.

━━━ 解説 ━━━

❶ (2) 13～19 は語尾に teen がつく。

(3) 20, 30, …90 は、語尾に ty がつく。

❷ 数字の 0 は oh または zero と読む。

❸ 「私は～歳です」と言うときは、〈I'm [I am]＋数字。〉で表す。

p.18～19 ■ ステージ2

❶ 🎧LISTENING ウ

❷ (1)ア (2)イ (3)イ (4)イ

❸ (1) I'm , fan

(2) You[You're] aren't[not]

(3) want to

❹ (1) You are from Hokkaido.

(2) I'm[I am] not shy.

(3) Where are you from?

❺ (1) Nice to meet you

(2) I'm not from Mirai City.

(3)あなたはちょうど私のようです。

(4) Yes, I am.

❻ (1) I'm not

(2) I am

❼ (1) I'm[I am] from the U.K.

(2) Are you a tennis fan too?

No, I'm[I am] not.

━━━ 解説 ━━━

❶ 🎧LISTENING 後半の内容「あなたはどこの出身ですか、ボブ」「私はアメリカ合衆国の出身です。私はサッカーのファンです」に合う絵を選ぶ。

5

解答と解説

♪音声内容

A： Hi, I'm Yuka.　Nice to meet you.
B： Hi, Yuka.　I'm Bob.　Nice to meet you too.
A： Where are you from, Bob?
B： I'm from the U.S.　I'm a soccer fan.

❷ (1)～(3)「～です」は主語が I のときは am，主語が you のときは are を使う。
(4)あとに not があるので否定文。I'm not ～. で「私は～ではありません」。

❸ (1) <ミス注意!> 「私は～です」は I am ～. だが，ここでは短縮形 I'm を使う。「ファン」は fan。
(2) <ミス注意!> 「あなたは～ではありません」は You are not ～. だが，ここでは短縮形 aren't を使う。you are の短縮形 you're を使ってもよい。

❹ (1)主語が you になるので，am を are にする。
(2)「私は～ではありません」は I am[I'm] not ～. で表す。shy は「恥ずかしがりの」。
(3)「あなたはどこの出身ですか」という疑問文にする。where を文頭に置く。

❺ (1) Nice to meet you. を受けて「こちらこそお会いできてうれしいです」は Nice to meet you too. で表す。
(2)「私は～の出身ではありません」という否定文。I'm not from ～. で表す。
(3) <ミス注意!> like はここでは「～のような」。just は「ちょうど，まさに」。
(4)ダニエルが I'm in 1-B. と言っているのに対し，真央が Me too. と言っているので Yes の答え。

❻ (1) Are you ～? に No で答えるときは，No, I'm[I am] not. と言う。空所の数から短縮形 I'm を使う。
(2) Are you ～? に Yes で答えるときは，Yes, I am. と言う。

❼ (1)「私は～の出身です」は I'm[I am] from ～. 。
(2)「あなたも～ですか」は Are you ～ too? で表す。「～も」は too を文末につける。

p.20～21 ■ステージ❸

❶ 🔊LISTENING (1)ウ (2)ア (3)エ

❷ (1) I'm / you're

(2) and ， are

(3) Thanks for

❸ (1) I'm a new student too.

(2) I'm not a soccer fan.

❹ (1) twelve (2) thousand,

hundred sixty

❺ (1)私は体育館に行きたいです。

(2) Let's go (3)エ

(4) Where are you from

❻ (1) am Mori Haruka

(2) am from Chiba

(3) am a tennis fan

❼ (1) Nice to meet you.

(2) Are you thirteen(years old)?

◆━━━━◆ 解 説 ◆━━━━◆

❶ 🔊LISTENING (1)「お会いできてうれしいです」に対しては「こちらこそお会いできてうれしいです，ケンタ」が適切。
(2)「あなたは1年A組ですか」には Yes, I am. か No, I'm[I am] not. で答える。
(3)オーストラリア以外の出身地を答えているものが適切。

♪音声内容

(1) A： Hi, I'm Kenta.　Are you Yuka?
B： No, I'm not.　I'm Sumire.
A： Oh, nice to meet you, Sumire.
B： (Nice to meet you too, Kenta.)
(2) A： I'm Miki.　I'm a new student.
B： Me too.　I'm Ben.
A： Are you in 1-A, Ben?
B： (Yes, I am.)
(3) A： Hi, Carol.　Are you from Australia?
B： No, I'm not.
A： Where are you from?
B： (I'm from New Zealand.)

6

❷ (2)「あなたと私は」は you and I で表す。主語が複数を表すときも「〜です」は are を使う。
(3)「〜をありがとう」は Thanks for 〜. で表す。

❸ (1)「私は〜です」は I'm 〜. を使う。「〜も」は too を文末に置く。
(2)「私は〜ではありません」は I'm not 〜. で表す。「サッカーのファン」は a soccer fan。

❹ (1)「私は〜歳です」は〈I'm＋数字.〉で表す。
(2)**ミス注意！** thousand(1,000(の))と hundred(100(の))には s をつけない。

❺ (1) want to 〜 は「〜したい」の意味。go to 〜 は「〜へ行く」。
(2)相手を誘う「〜しましょう」は Let's 〜. で表す。
(3)いっしょに体育館に行ってくれるという健に対してはエの「役に立つ＝助けになる」が適切。
(4)「私はオーストラリアの出身です」と出身地を答えているので「あなたはどこの出身ですか」とたずねる疑問文にする。where を文頭に置く。

❻ (1)「私は〜です」は I am 〜. の形。(2)「私は〜の出身です」は I am from 〜. で表す。(3)「私は〜のファンです」は I am 〜 fan. で表す。

❼ (1) Nice to meet you. という決まった言い方。
(2)「あなたは〜歳ですか」は Are you 〜(year(s) old)? で表す。〜に年齢を表す数字がくる。

PROGRAM 2

p.22〜23 ステージ**1**

Words チェック (1)自転車 (2)picture

❶ (1) have (2) eat an
(3) play tennis

❷ (1) have , bags
(2) make , boxes
(3) eat[have] , an

❸ (1) I don't[do not] like music.
(2) I don't[do not] play soccer.

❹ (1) every day
(2) after school
(3) Look at

❺ **Word Box** (1) watch TV
(2) make[cook] lunch

● 解説 ●

❶ (1) I have 〜. は「私は〜を持っています」。
(2)**ミス注意！** I eat 〜. は「私は〜を食べます」。orange は母音(ア・イ・ウ・エ・オに似た音)で始まるので，a の代わりに an をつける。
(3)〈I play＋スポーツ名.〉は「私は〜(スポーツ)をします」という意味。

❷ (1) bag を複数形の bags にする。
(2) box の複数形は boxes となる。
(3)**ミス注意！** 発音が母音で始まる語の前では，「1つの」は a の代わりに an を使う。

❸ 「私は〜しません」という一般動詞の否定文は動詞の前に don't[do not]を置いて作る。

❹ (1)「毎日」は every day で表す。
(2)「放課後」は after school で表す。
(3)「〜を見る」は look at 〜で表す。

❺ **Word Box** (1)「テレビを見る」は watch TV。
(2)「昼食を作る」は make[cook] lunch。

ポイント① 「〜する」を表す一般動詞の文
・肯定文：〈主語＋動詞 〜.〉
・否定文：〈主語＋don't[do not]＋動詞 〜.〉

ポイント② 名詞の複数形
・ふつうは -s を，box, watch, class などは -es をつける。
・city は y を i にして -es をつける(city → cities)。

p.24〜25 ステージ**1**

Words チェック (1)明日(は) (2)dinner

❶ (1) Do , like / do

(2) __Do__ , __like__ / __don't__

(3) __Do you like__ __baseball?__ / __Yes, I do.__

❷ (1) __When__ __do__

(2) __in__ __the__ __morning__

(3) __at__ __night__

❸ (1) __Do you take a bath__ __after dinner?__

(2) __When do you go shopping?__

❹ (1) __very__ __much__

(2) __Yes,__ __let's__

(3) __How__ __about__

WRITING Plus (1) 例1 __Yes, I do.__

例2 __No, I don't[do not].__

(2) 例1 __I watch TV after dinner.__

例2 __I watch TV at night.__

━━━━ 解 説 ━━━━

❶ (1)～(3)「あなたは～が好きですか」は Do you like～? で表す。答えが Yes なら Yes, I do. で，No なら No, I don't[do not]. で表す。

ミス注意 教科名や milk(液体)のような数えられない名詞，スポーツ名には a[an]はつけず，複数形にもしない。

❷ (1)(2)「あなたはいつ～しますか」は When do you ～? の形。「午前中に」は in the morning。
(3)「夜に」は at night。

❸ (1)一般動詞の疑問文は Do you ～? の形。take a bath は「ふろに入る」。

---

(2) after lunch(昼食後)は時を表すので、「いつ～しますか」と時をたずねる疑問文に。when を文頭に置く。go shopping は「買い物に行く」。

❹ (1)「とても，非常に」は very much。
(2) Let's ～. は「～しましょう」と相手を誘う文。「そうしましょう」は Yes, let's. と言う。

WRITING Plus (1)「あなたはイヌが好きですか」という問い。「はい」なら Yes, I do. で、「いいえ」なら No, I don't[do not]. で答える。
(2)「あなたはふつういつテレビを見ますか」という問い。例は「私は夕食後にテレビを見ます」「私は夜にテレビを見ます」。時を答える。

ポイント 一般動詞の疑問文
・Do you ～?(あなたは～しますか。)
 — Yes, I do. / No, I don't[do not].
  (はい，～します。/ いいえ，～しません。)
・When do you ～?(あなたはいつ～しますか。)
 — I ～ on Sundays.(私は日曜日に～します。)

p.26～27 ≪ 英語のしくみ

[1] (1) __like__ __soccer__

(2) __don't__ __drink__

(3) __Do__ __you__ __speak__ / __I__ __don't__

(4) __When__ __do__ , __take__ / __take__ , __before__

[2] (1) __I don't[do not] play__ __video games.__

(2) __Do you study math at__ __night?__

(3) __When do you clean your__ __room?__

③ (1) brothers (2) watches

(3) cities

④ (1) have , classes

(2) Do , eat[have]

(3) Yes , I do

⑤ (1) I don't[do not] like apples.

(2) When do you go shopping?

Tuesday Wednesday Thursday Friday Saturday

❷ (1) What , it / It's Monday

(2) How's / It's

(3) Where do / play , park

《 解説 》

① (1)「私は〜が好きです」は I like 〜. で表す。
(2)一般動詞の否定文。動詞の前に don't[do not] を置く。
(3)「あなたは〜しますか」という一般動詞の疑問文は〈Do you＋動詞 〜?〉の形。No で答えるときは No, I don't[do not]. と言う。
(4)「いつ」とたずねる疑問文は when を文頭に置く。あとはふつうの一般動詞の疑問文の語順。「ふろに入る」は take a bath。

② (1)動詞の前に don't[do not] を置く。
(2)疑問文は〈Do you＋動詞 〜?〉の形。
(3)「土曜日に」と時を答えているので，when を使って「いつ」をたずねる疑問文にする。

③ (1)「3 人の兄弟」→ -s をつけて複数形に。
(2) watch の複数形は -es をつけて watches。
(3) **ミス注意！** 主語が複数なので city は複数形に。city の y を i にかえて -es をつけて cities。

④ (1) **ミス注意！** 「授業」は class。複数形は classes。
(2)(3)〈Do you＋動詞 〜?〉の形。Yes で答えるときは Yes, I do. と言う。

⑤ (1) **ミス注意！** 一般動詞の否定文。動詞の前に don't[do not] を置く。「リンゴというもの」と種類全体を表すのでふつう複数形にする。
(2)「いつ」とたずねる疑問文は when を文頭に置く。「買い物に行く」は go shopping。

p.28 ◤◢ステージ**1**

❶ Sunday Monday

解 説

❶ 曜日名はいつでも大文字で書き始める。
❷ (1)曜日をたずねるときは What day is it today? と言う。〈It's[It is]＋曜日名.〉で答える。
(2)天気をたずねるときは How's[How is] the weather? と言う。答えは〈It's[It is] 〜.〉の形。

p.29 ◤◢ステージ**1**

Words チェック (1)歌 (2)閉じる，閉める
(3)さわる (4)いくらかの，いくつかの

(5) open (6) write

❶ (1) Clean , room

(2) Don't use

(3) Sing , please

❷ (1) Study English.

(2) Don't watch TV.

解 説

❶ (1)「〜しなさい」という命令文は，主語の you を省略して，動詞で文を始める。
(2)「〜してはいけません」という否定の命令文は，〈Don't＋動詞 〜.〉の形。
(3)命令文に please をつけるとていねいな言い方になる。please は文頭か文末につけることが多い。
❷ (1)命令文は動詞で文を始める。
(2)否定の命令文は，〈Don't＋動詞 〜.〉の形。

p.30〜31 ステージ2

❶ 🎧LISTENING　イ

❷ (1)イ　(2)ア　(3)ア　(4)イ

❸ (1) It's　Thursday

(2) Let's / let's

(3) have　some　questions

❹ (1) Do you make *sushi*? / Yes, I do.

(2) I don't[do not] read a book at night.

(3) When do you run?

❺ (1)毎日

(2) I don't draw pictures.

(3) Look　at　(4)ウ

❻ (1)　I　don't

(2) Where　do

❼ (1) Wash your face.

(2) How's[How is] the weather in Tokyo? / It's[It is] sunny.

━━━━ 解説 ━━━━

❶ 🎧LISTENING　「理科が好きで数学が好きではない」、「サッカーが大好きでしばしばサッカーをする」という内容に合った絵を選ぶ。

🎵音声内容
　I'm Kenta. I like science. I don't like math. I like soccer very much. I often play soccer after school.

❷ (1)直前の two(2つの)から複数形を選ぶ。
(2)be from〜 を使った be 動詞の疑問文。

(3)あとに like があるので一般動詞の否定文。
(4)曜日をたずねるときは What day 〜? を使う。

❸ (1)曜日を表す文は it を主語にして〈It's[It is]＋曜日名.〉で表す。
(2)「〜しましょう」と相手を誘う文は Let's 〜. を使う。誘いに応じるときは Yes, let's. と言う。
(3)**ミス注意**「質問がある」は have a question だが、some があるので question を複数形に。

❹ (1)一般動詞の疑問文。do を主語の前に置く。
(2)一般動詞の否定文。動詞の前に don't[do not] を置く。
(3)時をたずねるので、「あなたはいつ走りますか」という疑問文にする。when を文頭に置く。

❺ (1) every day は「毎日」。
(2) don't と動詞 draw から「私は〜を描きません」という一般動詞の否定文にする。
(3)命令文。「〜(のほう)を見る」は look at 〜。
(4)「あなたはすばらしい〜です」。真央のノートをパラパラめくり、そこに絵が描かれているのを見ての発言なので、artist(芸術家)が適切。

❻ (1) Do you 〜? に No で答えるときは、No, I don't[do not]. を使う。
(2) in the park(公園で)と場所を答えているので、where を使って「どこで」とたずねる疑問文に。

❼ (1)命令文。「顔を洗う」は wash your face で表す。
(2)天気をたずねるときは How's[How is] the weather? で表す。「東京の」は in Tokyo。答えは〈It's[It is]＋天気.〉で表す。

p.32〜33 ステージ3

❶ 🎧LISTENING　(1)ア　(2)ウ　(3)ウ

❷ (1) much / How　about

(2) Do , take , after / No , don't

(3) don't　play , at

(4) have　five　classes

❸ (1) Look at the picture.

(2) Do you often go shopping?

(3) Don't sing a song here.

❹ (1) When do you play basketball?

(2)明日いっしょにバスケットボールをしましょう。

(3) Yes ， let's

(4) Yes, I do.

❺ 例1 ① I like baseball.

② I don't[do not] like basketball.

例2 ① I like English.

② I don't[do not] like math.

例3 ① I like hamburgers.

② I don't[do not] like milk.

❻ (1) Where do you usually swim?

(2) How's[How is] the weather in Sapporo?

◆ 解説 ◆

❶ 🎧**LISTENING** (1) Do you ～? に対しては Yes, I do. か No, I don't. で答える。(2)「あなたはいつ音楽を聞きますか」には時を答える。(3)「あなたはどこで走りますか」には場所を答える。

🎵 **音声内容**
(1) A : I like sports very much.
　　B : Me too. Do you play soccer?
　　A : (Yes, I do.)
(2) A : I like music. I often listen to music.
　　B : When do you listen to music?
　　A : (After dinner.)
(3) A : I usually run after school.
　　B : Where do you run?
　　A : (I run in the gym.)

❷ (1)「～はどうですか」は How about ～?。
(2)一般動詞の疑問文。Do you ～? の形。No, I don't. で答える。「ふろに入る」は take a bath。
(3)一般動詞の否定文。動詞の前に don't を置く。「テレビゲームをする」は play video games。
(4)**ミス注意** 「授業がある」は have a class。前に five がつくので classes と複数形にする。

❸ (1)命令文は動詞で文を始める。「～を見る」は look at ～。
(2)一般動詞の疑問文。Do you ～? で表す。「買い物に行く」は go shopping。
(3)否定の命令文。〈Don't＋動詞 ～.〉の形。「歌を歌う」は sing a song。

❹ (1) when があることと，時を答えていることから「あなたはいつ～しますか」とたずねる文に。
(2) Let's ～. は「～しましょう」と誘う文。play の具体的な内容は前の文の play basketball を表す。
(3) Let's ～. に対して「そうしましょう。」は Yes, let's. と言う。
(4)ダニエルは 2 番目の発言で，自分もバスケットボールをすると言っているので Yes で答える。

❺ **ミス注意** ①好きなものは I like ～. で表す。②好きでないものは I don't like ～. で表す。例1例2のスポーツ名，教科名は a をつけず複数形にもしない。例3の食べ物では hamburger は数えられるので複数形にするが，milk は数えられないので a をつけず複数形にもしない。

❻ (1)**ミス注意** 「あなたはふつうどこで泳ぎますか」の文に。where(どこで)を文頭に置く。usually の位置に注意。
(2)「札幌の天気はどうですか」の文に。天気をたずねる疑問文は How's[How is] the weather? と言う。in Sapporo はふつう文末に置く。

PROGRAM 3

p.34～35 ■ **ステージ1**

Wordsチェック (1)いとこ (2)行う，演じる
(3) kilometer (4) then
(5) classmate (6) show

❶ (1) can (2) can speak (3) can play
❷ (1) can't[cannot]
(2) can't[cannot] make
❸ (1) can sing (2) can't[cannot] dance

(3) can't[cannot] make

❹ (1) **My uncle can skate**

(2) **I can't play the piano.**

❺ (1) **with** (2) **have fun**

(3) **have, great time**

❻ (Word Box) (1) **uncle, swim**

(2) **cousin can cook pizza**

(3) **grandmother can play tennis**

━━━━━ 解説 ━━━━━

❶ 「…は～することができます」は〈主語＋can＋動詞 ～.〉で表す。主語が何であってもこの形は変わらない。

❷ **ミス注意!** canの否定文は〈主語＋can't[cannot]＋動詞 ～.〉で表す。can't は cannot の短縮形。cannot は can not と離して書かないこと。

❸ (1)「～できます」は〈can＋動詞〉で表す。

(2)「～できません」は〈can't[cannot]＋動詞〉で表す。

(3) can の否定文は〈主語＋can't[cannot]＋動詞 ～.〉で表す。主語が何であってもこの形は同じ。

❹ (1)「～することができます」は〈can＋動詞〉。「スケートをする」という動詞は skate。

(2)「～することができません」は can't ～ で表す。「(楽器)を演奏する」は〈play＋the＋楽器名〉。

❺ (1)「～といっしょに」は with ～ で表す。Let's ～. は「～しましょう」の意味。classmate は「クラスメート」。ここでは複数形になっている。

(2)**ミス注意!**「～を楽しむ」は have fun at ～。fun は「楽しみ」という意味。

(3)「すばらしい時を過ごす」have a great time。a がつくので注意。

❻ 「…は～できます」は〈主語＋can＋動詞 ～.〉。

(1)「私のおじは泳ぐことができます」

(2)「私のいとこはピザを料理することができます」

(3)「私の祖母はテニスをすることができます」

ポイント① can の文

・〈主語＋can＋動詞 ～.〉の形。

・「…は～することができる」の意味を表す。

ポイント② can の否定文

・〈主語＋can't[cannot]＋動詞 ～.〉の形。

・「…は～することができない」の意味を表す。

p.36～37 ステージ**1**

Wordsチェック (1)ギター

(2)彼ら[彼女ら，それら]の (3)**catch**

(4) **change**

❶ (1) **Can, dance / I can**

(2) **Can, play / I can't[cannot]**

(3) **Can, cook / I can**

❷ (1) **Can, speak** (2) **Can, skate**

(3) **What can**

❸ (1) **Can you catch a ball**

(2) **What can you see here?**

❹ (1) **like** (2) **from, to**

(3) **keep, secret(s)**

❺ (Word Box) (1) **rabbit / can**

(2) **monkey / can't[cannot]**

(3) **Can you see a sheep? /**

　　No, I can't[cannot].

━━━━━ 解説 ━━━━━

❶ (1)(3)「…は～することができますか」は〈Can＋主語＋動詞 ～?〉で表す。Yes で答えるときは〈Yes, 主語＋can.〉の形を使う。

(2) Can ～? に No で答えるときは〈No, 主語＋can't[cannot].〉の形を使う。

❷ (1)(2) can の疑問文は肯定文の can を主語の前に出して〈Can＋主語＋動詞 ～?〉で表す。

(3)「何を～することができますか」は what を文頭に置いて，あとはふつうの can の疑問文を続ける。〈What＋can＋主語＋動詞 ～?〉の形。

ポイント can の疑問文と答え方

Can you ～?(あなたは～することができますか。)

— Yes, I can.(はい，できます。)

— No, I can't[cannot].(いいえ，できません。)

❸ (1) can の疑問文は〈Can＋主語＋動詞 ～?〉で表す。「ボールをとる」は catch a ball。

(2)**ミス注意!**「あなたは何を～することができますか」は〈What＋can＋you＋動詞 ～?〉。what は「何を」で，文の初めに置く。

❹ (1)動詞の like は「(～)が好きである」の意味だが，この like は「～のように」という意味。

(2)「～から…へ[まで]」は from ～ to ... で表す。「木から木へと」は from tree to tree。

(3)「あなたの秘密を守る」は keep your secret(s)。

❺ (Word Box) Can you ～?(あなたは～できますか)に対しては，Yes, I can. または No, I can't[cannot]. で答える。

12

1 (1) **can read** (2) **can't[cannot] eat[have]**
　(3) **Can, do** (4) **Yes, can** (5) **No, can't**

2 (1) **Can / Yes, he** (2) **I can't[cannot]**
　(3) **What can / see**

3 (1) **I can play baseball well.**
　(2) **My grandmother can't[cannot] play the guitar.**
　(3) **Can you speak English well? / I can / I can't[cannot]**
　(4) **What can Taku make?**

4 (1) **can swim five kilometers**
　(2) **can make sandwiches for**
　(3) **can't go to your concert**
　(4) **What do you watch on**

5 (1) **Yoko can cook delicious pizza.**
　(2) **My cousin can't[cannot] play baseball well.**
　(3) **Can you sing any English songs?**
　(4) **What can you make for your mother?**
　(5) **I can make salad.**

《 解説 》

1 (1)「〜することができます」は〈can＋動詞〉で表す。「読む」は read。
(2) can の否定文。〈can't[cannot]＋動詞〉の形。
(3) can の疑問文。〈Can＋主語＋動詞 〜?〉で表す。「盆踊りを踊る」は do bon dance。
(4)(5) can の疑問文に Yes で答えるときは，〈Yes, 主語＋can.〉の形を使う。No で答えるときは，〈No, 主語＋can't[cannot].〉の形。

2 (1) can の疑問文。Can 〜? の文に can を使って答えているので，Yes の答え。
(2) Can 〜? に No で答えるときは〈No, 主語＋can't[cannot].〉の形。
(3)「あなたは部屋の中に何が見えますか」「私はあなたのネコが見えます」。「何が」は what。

3 (1)「〜できる」は動詞の前に can を置いて表す。
(2) can の否定文は，動詞の前に can't[cannot]を置いて作る。
(3) can の疑問文は can を主語の前に出して〈Can＋主語＋動詞 〜?〉の形。答えの文でも can を使う。
(4)「タクは何を作ることができますか」という疑問文にする。「何を」は what を文頭に置き，あとにふつうの can の疑問文を続ける。

4 (1)「5キロメートル泳ぐ」は swim five

kilometers。「〜できます」なので swim の前に can を置く。
(2)「〜できます」なので make の前に can を置く。
(3)「〜ができません」は〈can't[cannot]＋動詞〉で表す。
(4)「何を」は what を文頭に置く。あとにふつうの一般動詞の疑問文 do you watch 〜を続ける。

5 (1) can の肯定文。「おいしい」は delicious。
(2) can の否定文。「いとこ」は cousin。
(3) **ミス注意!** can の疑問文。「何か，いくつか」は疑問文ではふつう any を使う。
(4)「何を」は what を文頭に置き，あとに can の疑問文 can you make を続ける。「〜のために」は for 〜。
(5)「サラダを作る」は make salad。

Words チェック (1) コンサート (2) **her**
　(3) **everyone** (4) **love**

1 (1) **They** (2) **They are**
　(3) **They are cool.**

2 (1) **They** (2) **Their** (3) **their**

■■■ 解説 ■■■

1 (1)「私は3人の姉妹がいます。彼女たちは親しみやすいです」。three sisters は they で受ける。
(2) six eggs を they で受ける。
(3) two cousins を they で受ける。

2 (1) sports を they で受ける。
(2)「彼らの」は their。
(3) octopuses と複数で「タコというもの全体」を表している。複数の名詞を受けて「それらの」は their で表す。

ポイント they と their
・「彼ら[彼女ら，それら]は」→ they
・「彼ら[彼女ら，それら]の〜」→ their 〜

Words チェック (1) 中間(の) (2) 店員
　(3) **large** (4) **meal** (5) **size** (6) **or**

1 (1) **Can** (2) **Can I** (3) **Can I have**

2 (1) **How much** (2) **Here, are**

■■■ 解説 ■■■

1 「〜をいただけますか」と注文するときは，Can I have 〜? と言う。
(1)「サラダを1つと(サイズが)大のリンゴジュースを1ついただけますか」

(2)「サンドイッチを1つと(サイズが)中の紅茶をいただけますか」

(3)「アイスクリーム1つと(サイズが)小のコーラを1ついただけますか」

❷ (1)値段をきくときは How much ～? と言う。

(2)「はい，どうぞ」と品物などを差し出すときには，Here you are. と言う。

ポイント 注文でよく使う表現
・注文をする　　Can I have ～, please?
・値段をたずねる　How much ～?

p.42～43 ■■■ ステージ2

❶ 🎧LISTENING ウ

❷ (1)**I can't[cannot] cook delicious curry.**
(2)**Can you play the flute well?**
(3)**What can he make?**

❸ (1)**can draw** (2)**Can, have**
(3)**can't[cannot] swim** (4)**practice hard**
(5)**can, like**

❹ (1)**can jump from tree to**
(2)**can have a great time**

❺ (1)**can** (2)それはすばらしい。
(3)**can perform together**
(4)**and have fun at the show**

❻ (1)**I can** (2)**they can't[cannot]**
(3)**for here** (4)**What can**

❼ (1)**Can you see any flowers in the park?**
(2)**We sing a song together.**
(3)**Here you are.**
(4)**I play tennis with my classmates.**

■■■■ 解説 ■■■■

❶ 🎧LISTENING Can you ski? は「あなたはスキーをすることができますか」。I can skate too. は「私はスケートをすることもできます」。

🎵**音声内容**
A: Can you ski, Takuya?
B: Yes, I can. I can skate too.

❷ (1)「～できません」という否定文は，動詞の前に can't[cannot]を置く。

(2)can の疑問文は can を主語の前に出す。

(3)ミス注意 「ラーメン」をたずねるので，「彼は何を作ることができますか」という疑問文に。

❸ (1)「～することができます」は動詞の前に can を置く。「絵を描く」は draw pictures。

(2)「～をいただけますか」は Can I have ～, please?。

(3)can の否定文。動詞の前に can't[cannot]を置く。

(4)「いっしょうけんめいに」の hard は動詞のあとに置く。

(5)「～のように」は like ～で表す。この like は動詞ではなく，in, at などと同じ前置詞。

❹ (1)「木から木へと」は from tree to tree。from ～ to ...「～から…へ」。「～」と「…」に入る語が同じときは，a や the はつけない。

(2)「すばらしい時を過ごす」は have a great time。

❺ (1)前の文の「～はできません」に対して「しかし」と続くので「～はできます」の意味と考える。「～することができる」は動詞の前に can を置く。

(2)that's は that is の短縮形。great「すばらしい」。That's great. は，ほめるときの決まった表現。

(3)「～を演じる」は perform。「いっしょに」は together。「～できる」は動詞の前に can を置く。

(4)have fun at ～「～を楽しむ」。前の let's は「～しましょう」の意味で，practice と have の両方の動詞について述べている。

❻ (1)Can ～? に対して Yes で答えるときは，〈Yes, 主語＋can.〉で答える。

(2)Can ～? に対して No で答えるときは，〈No, 主語＋can't[cannot].〉。koalas は，答えの文の主語としては，they(それらは)で受ける。

(3)For here or to go? は「こちらでめしあがりますか，お持ち帰りになりますか」と店員がたずねる決まった言い方。

(4)「(いくつかの)小さな動物を見ることができます」という応答から「箱の中に何を見ることができますか」とたずねる疑問文にする。

❼ (1)ミス注意 疑問文で「何か」というときは any を使う。「見えますか」は can の疑問文で表す。

(2)「いっしょに」を表す together は「歌を歌う」の sing a song のあとに置く。

(3)「はい，どうぞ」と何かを差し出すときは Here you are. と言う。

(4)ミス注意 「～と」は「～といっしょに」の意味なので with～で表す。together も「いっしょに」だが，こちらは副詞で，あとに名詞は置けない。

❶ 🎧LISTENING　⑴ア　⑵イ　⑶イ

❷ ⑴can play　⑵can't[cannot] eat [have]

⑶For, to go　⑷can have, great time

❸ ⑴can watch their games on TV

⑵run from my house to the station

❹ ⑴Can you make a delicious omelet?

⑵My cousin can't[cannot] ski well.

⑶I sometimes cook dinner with my sister.

⑷What can you see in the box?

❺ ⑴EBIKEN[エビケン]のように踊りましょう。

⑵I can　⑶What can you dance

⑷can do

❻ ⑴Can I have a hamburger and a small orange juice?

⑵How much is it?

⑶Can you skate? / No, I can't[cannot].

⑷What do you usually do on Sunday(s)?

❼ 例　⑴Yes, I can. / No, I can't[cannot].

⑵Yes, I can. / No, I can't[cannot].

⑶I can cook grilled fish.

◀━━━━━ 解説 ━━━━━▶

❶ 🎧LISTENING　⑴エミは，ピアノはひけないがギターがひけることがわかる。

⑵ショウはテニスはできないが，ケンがテニスがじょうずにできることがわかる。

⑶何を作れるかと聞かれたアヤは，「ハンバーガーを作れます」と答えている。

♪ 音声内容

⑴　A : Can you play the piano, Emi?

　　B : No, I can't.　But I can play the guitar.

⑵　A : Can you play tennis, Sho?

　　B : No, I can't, Emily.　But Ken can play tennis well.

⑶　A : Let's make pizza, Aya.

　　B : I can't make pizza, Daniel.

　　A : What can you make?

　　B : I can make hamburgers.

❷ ⑴「〜することができます」は〈can＋動詞〉で表す。

⑵「〜することができません」という否定文は〈can't[cannot]＋動詞〉で表す。

⑶For here or to go? は，店員が客に，その場で食べるか持ち帰るかたずねるときの言い方。

⑷「すばらしい時を過ごす」は have a great time。動詞 have の前に can を置く。

❸ ⑴「彼らの試合」は their games。「テレビで」は on TV。can を動詞 watch の前に置く。

⑵「〜から…まで」は from 〜 to ... で表す。

❹ ⑴can の疑問文は肯定文の can を主語の前に出して〈Can＋主語＋動詞 〜?〉で表す。delicious omelet「とてもおいしいオムレツ」。

⑵否定文は〈主語＋can't [cannot]＋動詞 〜.〉。

⑶「〜といっしょに」は with 〜。ここでは文の最後に置く。

⑷ ミス注意❗「あなたは箱の中に何が見えますか」という意味の疑問文を作る。「何が」は what を文頭に置く。what のあとは can の疑問文を続ける。

❺ ⑴Let's 〜. は「〜しましょう」と相手をさそう文。like は「〜のように」の意味を表す。

⑵Can 〜? に対して Yes で答えるときは，〈Yes, 主語＋can.〉。

⑶「何を」は what を使い，文頭に置く。〈What＋can＋主語＋動詞 ?〉の形になる。

⑷真央の最後の発言に注目。「真央は盆踊りを踊ることができます」の意味の文にする。「盆踊りを踊る」は do bon dance。

❻ ⑴ ミス注意❗「〜をもらえますか」と注文する文は Can I have 〜? で表す。

⑵値段をたずねるときは How much is it? と言う。

⑶can の疑問文は〈Can＋主語＋動詞 〜?〉。Yes で答えるときは〈Yes, 主語＋can.〉。

⑷「あなたは何をしますか」は What do you do? で表す。あとの do は「〜をする」という意味の動詞。

❼ ⑴「あなたはピアノをひくことができますか」。Yes, I can.(はい，ひけます)または No, I can't[cannot].(いいえ，ひけません)で答える。

⑵「あなたは何か英語の歌を歌うことができますか」。Yes, I can.(はい，歌えます)または No, I can't[cannot].(いいえ，歌えません)で答える。

⑶「あなたは何を料理できますか」という質問。I can cook のあとにできる料理名を続ける。

PROGRAM 4

p.46〜47 **ステージ1**

Wordsチェック (1)(手の)指 (2)穴
(3)仕事 (4)押す (5) bird (6) hold
(7) useful (8) save

1 (1) This (2) That is (3) This is

2 (1) Is this / it is
(2) Is that / it isn't[it's not]
(3) That isn't[That's not]
(4) What is / It's, watch

3 (1) This is a useful book.
(2) That's not hard work.
(3) Is this a paper knife?

4 (1) Put, into (2) I see (3) really

WRITING Plus🖊 (1) 例1 This is my pencil.
It's[It is] new.
例2 This is my cup. It's[It is] cute.
(2)例1 That is my bag. It's[It is] black.
例2 That is my computer. It's[It is]
useful.

────● 解説 ●────

1 近くのものをさして「これは〜です」というときは This is 〜. で表す。遠くのものをさして「あれは〜です」というときは That is 〜. で表す。

2 (1)(2)**ミス注意**🖊 This[That] is 〜. の疑問文は Is this[that] 〜?。答えの文では it を主語にする。
(3) This[That] is 〜. の否定文は,is のあとに not を置いて作る。is not の短縮形は isn't。
(4)「あれは何ですか」は疑問詞 what を使って What is that? で表す。

3 (1)「これは〜です」は This is 〜. で表す。
(2) that's は that is の短縮形。否定文なので That's not 〜. で表す。
(3)「これは〜ですか」という疑問文は Is this 〜? で表す。

4 (1)「入れる」は「置く」の意味の put を使う。「〜の中に」は into。
(2)「なるほど」は I see. で表す。
(3)「ほんとうに」は really。位置に注意。

WRITING Plus🖊 This[That] is my 〜. It is 〜. という2文で説明するとよい。(1)例1 は「これは私の鉛筆です。それは新しいです」という意味。近くのものをさすときは this を使う。例2 は「こ

れは私のカップです。それはかわいらしいです」。
(2)例1 は「あれは私のかばんです。それは黒色です」という意味。遠くのものをさすときは that を使う。例2 は「あれは私のコンピュータです。それは役に立ちます」。

ポイント1 This[That] is 〜. の文
・This is 〜.(これは〜です。)
・That is 〜.(あれは〜です。)

ポイント2 This[That] is 〜. の疑問文
・Is this[that] 〜? の形。
・答えは Yes, it is. または No, it isn't[it's not]. を使う。

ポイント3 This[That] is 〜. の否定文
・This[That] is not 〜. の形

p.48〜49 **ステージ1**

Wordsチェック (1)人,個人 (2)ライオン
(3) man (4) woman (5) answer (6) smile

1 (1) She is (2) He is (3) He is

2 (1) Is he / he is
(2) Is she / she isn't[she's not]
(3) He isn't[He's not] (4) Who is

3 (1) She is a soccer fan.
(2) Who is that boy?

4 (1) That's right (2) I got (3) in

5 🔳**Word Box** (1) lemon (2) lion (3) cherry

────● 解説 ●────

1 (1)前に述べた1人の女の人をさして,「彼女は〜です」は She is 〜. で表す。
(2)(3)前に述べた1人の男の人をさして,「彼は〜です」は He is 〜. で表す。

2 (1)(2) He[She] is 〜. の疑問文は is を主語の前に出して Is he[she] 〜? で表す。答えるときは,Yes, he[she] is. または No, he[she] isn't. の形を使う。
(3) He[She] is 〜. の否定文は is のあとに not を置く。
(4)**ミス注意**🖊 名前や家族関係をたずねる疑問文は Who is 〜? の形。What is 〜? は職業などをたずねるときに使う文。

3 (1) She is 〜.(彼女は〜です)の文。
(2)「〜はだれですか」は Who is 〜? で表す。

4 (1)「そのとおりです」は That's right. と言う。
(2)答えなどが「わかった!」は I got it! で表す。
(3)服装を表して「〜を着て」は in 〜で表す。

16

⑤ (1)くだもので sour(すっぱい) → lemon(レモン)。
(2)動物で strong(強い) → lion(ライオン)。
(3)くだもので丸くて赤い → cherry(サクランボ)。

ポイント He[She] is ～. の疑問文と答え方
Is he[she] ～?(彼[彼女]は～ですか。)
— Yes, he[she] is.(はい, そうです。)
— No, he[she] isn't. / No, he's[she's] not.
(いいえ, 違います。)

p.50 《 英語のしくみ 》
1 (1) **This is** (2) **is not** (3) **He is** (4) **It is**
2 (1) **Is / it** (2) **Is / she isn't[she's not]**
(3) **Who is**

《 解説 》

1 (1)「これは～です」は This is ～. で表す。this は近くのものをさすときに使う。
(2)「あれは～ではありません」は That is not ～. で表す。that は遠くのものをさすときに使う。
(3)「彼は～です」は He is ～. で表す。he は男性をさすときに使う。
(4)前に述べた1つのものをさして「それは」というときは, it を使う。
2 (1)「あれはあなたのぼうしですか」「はい, そうです」。前に述べた1つのものは it で受ける。
(2)「彼女はブラウン先生ですか」「いいえ, ちがいます」。Is she ～? に No の答えは, No, she isn't [she's not]. を使う。Ms. は女性に対してつける。she は女性をさすときに使う。
(3)B が名前を答えているので, Who is that girl?(あの少女はだれですか)とたずねる文にする。

p.51 ステージ1

Wordsチェック (1)両方 (2)欠席の
(3) **these** (4) **mine** (5) **yours** (6) **other**
1 (1) **Which** (2) **one** (3) **Whose** (4) **Eita's**
(5) **Whose / mine**

解説

1 (1)「A と B では, どちらの…が～ですか」は〈Which＋名詞＋is ～, A or B?〉で表す。
(2)The blue cup is. という代わりに, cup のくり返しをさけて代名詞の one を使う。
(3)「～はだれの…ですか」とたずねるときは〈Whose＋名詞＋is ～?〉で表す。
(4)持ち主を答えて「エイタのもの」のように持ち主をいうときは,〈人名＋'s〉で表す。
(5)「私のもの」は mine。

ポイント which と whose
・which →「どちらの, どの」
・whose →「だれの」

p.52～53 ステージ2
1 🎧LISTENING ア
2 (1)ウ (2)イ (3)イ (4)ア (5)ウ
3 (1) **That isn't [That's not]**
(2) **Is she** (3) **What is** (4) **It's**
4 (1) **He is a famous soccer**
(2) **Which bike is yours**
(3) **The new one is.**
5 (1)ウ (2)なるほど[そうですか]。
(3) **What's** (4) **It can save time.**
6 (1) **it is** (2) **Who is** (3) **Whose / one**
(4) **Which / one is**
7 (1) **This is my uncle.　He is[He's] a doctor.**
(2) **Is she a volleyball fan?**
(3) **He isn't [He's not] on the tennis team.**

解説

1 🎧LISTENING Who is that man? は「あの男の人はだれですか」という問い。cousin は「いとこ」, dentist は「歯科医」。

🎵音声内容
A : Who is that man?
B : He is my cousin.　He is a dentist.

2 (1)主語が That なので be 動詞は is。
(2)主語が They なので be 動詞は are。
(3)my sister は女性なので She で受ける。
(4)Mr. Brown は男性なので He で受ける。
(5)that house を受ける代名詞は it。
3 (1)「あれは～ではありません」は That isn't [That's not] ～. で表す。
(2)「彼女は～ですか」は, Is she ～? で表す。「～の出身です」は〈be 動詞＋from ～〉で表す。
(3)(4)「あれは何ですか」は What is that? で表す。答えるときは It is [It's] ～. で答える。that や this は答えるときは it で受ける。
4 (1)「彼は～です」は He is ～. で表す。
(2)(3)「A と B では, どちらの…が～ですか」は,〈Which＋名詞＋is ～, A or B?〉で表す。答えるときは A[B] is. で答える。ここでの one は bike のくり返しをさけるために使われている。
5 (1)put ... into ～ で「…を～の中に置く」。
(2)あいづちを打つときに使う決まった表現。

(3) what is の短縮形 what's を使う。

(4)「それ(＝墨汁)は時間を節約できます」とすると意味が通る。save は「(時間などを)省く」。

❻ (1) Is this ～? に対して Yes で答えるときは，Yes, it is. を使う。

(2)「彼女は私のおばです」と答えているので「あの女の人はだれですか」とたずねる疑問文に。

(3) ミス注意！ 「これらはだれの鉛筆ですか」「これは私のものです。ほかのはエミのものです」という対話。the other one の one は，pencil のくり返しをさけるために使われている。

(4)〈Which＋名詞＋is ～, A or B?〉で「A と B では，どちらの…が～ですか」とたずねる疑問文。「白い～です」と答えている。

❼ (1) ミス注意！ 人を紹介して「こちらは～です」は This is ～. を使う。this や that は「人」にも使う。「彼は～です」は He is ～. で表す。

(2)「彼女は～ですか」は Is she ～? で表す。

(3)「彼は～ではありません」は He is not[isn't] ～. または He's not ～. で表す。

p.54～55 ■ステージ③■

❶ LISTENING (1)イ (2)ア (3)イ

❷ (1) Is she (2) isn't, student

(3) Which hat[cap] is

(4) Whose, are these

❸ (1) Is he a famous comedian?

(2) Which cup is yours, the red one

❹ (1) Is this your correction pen?

(2) My house isn't[is not] new.

(3) What is[What's] that?

(4) Whose umbrella is this?

❺ (1)着物を着たこの女の人はだれですか。

(2) She is (3) isn't (4) Yes, she is (5) play

❻ (1) What is[What's] this? /
   It's[It is] a lion.

(2) She is[She's] absent today.

(3) Whose pen is this? / It's[It is] mine.

(4) Is a tomato a vegetable?

❼ (1)例 He[She] is fourteen[14] years old.

(2)例 He[She] is a soccer fan.

━━━━━ ▶ 解 説 ◀ ━━━━━

❶ LISTENING (1)「エミのおかあさんは看護師ですか」という質問。

(2)「ショウタのかばんは白ですか」という質問。「黒

いかばんと白いかばんのどちらがあなたのですか」「白いかばんです」という対話。

(3)「ユミのぼうしは古いですか」という質問。「新しいぼうしが私のです」と答えている。

♪ 音声内容

(1) A : Is your mother a nurse, Emi?
   B : No, she isn't. She's a doctor.
   Question : Is Emi's mother a nurse?

(2) A : Which bag is yours, the black one or
      the white one, Shota?
   B : The white one is.
   Question: Is Shota's bag white?

(3) A : Whose hats are these, Yumi?
   B : The new one is mine. The old one is
      my sister's.
   Question : Is Yumi's hat old?

❷ (1)「彼女は～ですか」は Is she ～? で表す。

(2) Yuta は I, you 以外の単数なので，否定文は Yuta isn't ～. で表す。

(3)「どちらの…が～ですか」は Which ... is ～? で表す。Which のあとには名詞が続く。

(4) ミス注意！ 「これらはだれの～ですか」は Whose ～ are these? で表す。these(これらは)は複数を表すので be 動詞は are を使う。

❸ (1)「彼は～ですか」は Is he ～? で表す。

(2) ミス注意！ 「A と B では，どちらの～があなたのものですか」は〈Which＋名詞＋is yours, A or B?〉で表す。

❹ (1) This is ～. の疑問文は Is this ～? で表す。correction pen は「修正ペン」。

(2) is の文の否定文は〈主語＋isn't[is not]～.〉。

(3)「あれは何ですか」とたずねる文に。

(4) ミス注意！ 「これはだれのかさですか」という意味の疑問文を作る。「だれのかさ」は whose umbrella で文頭に置く。あとに is this が続く。

❺ (1) in *kimono* は「着物を着た」。Who is ～? で「～はだれですか」の意味を表す。

(2)本文 1 行目の this woman を受けるので，主語は she に，be 動詞は is になる。

(3)本文で Is she a princess? に対して No と言っているので，「～ではない」という否定文にする。

(4)本文で She is a famous poet. と言っているので，Yes の答えになる。

(5)直前でダニエルがそのゲームをやりたいと言っているのに対し,真央が放課後にやろうと応じている。

6 (1)問いの文の this は, 答えの文では it で受ける。

(2)「欠席の」は absent。

(3)「だれのペン」は whose pen で文頭に置く。答えの文の主語は it にする。「私のもの」は mine。

(4) **ミス注意！** a tomato が主語になる疑問文。野菜は vegetable で, こちらにも a をつける。

7 (1)「彼[彼女]は～歳です」は He[She] is ～ (years old). で表す。He's[She's] ～. でもよい。

(2) **ミス注意！** 「彼[彼女]は～のファンです」は, He[She] is a ～ fan. で表す。a をつけるのを忘れないこと。

PROGRAM 5

p.56～57 ■■■ ステージ**1**

Words チェック (1)料理 (2)仕事

(3) family (4) same

1 (1) cooks (2) reads (3) studies English

2 (1) plays (2) speak (3) wants (4) eat

3 (1) uses (2) goes (3) doesn't skate

(4) doesn't like (5) doesn't have

4 (1) Kenta knows Ms. Miller.

(2) My brother doesn't play the guitar.

(3) Ann doesn't eat *natto* rolls.

5 (1) right (2) They're

WRITING Plus (1)例1 He[She] likes dogs.

例2 He[She] likes cooking.

(2)例1 He[She] often plays tennis.

例2 He[She] reads a book on Sundays.

━━━━━━━ 解説 ━━━━━━━

1 主語が三人称・単数の一般動詞の文では, 動詞に -(e)s をつける。三人称・単数とは, I, you 以外の単数で, he, she, it, Ken など。

(3) study は y を i にかえて -es をつける。

2 (1)(3) **ミス注意！** 主語が三人称・単数の肯定文。動詞に -(e)s をつける。

(2)主語は複数なので動詞に -(e)s はつけない。

(4)主語が三人称・単数の否定文。doesn't のあとの動詞は -(e)s をつけないもとの形(原形)。

3 (1)(2)主語が三人称・単数の肯定文に。動詞に -(e)s をつける。go は -es をつけて goes となる。

(3)否定文は動詞の前に doesn't を置く。あとの動詞は -(e)s をつけないもとの形にする。

4 (1)「知る, 知っている」は know を使う。主語

が三人称・単数なので動詞は knows となる。

(2)(3)否定文は〈主語＋doesn't＋動詞 ～.〉の形。

5 (1)「～でよろしいですね。」は文末に〈～, right?〉をつけて表す。

WRITING Plus (1) He[She] likes～. で表す。例1 は「彼[彼女]はイヌが好きです」という意味。「イヌ全体」をさすときは, 複数形にする。例2 は「彼[彼女]は料理が好きです」という意味。

(2)例1 は「彼[彼女]はしばしばテニスをします」という意味。「(スポーツを)する」というときは〈play＋スポーツ名〉で表せることが多い。often は「しばしば」という意味。例2 は「彼[彼女]は日曜日に本を読みます」という意味。

> **ポイント1** 主語が三人称・単数の肯定文
> ・一般動詞の語尾に -(e)s をつける。
>
> **ポイント2** 主語が三人称・単数の否定文
> ・〈主語＋doesn't＋動詞 ～.〉の形。
> ・動詞は -(e)s をつけないもとの形(原形)になる。

p.58～59 ■■■ ステージ**1**

Words チェック (1)選手 (2)外国へ[に]

(3) travel (4) wear (5) important

(6) member

1 (1) Does, speak / does

(2) Does, like / No, doesn't

(3) Does, dance / he does

2 (1) Does, play / does

(2) Does, speak / doesn't

(3) Does Ann enjoy / does

(4) What does / likes

3 (1) Take (2) every (3) proud of

(4) at home (5) This is

4 **Word Box** (1) ride (2) take (3) travel

(4) use (5) do

━━━━━━━ 解説 ━━━━━━━

1 主語が三人称・単数の一般動詞の疑問文は, 主語の前に does を置く。〈Does＋主語＋動詞 ～?〉の形になる。答えるときは, 〈Yes, 主語＋does.〉または〈No, 主語＋doesn't.〉。

2 (1)～(3)疑問文は does を主語の前に置いて, 動詞を -(e)s のつかない形にする。答えの文は, Yes, ～ does. または No, ～ doesn't. の形。

(4) **ミス注意！** 「トムは何が好きですか」とたずねる文にする。〈What＋does＋主語＋動詞 ?〉の形。答えの文の動詞に -s をつけることに注意。

❸ (1)「～をぬぐ」は take off ～。

(3)「～を誇りに思う」は be proud of ～。

(4)「家で[に]」は at home。

❹ (Word Box) (1)「乗る」は ride。

(3)「旅行をする」は travel。

(5)動詞は「する」という意味の do を使う。

> **ポイント** 主語が三人称・単数の疑問文と答え方
> Does＋主語＋動詞 ～?(…は～しますか)
> — Yes, 主語＋does. (はい，します。)
> — No, 主語＋doesn't[does not].
> (いいえ，しません。)

p.60 《 英語のしくみ 》

1 (1) studies (2) has (3) doesn't like

(4) Does, watch / does

2 (1) My grandpa makes dinner.

(2) Does Mr. Ono practice soccer every day? / Yes, he does.

(3) Does Ms. Ito go to the park before dinner? / No, she doesn't.

《 解説 》

1 (1)主語が三人称・単数なので study を studies とする。

(2) have の三人称・単数・現在形は has。

(3)否定文は〈主語＋doesn't＋動詞 ～.〉の形。

(4)疑問文は〈Does＋主語＋動詞 ～?〉の形。

2 (1)主語が三人称・単数なので，肯定文では一般動詞の語尾に -(e)s をつける。

(2)(3)疑問文は〈Does＋主語＋動詞 ～?〉の形。答えの文は〈Yes, 主語＋does.〉または〈No, 主語＋doesn't[does not].〉の形に。

p.61 ステージ1

(Words チェック) (1)春 (2)秋 (3) 6 月 (4) 12 月

(5) 3 月 (6) 2 月 (7) season (8) month

❶ (1) January (2) February (3) March

(4) April (5) May (6) June (7) July

(8) August (9) September (10) October

(11) November (12) December

❷ (1) spring (2) summer

(3) fall[autumn] (4) winter

❸ (1) in August (2) in January

解説

❶ (ミス注意!) 月名は大文字で書き始める。(1)(2) January, February は -ary で終わる。(9)～(12) -ber で終わるつづりにも注意。

❷ (ミス注意!) summer は m を重ねることに注意。

❸ 「～月に」は〈in＋月名〉で表す。

p.62～63 ステージ2

❶ (LISTENING) イ

❷ (1) plays (2) studies (3) swims

(4) has (5) lives

❸ (1) He doesn't go to her

(2) She makes a delicious omelet.

(3) I'm proud of my sister.

❹ (1) doesn't have (2) Does, wear

(3) she doesn't (4) doesn't clean

❺ (1) right (2)ウ (3) stand, watch

(4) No he doesn't

❻ (1) she does (2) doesn't / practices

(3) watches (4) studies

❼ (1) My mother likes summer.

(2) When does he make[cook] lunch?

(3) She sometimes travels abroad.

解説

❶ (LISTENING) 「ベンはテニスをしますか」という問い。「はい，します。彼はサッカーもします」と答えている。

> ♪ 音声内容
> A: Does Ben play tennis?
> B: Yes, he does. He plays soccer too.

❷ (ミス注意!) いずれも主語が三人称・単数なので動詞の語尾に -(e)s をつける。(2) study → studies, (4) have → has の変化に注意。

❸ (1)主語が三人称・単数の一般動詞の否定文は〈主語＋doesn't＋動詞 ～.〉の形。

(3)「～を誇りに思う」は be proud of ～で表す。proud は「誇りをもっている」の意味の形容詞。

❹ (1)(4)〈主語＋doesn't＋動詞 ～.〉の形。doesn't は does not の短縮形。

(2)(3)主語が三人称・単数の一般動詞の疑問文は〈Does＋主語＋動詞 ～?〉の形。答えるときは〈Yes, 主語＋does.〉か〈No, 主語＋doesn't[does not].〉を使う。

❺ (1)～, right? で「～でよろしいですね」。

(2)「週末に」は on weekends。

(3) the same job(同じ仕事)は，真央の祖父がしている「通りに立ち，生徒を見守る」仕事をさす。

(4)最後の真央の発言から，真央の祖父は週末には通りに立たないので，No の答え。

20

❻ (1)主語が三人称・単数の一般動詞の疑問文に Yes で答えるときは，Yes, 〜 does. を使う。

(2)**ミス注意** あとの空所に入る practice には -s をつける。

(3)**ミス注意** 「ケンタはいつテレビを見ますか」「彼は夕食後に見ます」という対話。watch → watches の変化に注意。

(4)**ミス注意** 「彼女は金曜日に何を勉強しますか」「彼女は理科と国語を勉強します」という対話。study → studies の変化に注意。

❼ (1)主語が三人称・単数なので like は likes に。

(2)「彼はいつ〜しますか」は When does he 〜? で表す。動詞は -(e)s のつかない形にする。

(3)「外国に旅行する」は travel abroad。主語が三人称・単数なので travel は travels となる。sometimes(ときどき)の位置に注意。

p.64〜65 ステージ3

❶ 🎧LISTENING (1)ア (2)イ (3)ウ

❷ (1)reads many (2)doesn't wear
(3)Does, want (4)he does

❸ (1)My father doesn't like winter.
(2)We take off our jackets at home.

❹ (1)He goes to the park on Sundays.
(2)My uncle doesn't[does not] like animals.
(3)Does Ms. Mori have a nice computer?
(4)When does Aki study English?

❺ (1)こちらは私のいとこのジェニーです。
(2)イ (3)she does (4)her job
(5)Daniel's

❻ (1)He has an important job.
(2)Does she have[eat] fruit every morning?
(3)My brother doesn't[does not] ride a bike[bicycle].
(4)What does your father make for you?

❼ (1)例 Does Mr.[Ms.] Kato like sports?
(2)例 What does Mr.[Ms.]Kato do on Sundays?

解説

❶ 🎧LISTENING (1)His mother likes cats too. を聞き取る。「ケンタのおかあさんはネコが好きですか」という質問。

(2)「ユミはギターをひきますか」という質問。No, she doesn't. を聞き取る。

(3)「アンはいつテニスを練習しますか」という質問。on Tuesdays を聞き取る。

🎵音声内容

(1) A : Does Kenta like cats?
B : Yes, he does. His mother likes cats too.
Question : Does Kenta's mother like cats?

(2) A : Does Yumi play the guitar?
B : No, she doesn't. But she plays the piano.
Question : Does Yumi play the guitar?

(3) A : When does Ann practice tennis?
B : She practices it on Tuesdays.
Question : When does Ann practice tennis?

❷ (1)主語が三人称・単数なので動詞 read の語尾に -s をつける。

(2)**ミス注意** 主語が三人称・単数の一般動詞の否定文。doesn't のあとの動詞は -(e)s をつけない形に。「(くつ)をはいている」は wear を使う。

(3)主語が三人称・単数の一般動詞の疑問文は〈Does＋主語＋動詞 〜?〉の形。

(4)主語が三人称・単数の一般動詞の疑問文に Yes で答えるときは，Yes, 〜 does. を使う。

❸ (1)否定文は〈主語＋doesn't＋動詞 〜.〉の形。

(2)「〜をぬぐ」は take off 〜 で表す。

❹ (1)主語が三人称・単数になるので go → goes。

(2)(3)**ミス注意** 主語が三人称・単数の否定文・疑問文では動詞は -(e)s をつけない形にする。

(4)「アキはいつ英語を勉強するのですか」という意味の疑問文に。when(いつ)を文頭に置き，そのあとに一般動詞の疑問文を続ける。

❺ (1)my cousin Jenny は「私のいとこのジェニー」。my cousin＝Jenny の関係。

(2)「〜のメンバー」の「〜の」は of を使う。

(3)主語が三人称・単数の一般動詞の疑問文に Yes で答えるときは，Yes, 〜 does. を使う。

(4)下線部④の She は Jenny をさす。彼女は her job(彼女の仕事)を楽しんでおり，また誇りにも思っている。

(5)「ジェニーはダニエルのいとこです」という文にする。「ダニエルの」は Daniel's と表す。

❻ (1)**ミス注意** 「〜があります」は動詞は have を使う。主語が三人称・単数なので has にする。

(2)〈Does＋主語＋動詞 ～?〉の形。「毎朝」は every morning。

(3)〈主語＋doesn't＋動詞 ～.〉の形。「自転車に乗る」は ride a bike[bicycle]。

(4)**ミス注意！** 「何を」は what で文頭に置く。「(料理などを)作る」は動詞の make で表す。

❼ (1)〈Does＋主語＋like ～?〉の形。主語は男性なら Mr. ～，女性なら Ms. ～ とする。

(2)〈What does＋主語＋do～?〉の形。「する」は動詞 do で表す。「日曜日に」は on Sundays。

PROGRAM 6

p.66～67　ステージ1

Wordsチェック (1)**1 時間，時間** (2)**彼の**

(3)**across** (4)**tell**

❶ (1)like him (2)love him (3)know her

❷ (1)him (2)her (3)them (4)them

❸ (1)We love her. (2)I know him.

(3)Do you know them?

(4)I can see them.

❹ (1)We know her well.

(2)I play tennis with him

(3)I don't know about them.

❺ (1)across (2)beyond

(3)Tell, about (4)takes (5)walks, to

❻ **Word Box** (1)He is[He's] a detective.

(2)This monster is strong.

(3)They are not[They're not / They aren't] pirates.

━━━━━━━ 解 説 ━━━━━━━

❶ 三人称・単数のうち，人について「～を，～に」と言うとき，男性には him(彼を，彼に)，女性には her(彼女を，彼女に)を使う。

(3)Ms. は女性に対する敬称。

❷ (1)Mr. Kato は男性なので「彼を[に / が]」は him。

(2)女性について「彼女を[に / が]」は her。

(3)(4) the boys と Tom and Meg を受けて「彼らを[に / が]」は them で表す。

❸ (1)Ms. Miller は女性なので「彼女を[に / が]」は her。

(2)that man を受けて「彼を[に / が]」は him。

(3)Emily and Becky を受けて「彼女らを[に / が]」は them。

(4) a dog and two cats を受けて「それらを[に / が]」は them。

❹ (1)「彼女を知っている」は know her で表す。

(2)**ミス注意！** 「～と」は with ～。with は in, at などと同じ前置詞。前置詞のあとの代名詞は，「～を[に / が]」を表す形にする。ここでは him。

(3)「～について」は about で前置詞。あとに「彼らを[に / が]」を表す代名詞 them が続く。

❺ (1)「～を横切って」は across。

(2)「～の向こうに」は beyond。

(3)「(人)に～について話す」は tell ... about ～。

(4)「(時間が)～かかる」は It takes ～. で表す。

(5)「～(の距離を)歩く」は walk ～。

❻ **Word Box** (3)主語が複数なので複数形にする。

ポイント① 「～を[に / が]」を表す語

・「彼を[に / が]」 → him

・「彼女を[に / が]」 → her

・「彼ら[彼女ら，それら]を[に，が]」 → them

ポイント② 前置詞のあとの代名詞

「～を[に / が]」を表す形になる。

・with him (彼といっしょに)

・about her (彼女について)

p.68～69　ステージ1

Wordsチェック (1)**すべての人，だれでも**

(2)**見つける** (3)**映画** (4)**危険な** (5)**early**

(6)**there** (7)**parent** (8)**pray** (9)**musician**

(10)**children**

❶ (1)Why / Because

(2)Why / Because he

(3)Why / Because, great

❷ (1)Why do (2)Because, are

(3)Why does (4)Because, practices

❸ (1)Why do you study American culture?

(2)Why is Kenta absent today?

❹ (1)Why does she know that man?

(2)Because he is her uncle.

❺ (1)get up (2)you know (3)No

WRITING Plus 例1 Because she is friendly and kind.

例2 Because she sometimes makes a cake for me.

━━━━━━━ 解 説 ━━━━━━━

❶ 「あなたはなぜ～が好きですか」は Why do you like ～?。答えるときは，Because ～.。

22

(1) friendly は「親しみやすい」。

❷ (1)(3)「なぜ〜しますか」と理由をたずねるときは，疑問詞の why で文を始める。(2)(4)答えるときは，Because 〜. の形で理由を答える。

(4) **ミス注意❗** 主語が he で三人称・単数なので動詞には −s をつけることに注意。「練習する」は practice。

❸ (1)「あなたはなぜアメリカの文化を勉強するのですか」という Why 〜の疑問文に。

(2) **ミス注意❗**「ケンタはなぜ今日欠席なのですか」。Why のあとに be 動詞の疑問文が続くことに注意。

❹ (1)〈Why＋does＋主語＋動詞の原形 〜?〉の形。主語が三人称・単数なので does を使う。

(2)「なぜなら〜（だからです）」は Because 〜. の形で表す。

❺ (1)「起きる」は get up。

(2)「〜だよね」は〈〜, you know.〉で表す。

(3)「まさか[そんなばかな]」は No way! と言う。

WRITING Plus🖊 ショウコという友だちが好きである理由を Because 〜. の形で書く。**例1**は「なぜなら彼女は親しみやすくて親切だからです」，**例2**は「なぜなら彼女はときどき私にケーキを作ってくれるからです」という意味。

> **ポイント** 「なぜ」とたずねる疑問文と答え方
> ・「なぜ〜しますか」
> 〈Why＋do[does]＋主語＋動詞の原形 〜?〉
> ・「なぜなら〜（だからです）」
> 〈Because＋主語＋動詞 〜.〉

p.70〜71 《 英語のしくみ 》

① (1) him (2) mine (3) Our (4) them

② (1) it (2) his (3) We (4) hers

③ (1) are ours (2) Its (3) Why do
(4) Because they

④ (1) They are his.
(2) Is this eraser yours?
(3) Why does Becky get up early on Wednesdays?
(4) These balls aren't theirs.

⑤ (1) They use their room
(2) The blue one is hers.
(3) Maki goes to the concert with him.

⑥ (1) We know him.　He knows us too.
(2) This bike[bicycle] isn't[is not] mine. It's[It is] Mao's.

(3) **Why do you like this musician? / Because he is [he's] cool.**

━━━━ 《 解説 》 ━━━━

① (1)「彼を」と文中で目的語になる形は him。

(2)「私のもの」と所有を表す形は mine。

(3)「私たちの」と所有を表す形は our。

(4) with のような前置詞のあとの代名詞は「〜を[に / が]」を表す形にする。

② (1)「それを」は it。

(2)「私の兄[弟]の」→「彼の」で his。

(3)「カオリと私は」→「私たちは」で we。

(4)「私の姉[妹]のもの」→「彼女のもの」で hers。

③ (1)「私たちのもの」は ours。

(2) **ミス注意❗**「それの」と it の所有を表す形なので its。it's(it is の短縮形)と混同しないこと。

(3)「なぜ〜しますか」は〈Why＋do[does]＋主語＋動詞の原形 〜?〉で表す。

(4)「なぜなら〜（だからです）」と理由を表す文は Because 〜. で表す。

④ (1)「これらの腕時計」は主語なので they，「私の祖父のもの」は「彼のもの」を表す his に。

(2)「これはあなたの消しゴムですか」を「この消しゴムはあなたのものですか」に。

(3) **ミス注意❗**「なぜ」とたずねる文は〈Why do[does]＋主語＋動詞の原形 〜?〉の形。主語が三人称・単数なので does を使う。

(4)「これらは彼らのボールではありません」を「これらのボールは彼らのものではありません」に。

⑤ (1)主語の「彼らは」は they，所有を表す「彼らの」は their。

(2)「その青色のもの」は the blue one。「彼女のもの」は hers。one は前に出てきた名詞のくり返しを避けるために使われる代名詞で「…もの」。

(3)「〜と」は with 〜で表す。with のあとの代名詞は「〜を[に / が]」を表す形にする。

⑥ (1)「彼を」は him，「私たちを」は us を使う。

(2)「私のもの」は mine。「真央のもの」は人名のあとに〈's〉をつけて Mao's とする。

(3)「なぜ」とたずねる文は Why 〜? の形。理由を答える文は Because 〜. の形。

p.72 ≡ステージ1

Wordsチェック (1)たやすく，手軽に
(2)分かち合う (3) camera (4) floor
(5) wall (6) miss

❶ (1) Excuse me　(2) Turn,　and
　(3) next to　(4) are here　(5) Go up
❷ (1) You're welcome　(2) switch on
　(3) take,　escalator　(4) in

●━━━━━━━━━ 解 説 ●━━━━━━━

❶ (1)「すみませんが」は Excuse me, but 〜. で
表す。(2)「〜してください，そうすれば…」とい
うときは〈命令文，and …〉で表す。「左[右]に曲
がる」は turn left[right]。
　(3)「〜の隣に」は next to 〜 で表す。
　(4)現在地を示すときは You are here. で表す。
　(5)「〜まで上がる」は go up to 〜。
❷ (1)お礼を言われたときに言う「どういたしまし
て。」は You're welcome. で表す。
　(2)「〜のスイッチを入れる」は switch on 〜。
　(3)エスカレーターなどに「乗る」は take。
　(4)「〜(時間が)たつと」は in 〜 で表す。

p.73　━━━ ステージ**1**

❶ (1) What's,　date / It's February
　(2) What's,　date / It's July
　(3) What's the date / It's November 20.
❷ (1) birthday,　September
　(2) birthday,　January

●━━━━━━━━━ 解 説 ●━━━━━━━

❶「今日は何月何日ですか」は What's the date
today? と言う。〈It's[It is]＋月＋日.〉で答える。
❷ (1)「私の誕生日は〜です」は〈My birthday is＋
月＋日.〉で表す。
　(2)「〜の誕生日」は Tom's birthday(トムの誕生日)
のように「〜の」を表す語を使う。

p.74〜75　━━━ ステージ**2**

❶ 🎧LISTENING　イ
❷ (1) her　(2) him　(3) them
　(4) our　(5) me
❸ (1) They　(2) mine　(3) we　(4) it
　(5) You're
❹ (1) hers　(2) Why does
　(3) Because,　likes　(4) Its
❺ (1) lives　(2) him　(3) It takes two hours.
　(4) Yes, he does
❻ (1) This hat isn't hers.
　(2) Her house is next to the park.
　(3) Turn right, and you can see
❼ (1) These cameras are his.

　(2) Excuse me, but where is the hospital?
　(3) My birthday is August 24.

●━━━━━━━━━ 解 説 ●━━━━━━━

❶ 🎧LISTENING　「大きいかばんがユミのもので，
小さいかばんがケンのものです」から判断する。
「ユミのもの」は Yumi's と，名前に 's をつけて表す。

🎵 **音声内容**
A : My sister Yumi has some bags here.
B : Are these Yumi's bags?
A : The big one is hers.　The small one is
　　Ken's.

❷ (3)前置詞withのあとの代名詞は「〜を[に / が]」
を表す形に。
　(5) **ミス注意!**「私に」は me。〈tell＋人＋about 〜〉
は「(人)に〜について話す」。「人」を表す語が代
名詞の場合は「〜を[に / が]」を表す形に。
❸ (1)「それら(＝two cats)は」は they。
　(2)「はい，それは私のものです」の意味に。
　(3) you and Maki を答えの文では we で受ける。
　(4) this を答えの文では it(それを)で受ける。
　(5)「どういたしまして」という決まった言い方。
❹ (2) **ミス注意!**「なぜ〜するのですか」と理由を
たずねる疑問文は〈Why＋do[does]＋主語＋動詞
の原形〜?〉の形。主語が Tom なので does。
　(3)「なぜなら〜(だからです)」は Because 〜.
　(4)「それの」は it の所有を表す形 its を使う。
❺ (1)主語が三人称・単数なので -s をつける。
　(2)「彼を」「彼について」。「〜を[に / が]」を表
す形にする。
　(3)「2時間かかります」という意味に。〈It takes
〜.〉で「〜かかる」。
　(4)「ジャクソンは毎朝走って，そして歩いて学校
に行きますか」。最後のエミリーの発言から，Yes
の答え。
❻ (2)「〜の隣にあります」は〈is next to 〜〉。
　(3) **ミス注意!**「右に曲がる」は turn right。〈命
令文，and 〜.〉で「…してください，そうすれば
〜」の意味。
❼ (1) **ミス注意!**「彼のもの」は his。あとに名詞
はこない。主語が複数なので「〜です」は are。
　(2)「失礼ですが，〜」は Excuse me, but〜. で表
す。「〜はどこですか」は Where is 〜? で表す。
　(3)自分の誕生日は〈My birthday is＋月＋日.〉で表
す。

p.76~77 **ステージ3**

1 **LISTENING** (1)ア (2)イ (3)エ

2 (1) This / her (2) are theirs

(3) Its name (4) Turn, and

3 (1) Do you know anything about him?

(2) Take the elevator and go up to

4 (1) Do you know them?

(2) These gloves are ours.

(3) Why does your brother study Korean?

(4) What's the date today?

5 (1) you know (2) Why (3) them

(4) Jackson and his sister

(5) amazing, dangerous

6 (1) Is this watch his?

(2) That computer is his father's.

(3) Why do you get up early?

(4) Because I make [cook] breakfast.

7 (1)例 Why do you like him [her]?

(2)例 Excuse me, but where is Sakura Park?

━━━━━ 解説 ━━━━━

1 **LISTENING** (1)「ベッキーはタクヤを知っていますか」という質問。

(2)「あの赤いのが私(＝ケン)のものです。ほかの黄色いのがトムのものです」からイが正しい。

(3)「なぜユカは彼女のおじさんが好きなのですか」という質問。friendly(親しみやすい)を聞き取る。

♪ 音声内容

(1) A: Do you know that boy, Becky?

B: Yes, I know him. He's my friend Takuya.

Question: Does Becky know Takuya?

(2) A: Are these caps yours, Ken?

B: That red one is mine. The other yellow one is Tom's.

Question: Is the yellow cap Ken's?

(3) A: This is my uncle. I like him.

B: Why do you like him, Yuka?

A: Because he is friendly.

Question: Why does Yuka like her uncle?

2 (1)人をさして「こちらは」は this を使う。「彼女が」は「～を[に／が]」を表す形の her を使う。

(2)「彼らのもの」は theirs。

(3)「それの」は its で表す。あとに名詞がくる。

(4)〈命令文, and ～.〉で「…してください, そう

すれば～」の意味を表す。「右に曲がる」は turn right。

3 (1)前置詞 about(～について)のあとの代名詞は「～を[に／が]」を表す形にする。疑問文なので,「何か」は anything を使う。

(2)「エレベーターに乗る」は take the elevator。「～へ上がる」は go up to ～。

4 (1) Tom and Becky は them(彼らを)で受ける。

(2) **ミス注意!** 「これらは私たちのグローブです」→「これらのグローブは私たちのものです」の文に。

(3)〈Why＋do[does]＋主語＋動詞の原形 ～?〉の形。主語が your brother なので does を使う。

(4) **ミス注意!** 日付をたずねる疑問文は What's the date today? で表す。曜日をたずねる疑問文の What day is (it) today? と混同しないこと。

5 (1)「～だよね。」は〈～, you know.〉で表す。

(2)直後で Because ～. と理由を答えているので, Why ～?(なぜ～)の疑問文に。

(3) attack は「襲う, 攻撃する」。school children は複数を表すので them(彼らを)で受ける。

(4) their(彼らの)の内容は「ジャックと彼の妹の」という意味。

(5)対話文の1～2行目を参照。amazing は「すばらしい」, dangerous は「危険な」。

6 (1) **ミス注意!** 「彼のもの」は his で表し, あとに名詞は置かない。

(2)「彼のおとうさんのもの」は his father's のように father に 's をつけて表す。

(3) why で文を始める。「起きる」は get up。

(4)「なぜなら～」は Because ～. で表す。

7 (1)「あなたはなぜ彼[彼女]が好きなのですか」とたずねる文に。why で文を始める。

(2)「失礼ですが, ～」は Excuse me, but ～. で表す。「～はどこですか」は Where is ～? で表す。

PROGRAM 7

p.78〜79 ステージ**1**

Words チェック (1)博物館 (2)near

1 (1) There is (2) There is
(3) There are, in

2 (1) is (2) are (3) are

3 (1) There are two girls in the library.
(2) There isn't[is not] a park near here.
(3) Is there a dog by the chair? /
there is / there isn't

4 (1) There are some lions
(2) There is a big bookstore
(3) Are there any dogs in

5 (1) over there (2) For example
(3) Here, is (4) want to (5) also

6 Word Box (1) bridge (2) college
(3) shopping mall

───── 解 説 ─────

1 「…に〜があります[います]」は, There is[are]
〜. の形で表す。主語が単数なら There is 〜. を,
主語が複数なら There are 〜. を使う。

2 (1) a guitar が主語で単数なので There is 〜. の
形。
(2) some students, (3) three dishes が主語で複数
なので There are 〜. の形。

3 (1)主語が複数になるので There are 〜. となる。
(2)否定文は is のあとに not を置く。
(3) There is[are] 〜. の疑問文は Is[Are] there
〜? の形。答えの文は Yes, there is[are]. または
No, there isn't[aren't]. で答える。

4 (1)主語が some lions で複数なので There are
〜. の形。
(2)主語が a big bookstore で単数。There is 〜.
の形。

5 (3)「ここにあります(ね)」と相手に何かを手渡
すとき Here it is. と言う。
(5)「〜もまた, さらに」は also で表す。too と
同じ意味だが, 位置に注意する。

ポイント1 「…に〜があります[います]」
・主語が単数
〈There is＋主語＋…(場所を表す語句).〉
・主語が複数
〈There are＋主語＋…(場所を表す語句).〉

ポイント2 There is[are] 〜. の否定文・疑問文
・否定文
〈There is[are] not＋主語＋….〉
・疑問文と答え方
〈Is[Are] there＋主語＋…?〉
— Yes, there is[are]. /
No, there isn't[aren't].

p.80〜81 ステージ**1**

Words チェック (1)遠くに (2)パーティー
(3) car (4) someday (5) come (6) ship

1 (1) How do / bike (2) How does / train
(3) How does / By car

2 (1) How do you go to Kyoto?
(2) How does Mao come to school?

3 (1) How (2) What (3) Where (4) When

4 (1) It's (2) something cold (3) a little
(4) Sounds (5) shows, around

WRITING Plus (1)例1 (I go to school) By bike.
例2 I walk to school.
(2)例1 (He[She] goes to school) By car.
例2 He[She] walks to school.

───── 解 説 ─────

1 「〜はどのようにして学校に来ますか」は〈How
do[does] 〜 come to school?〉の形。答えるとき
は By 〜. などの形で交通手段を言う。
(1) by bike は「自転車で」。
(2) by train は「電車で」。
(3) by car は「自動車で」。

2 (1)「あなたはどのようにして京都に行きますか」
と交通手段をたずねる疑問文に。how を使う。
(2) ミス注意 「真央はどのようにして学校へ来ま
すか」の文に。主語が Mao なので does を使う。

ポイント 交通手段をたずねる疑問文と答え方
・「…はどのようにして〜に行き[来]ますか」
〈How do[does]＋主語＋go[come] to 〜?〉
・「〜で行き[来]ます / 歩いて〜へ行き[来]ます」
— By 〜. / … walk(s) to 〜.
※「〜」には bike, car, train, bus などの交通手
段を表す語が入る。a[an]や the はつけない。

3 (2) ミス注意 「テレビを見ます」と答えている
ので「日曜日に何をしますか」とたずねる文に。
(3)「シドニーに」と場所を答えているので「どこ
に住んでいますか」と場所をたずねる文に。
(4)「日曜日にそこへ行きます」と答えているので
「いつ」と時をたずねる文に。

❹ (1)「…では(季節が)〜です」は〈It is[It's] 〜＋場所.〉の形で表す。it's は it is の短縮形。

(2)〈something＋形容詞〉で「何か〜なもの」。

(4)この sound は「〜に聞こえる」という動詞。It[That] sounds fun. の It[That]が省略された形。

(5)「〜を案内して回る」は show 〜 around。

WRITING Plus (1)「あなたはどのようにして学校に行きますか」。例1は「自転車で行きます」，例2は「歩いて行きます」の意味。(2)「あなたの先生はどうですか」。例1は「車で行きます」，例2は「歩いて行きます」，walks となる。

p.82〜83 《 **英語のしくみ** 》

1 (1) There is　(2) There are

(3) There aren't any　(4) is on

2 (1) Are there / are　(2) How do

(3) How does

3 (1) There are some shrines near the park.

(2) There isn't[is not] a restaurant near the post office.

(3) Are there any pencils on the desk? / there are / there aren't[are not]

(4) How does he go to Sapporo?

4 (1) There is a big cat under

(2) There are seven days in a week.

(3) Is there a hospital near here?

(4) How do you cook curry?

(5) There is some milk in the cup.

5 (1) There are two balls and a glove on the bed.

(2) Your watch is in the box.

(3) We go to Yokohama by ship.

(4) There aren't[are not] any books in this room.

《 **解説** 》

1 (1)主語が単数なので There is 〜. の形で表す。

(2)主語が複数なので There are 〜. の形で表す。

(3)「〜は1つもありません」はany を使って〈There aren't[are not] any 〜.〉で表す。

(4)**ミス注意** your hat は相手にとって新しいもの[情報]ではないので，There is[are] 〜. の文で表すことはできない。〈主語＋be 動詞＋場所.〉の形で表す。

2 (1)「体育館に何人か少年がいますか」「はい，

います」という対話。答えの there に注目する。

(2)「自転車で」から how で手段をたずねる文に。

(3)英語の勉強の仕方を答えているので，「どのようにして英語を勉強しますか」とたずねる文に。

3 (1)主語に some がつき複数になるので is を are にかえる。shrine を複数形にするのを忘れない。

(2) There is 〜. の否定文は is のあとに not。

(3)**ミス注意** 肯定文の some は疑問文ではふつう any にする。There are 〜. の疑問文は Are there 〜?。答えの文でも there を使う。

(4)「飛行機で」から how で手段をたずねる文に。

4 (1)a big cat が主語で単数なので There is 〜. の文。「〜の下に」は under 〜。

(2)「1週間(の中)には」は in a week。「日」「月」「季節」のように形のないものについて言うときも There is[are] 〜. の文で表せる。

(3) There is 〜. の疑問文は Is there 〜?。

(5)**ミス注意** milk のように数えられない名詞は単数扱いなので，be 動詞は is を使う。some(いくらかの)は数えられない名詞の前でも使う。

5 (1)主語が複数なので There are 〜. の形。

(2)**ミス注意** 「あなたの腕時計」は「特定のもの」なので，There is 〜. の形では表せない。〈主語＋be 動詞＋場所.〉の形で表す。

(4)「〜は1つもありません」は any を使って〈There aren't[are not] any 〜.〉で表す。

p.84 《 **ステージ1** 》

Words チェック (1)理由　(2) topic

(3) country　(4) life

❶ ①ア　②カ　③イ　④オ　⑤エ　⑥ウ

❷ (1) I'd, talk　(2) have, reasons

(3) First　(4) Thank, for

《 **解説** 》

❶ ①ア「私のヒーローについて話したいと思います」。②カ「2つの理由があります」。③イ「第1に，彼はすばらしい野球選手です」。④オ「第2に，彼はかっこいいです」。⑤エ「それで私のヒーローはオガワケンタです」。⑥ウ「聞いていただきありがとうございます」。

❷ (1)「〜について話したいと思います」は I'd like to talk about 〜. で表す。

(2)「〜個の理由がある」は〈have＋数＋reason(s)〉。

(3)「第1に〜」は First, 〜. で表す。

(4)スピーチの最後に述べるあいさつ。

p.85 ■■ ステージ**1**

Wordsチェック (1)もの，こと
(2)たくさんの〜 (3)**learn** (4)**teach**

1 (1)**When** (2)**Where** (3)**Who** (4)**Which**
(5)**What** (6)**Whose** (7)**Who** (8)**Why**
(9)**What** (10)**How** (11)**How many**

■■■■ 解 説 ■■■■

1 (1)「夕食後です」→「いつ」。(2)「テーブルの上
です」→「どこに」。(3)「私の友だちのアヤで
す」→「だれ」。(4)「緑のものです」→「どちらの」。
(5)「それらは新しいロボットです」→「何」。(6)「私
のもの」→「だれの〜」。(7)「田中先生です」→「だ
れが〜しますか」。(8)「スキーができるか
ら」→「なぜ」。(9)「7時に」→「何時に」。(10)「自
転車でです」→「どのようにして」。(11)「2人兄弟
がいます」→「何人」。

p.86〜87 ■■ ステージ**2**

1 ①**LISTENING** ウ
2 (1)**There is** (2)**There are**
(3)**There aren't any** (4)**by plane**
3 (1)**there are** (2)**there aren't**
(3)**How / goes** (4)**Where / lives**
4 (1)**There are five tomatoes on the table.**
(2)**Is there a red bag by the window?**
(3)**When does she go to her grandmother's
house?**
5 (1)たとえば。 (2)**There is a famous place**
(3)**Here, is** (4)**Yes, there are**
6 (1)**There is a big shopping mall**
(2)**Are there any convenience stores near
here?**
(3)**How many books do you have?**
7 (1)**There are some apples on the desk.**
(2)**How does he study Korean?**
(3)**My favorite season is fall[autumn].
I have two reasons.**

■■■■ 解 説 ■■■■

1 ①**LISTENING** 「いすの下にネコがいる」「机の
上に3冊の本がある」「部屋にベッドはない」と
いう内容にあった絵を選ぶ。

♪音声内容
　There is a cat under the chair.　There are
three books on the desk.　There isn't a bed in
this room.

2 (1)「…に〜があります」は，主語が単数なので
There is 〜. の形で表す。
(2)主語が複数なので There are 〜. の形で表す。
(3)**ミス注意!**「…には〜は1つもありません」
は any を使って〈There aren't[are not] any 〜....〉
で表す。否定文の any は「1つも[少しも](〜な
い)」の意味。
(4)「飛行機で」は by plane。
3 (1)(2)Are there 〜? には Yes, there are. または
No, there aren't[are not]. で答える。
(3)by car(自動車で)と交通手段を答えているの
で，how(どのようにして)でたずねる疑問文に。
(4)「この町のさくら公園の近くに」と場所を答え
ているので where(どこに)でたずねる疑問文に。
4 (1)**ミス注意!** 主語が複数になるので is を are
にかえる。tomato の複数形は tomatoes。
(2)There is 〜. の疑問文は is を there の前に出す。
(3)**ミス注意!**「いつ」と時をたずねる疑問文に。
動詞は -(e)s のつかないもとの形(原形)になる
ことに注意。
5 (2)主語が a famous place と単数なので There
is 〜. の文にする。
(3)ものを渡したり提示するときの決まった言い方。
(4)対話文の3行目から Yes の答え。
6 (1)主語は a big shopping mall で単数。
(2)「…に〜はありますか」は any があるので〈Are
there any+複数名詞+場所?〉の形。
(3)**ミス注意!**「いくつ」と数をたずねる疑問文は
〈How many+複数名詞〉で文を始め，そのあとに
疑問文の形を続ける。
7 (1)主語が some apples で複数なので There
are 〜. の文。
(2)「どのようにして〜しますか」と方法をたずね
る疑問文は〈How do[does]+主語+動詞の原形
〜?〉。how は方法や手段をたずねるときに使う。
(3)「私の大好きな…は〜です」は〈My favorite
... is 〜.〉で表す。「2つの理由があります」は I
have two reasons. で表す。

p.88〜89 ■■ ステージ**3**

1 ①**LISTENING** (1)ア (2)ウ (3)イ
2 (1)**There aren't any** (2)**There is**
(3)**a little** (4)**How do**
3 (1)**There is a rabbit over there.**
(2)**He teaches a lot of things to**

④ (1) Are there any notebooks on the desk?

(2) Whose bike is this?

(3) There are 31 days in July.

(4) How many hats does Emi have?

⑤ (1)① What ③ How

(2) Sounds fun (3) goes, has

(4) (She has it) On the beach.

⑥ (1) There are many[a lot of] temples in this town.

(2) Your bag is by the window.

(3) Are there any tigers in the zoo? / No, there aren't[are not].

(4) There isn't[is not] a cake shop around here.

⑦ (1)例 Are there any English books in this library?

(2)例 Who is[Who's] your favorite person?

◀━━━━━━━━━━▶ 解説 ◀━━━━━━━━━━▶

① 🔊LISTENING (1)「この町には図書館はありますか」という質問。博物館はないが，大きな図書館があるとBが言っているのでアが正しい。

(2)「ショウタは駅の近くでよいレストランを知っていますか」という質問。

(3)「メグはふつうどのようにして学校に行きますか」という質問。

♪ 音声内容

(1) A : Is there a museum in this town?

B : No, there isn't. But we have a big library here.

Question : Is there a library in this town?

(2) A : Are there any restaurants near the station, Shota?

B : Yes, there are. I know a good one.

Question : Does Shota know a good restaurant near the station?

(3) A : How do you go to school, Kenta?

B : By bike. How about you, Meg?

A : I usually walk to school.

Question : How does Meg usually go to school?

② (1)「…に～は１つもありません」は any を使って〈There aren't[are not] any ～....〉で表す。

(2) ミス注意! something(何か)が主語。単数として扱うので There is ～. の形。

(3)「少し」は a little で表す。動詞を修飾しており，文末に置く。

(4)手段をたずねる疑問文は How ～? の形。

③ (1)「あそこに，向こうに」は over there。

(2)「…に～を教える」は〈teach ～(もの) to …(人)〉で表す。「たくさんの」は a lot of ～。

④ (1) ミス注意! some は疑問文ではふつう any にする。any のあとの数えられる名数は複数形にする。There are ～. の疑問文は Are there ～?。

(2)「だれの自転車ですか」と持ち主をたずねる疑問文に。「だれの」は whose。

(3)「７月は 31 日あります」を There are ～. の文を使って表す。31 days(31 日)という複数を表す語句が主語なので be 動詞は are。

(4) ミス注意! 「エミはぼうしをいくつ持っていますか」と数をたずねる疑問文に。動詞は原形の have にする。数をたずねるときは，〈how many ＋複数名詞〉の形を使う。

⑤ (1)① エミリーは「すること」を答えているので，「何」をするかたずねる疑問文に。③「どうやって来るか」を答えているので，how を使って手段を問う疑問文に。

(2)「楽しそうですね」は Sounds fun. と言う。

(3)会話文の３行目参照。三人称・単数・現在形に。

(4)「どこで」と問われている。会話文の５行目に on the beach とある。

⑥ (1)主語が複数なので There are ～. の文。

(2) ミス注意! 「あなたのかばん」は「特定のもの」なので，There is ～. の形では表せない。〈主語＋be 動詞＋場所.〉の形で表す。

(3)「(…に)～はいますか」は Are there any ～? の形で表す。答えの文でも there を使う。

(4)「～はありません」は There isn't a ～. で表す。

⑦ (1)「(…に)～はありますか」は Are there any ～? の形で表す。「英語の本」は English books。

(2)「だれ」とたずねるので，Who is ～? の形。「あなたの大好きな人物」は your favorite person。

PROGRAM 8

p.90~91 ステージ**1**

Wordsチェック (1)浴室，ふろ場 (2)ふく

(3) help (4) need

1 (1) am reading (2) is making

(3) They are running

2 (1) not eating (2) is not studying

3 (1) I'm watching (2) is helping

(3) isn't using

4 (1) I am listening to music

(2) Shota is taking a bath

5 (1) Can you (2) right (3) the air

(4) Turn off

6 🧊**Word Box** (1) lemons (2) pineapples

(3) strawberries (4) avocado

(5) peaches (6) persimmons

(7) chestnuts (8) mango

━━━━━ 解説 ━━━━━

1 「(今)～しています」は，〈be 動詞＋動詞の -ing 形〉で表す。be 動詞は主語によって am, are, is を使い分ける。

(3) run → running の変化に注意。

2 現在進行形の否定文は，〈be 動詞＋not＋動詞の -ing 形〉で表す。

3 (1)現在進行形の文。I am の短縮形 I'm を使う。

(2)現在進行形。is helping の形にする。

(3)空所の数から is not の短縮形 isn't を使う。

4 (1)「～を聞く」は listen to ～。

(2)「ふろに入る」は take a bath。

5 (1)「～してもらえますか」は Can you ～?。

(2)「わかりました」は All right. と言う。

(3)「空中に」は in the air と言う。

(4)「～を消す」は turn off ～で表す。

6 🧊**Word Box** そのくだもの全体を表すときは複数形にする。

(3) strawberries, (5) peaches, (7) chestnuts のつづりに注意。

╭─ **ポイント①** 「(今)～しています」

・形…〈be 動詞＋動詞の -ing 形〉

・be 動詞[am, are, is]は主語によって使い分ける。

╭─ **ポイント②** 現在進行形の否定文

・形…〈be 動詞＋not＋動詞の -ing 形〉

・I'm not, he[she] isn't などの短縮形もよく使う。

p.92~93 ステージ**1**

Wordsチェック (1)感じる (2)雑誌

(3) wait (4) traditional

1 (1) Are, cleaning / am (2) Is, reading / is

(3) Are they swimming / they aren't

2 (1) Are, talking / I am[We are]

(2) Are, practicing / they aren't

(3) What is, doing

3 (1) Is she studying Japanese

(2) What are you watching

4 (1) Why don't (2) Of course

(3) goes fishing (4) Let's play

(5) Sorry / can't[cannot], with

WRITING Plus✏ (1)What are you doing now?

(2)**例1** I'm[I am] listening to music.

例2 I'm[I am] reading a book.

━━━━━ 解説 ━━━━━

1 「～していますか」は現在進行形の疑問文〈be 動詞＋主語＋動詞の -ing 形 ～?〉の形で表す。答えるときも be 動詞を使う。

2 (1)(2)現在進行形の疑問文は be 動詞を主語の前に出す。答えの文も be 動詞を使う。

(3)「何をしているのですか」とたずねる疑問文に。

3 (1)〈be 動詞＋主語＋動詞の -ing 形 ～?〉の形。

(2)**ミス注意!** 「何を～していますか」は，〈What＋be 動詞＋主語＋doing?〉の doing をほかの動詞の -ing 形にかえて表すことができる。

4 (1)相手に提案して「～しませんか」は Why don't we ～? の形で表す。

WRITING Plus✏ (1)「あなたは今，何をしていますか」とたずねる疑問文。

(2)「していること」を現在進行形で答える。**例1** は「私は音楽を聞いています」。**例2** は「私は本を読んでいます」。

╭─ **ポイント①** 現在進行形の疑問文と答え方

・形…〈be 動詞＋主語＋動詞の -ing 形 ～?〉

・答え方…〈Yes, 主語＋be 動詞.〉/

〈No, 主語＋be 動詞＋not.〉

╭─ **ポイント②** 何をしているかをたずねる疑問文

・形…〈What＋be 動詞＋主語＋doing?〉

・答え方…〈主語＋be 動詞＋動詞の -ing 形 ～.〉の形で「していること」を答える。

p.94～95 　英語のしくみ

1 (1) am reading　(2) is running

　(3) Are, studying / am　(4) isn't using

　(5) What is / cooking

2 (1) Are you / I'm　(2) What are / I'm

3 (1) I'm[I am] cleaning my room now.

　(2) Maki isn't[is not] singing a song now.

　(3) Are your parents swimming in the pool? /

　　they are / they aren't[are not]

　(4) What is he doing?

4 (1) I'm skiing in Hokkaido.

　(2) She isn't playing the violin now.

　(3) Are they watching TV now?

　(4) What are you making for dinner?

5 (1) I'm[I am] eating[having] a big[large]

　　hamburger.

　(2) I go to school by bus every day.

　(3) My sister and I are walking together.

　(4) What is your sister studying now?

　(5) She is[She's] studying Korean.

≪ 解説 ≫

1 (1)(2)〈be 動詞＋動詞の -ing 形〉。be 動詞は主
語によって使い分ける。

　(3)〈be 動詞＋主語＋動詞の -ing 形 ～?〉の形。答
えの文の主語は I なので be 動詞は am。

　(4)否定文は〈be 動詞＋not＋動詞の -ing 形〉。

　(5)「何をしていますか」は〈What＋be 動詞＋主
語＋doing?〉。be 動詞は主語 Mao に合わせて is。

2 (1) A はあとに taking があって，Yes, No で答
えているので現在進行形の疑問文に。

　(2) A はあとに doing があって，動詞の -ing 形を
使って答えているので「何をしていますか」とた
ずねる疑問文に。

3 (1)「今，～しています」という進行形の文に。

　(2)否定文は〈be 動詞＋not＋動詞の -ing 形〉。

　(3)疑問文は〈be 動詞＋主語＋動詞の -ing 形 ～?〉。
答えの文でも be 動詞を使う。

　(4)「彼は何をしていますか」とたずねる疑問文に。

4 (1)〈be 動詞＋動詞の -ing 形〉の形。

　(2)〈be 動詞＋not＋動詞の -ing 形〉の形。短縮形
isn't が使われている。

　(3)〈be 動詞＋主語＋動詞の -ing 形 ～?〉の形。

　(4)「～は何を作っていますか」は〈What＋be 動
詞＋主語＋making?〉で表す。

5 (2)ミス注意！「行きます」は今していることで
はなく，毎日行っている習慣的なことなので，進
行形ではなく現在の文で表す。

　(3)ミス注意！主語は my sister and I で複数。I
につられて be 動詞を am としないこと。

　(4)「何を勉強していますか」は〈What＋be 動詞
＋主語＋studying?〉で表す。

　(5)〈be 動詞＋動詞の -ing 形 ～〉で答える。

p.96～97 　ステージ2

1 LISTENING　エ

2 (1) is reading　(2) are cleaning

　(3) I'm not using　(4) Are, sure

3 (1) I am　(2) she isn't [she's not]

　(3) What, doing　(4) Where are

4 (1) I am[I'm] eating an omelet.

　(2) Is Mark dancing with Emi now?

　(3) They aren't[They're not / They are not]

　　practicing volleyball now.

5 (1) Can you　(2) How about you

　(3) I'm cleaning the living room.

　(4) She is[She's] cleaning the bathroom

　　(now).

6 (1) I'm writing a letter

　(2) Are the students singing a song?

　(3) Why don't we go fishing?

7 (1) She is[She's] talking with Eito.

　(2) I know her well.

　(3) What are you eating[having]?

解説

1 LISTENING　居間でテレビを見ているという内
容に合う絵を選ぶ。

> ♪音声内容
> 　This is my father.　He's in the living room.
> He's watching TV there.

2 (1)「(今)～しています」は，〈be 動詞＋動詞の
-ing 形〉で表す。

　(2)ミス注意！現在進行形の文。主語が複数なの
で be 動詞は are。

　(3)否定文は〈be 動詞＋not＋動詞の -ing 形〉。空
所の数から短縮形 I'm を使う。

　(4)「確かなのですか」は Are you sure?。

3 (1)(2)進行形の疑問文には〈Yes, 主語＋be 動
詞.〉/〈No, 主語＋be 動詞＋not.〉で答える。

(3)「何をしていますか」とたずねる疑問文に。

(4)「どこにいますか」とたずねる疑問文に。

❹ (1)〈be 動詞＋動詞の –ing 形〉の形に。

(2)疑問文は is を主語 Mark の前に出して作る。

(3)否定文は are のあとに not を置いて作る。

❺ (1) Can you ～?(～してもらえますか)とする。

(2)「～はどうですか」は How about ～? で表す。

(3)「～を掃除しています」現在進行形の文に。

(4)会話文の 2 行目の 2 文目の文を見る。

❻ (1) I am の短縮形を使った現在進行形の文に。

(2)〈be 動詞＋主語＋動詞の –ing 形 ～?〉の形に。

(3) ミス注意 「～しませんか」は Why don't we ～? で表す。「つりに行く」は go fishing.

❼ (1)「～と話す」は talk with ～。

(2) ミス注意 know(知っている)は動作ではなく状態を表すので，ふつう進行形にはしない。

(3)「何を食べているのですか」は〈What＋be 動詞＋主語＋eating[having]?〉で表す。

p.98～99 ステージ❸

❶ 🎧LISTENING (1)イ (2)ウ (3)ウ

❷ (1) I'm eating[having] (2) isn't taking

(3) Who is (4) Can you turn

(5) Sorry, can't[cannot]

❸ (1) She is not doing anything

(2) He is wearing a green jacket

❹ (1) She is sitting next to me.

(2) Is your mother watching TV? / she is

(3) What are you studying?

❺ (1) coming (2) What are you doing

(3)スイートポテト[サツマイモ]をつぶす

(4) I'm not

(5) Helen[Daniel's mother] is.

❻ (1) I'm[I am] drinking milk now.

(2) Are they playing video games now?

(3) Where is she practicing tennis now?

(4) This is a traditional Japanese game for children.

❼ (1)例 Why don't we go fishing?

(2)例 What are you drawing?

━━━ 解説 ━━━

❶ 🎧LISTENING (1)「メグは今，勉強していますか」という質問。雑誌を読んでいるので No の答え。

(2)「ジョンの母親は何をしていますか」という質問。I'm making salad. を聞き取る。

(3)「ベンは何をしていますか」という質問。体育館でバスケットボールの練習をしている。

♪音声内容

(1) A : Are you studying now, Meg?

B : No, I'm not. I'm reading a magazine.

Question : Is Meg studying now?

(2) A : I'm making salad. Can you help me, John?

B : Sorry, I can't, Mom. I'm cleaning my room.

Question : What is John's mother doing?

(3) A : Where is Ben?

B : He's in the gym. He's practicing basketball.

Question : What is Ben doing?

❷ (1)〈be 動詞＋動詞の –ing 形〉の現在進行形に。

(2)「ふろに入る」は take a bath.

(3) ミス注意 「だれが」は who で文頭に置く。「～にいる」は〈be 動詞＋場所を表す語句〉で表す。

(4)「～してもらえますか」は Can you ～? の形。「～を消す」は turn off ～。

(5)「申し訳ありません」は Sorry. と言う。

❸ (1)「何もしていません」は〈be 動詞＋not＋doing anything〉で表す。anything は否定文では「何も」という意味。

(2)「～を着ています」は wear を使う。wear を進行形で表すと，一時的に着ていることを表す。習慣的に「着ています」なら現在形で表す。

❹ (1) ミス注意 sit の –ing 形の作り方に注意。t を重ねて sitting とする。next to ～は「～の隣に」。

(2)疑問文は is を主語 your mother の前に出して作る。答えるときも be 動詞を使う。

(3)「何を勉強していますか」とたずねる疑問文に。

❺ (1) I'm coming. は「今，行くよ」。come には「(相手のいる方向へ)行く」という意味もある。

(2)ヘレンが「していること」を答えているので「あなたは何をしていますか」という疑問文に。

(3) mash sweet potatoes の作業をさす。

(4)現在進行形の疑問文への答えでも be 動詞を使う。

(5)ヘレンの最後の発言を参照。

❻ (1)「飲む」は drink。現在進行形の文。

(2)〈be 動詞＋主語＋動詞の –ing 形～?〉の形に。

(3) ミス注意 「どこで～していますか」は where を文頭に置いて，現在進行形の疑問文を続ける。

❼ ⑴「～しませんか(提案)」は Why don't we ～?
で表す。「つりに行く」は go fishing。

⑵ **ミス注意**「何を描いているのですか」は
〈What＋be 動詞＋主語＋drawing?〉。draw((絵
を)描く)の -ing 形を使う。write((文字や手紙な
どを)書く)は使わない。

PROGRAM 9

p.100～101 ステージ1

Wordsチェック ⑴発明する ⑵医療の，内科の
⑶ stay ⑷ people

❶ ⑴ cooked ⑵ used ⑶ studied math

❷ ⑴ stayed ⑵ danced ⑶ visited

❸ ⑴ played ⑵ practiced ⑶ listened
⑷ cleaned

❹ ⑴ I talked with Kenta
⑵ My father watched a baseball game

❺ ⑴ last week ⑵ Take, look
⑶ you know ⑷ How cute

WRITING Plus ⑴例 I played the piano
last Monday.
⑵例 I helped my mother last week.

━━━ **解 説** ━━━

❶ 過去の動作は，動詞の過去形で表す。⑵
use → used，⑶ study → studied の変化に注意。

❷ last Monday，last week のような過去を表す
語句があるので，動詞は過去形を使う。

❸ ⑴ last Tuesday を加えるので過去の文に。
⑵ practice の過去形は practiced。
⑶ last Friday を加えるので listen を過去形に。
⑷ clean の過去形は cleaned。

❹ ⑵「野球の試合を見る」は watch a baseball
game。

❺ ⑴「先週」は last week で表す。
⑵「～を(ちょっと)見る」は take a look at ～。
⑷ **ミス注意**〈How＋形容詞[副詞]!〉で「何て～
なのでしょう！」と感嘆の意味を表す。

WRITING Plus 動詞は過去形にする。⑴の例は
「私は先週の月曜日にピアノをひきました」，⑵の
例は「私は先週，母を手伝いました」の意味。

ポイント 「～しました」(一般動詞の過去の文)
・動詞の語尾に -(e)d をつけた過去形を使う。
・主語が何であっても過去形の形は同じ。

p.102～103 ステージ1

Wordsチェック ⑴幸運な，運のよい
⑵おいしい ⑶ yesterday ⑷ another

❶ ⑴ took ⑵ won ⑶ got up

❷ ⑴ ate ⑵ went ⑶ found

❸ ⑴ read this magazine yesterday
⑵ had fun at the party last Sunday
⑶ found my eraser under the desk
⑷ bought a new bike last Thursday

❹ ⑴ They took a sauna and relaxed.
⑵ I saw Ann in the museum

❺ ⑴ famous for ⑵ only once ⑶ during
⑷ What sport

❻ ⑴ took, walk ⑵ saw, movie
⑶ had, good

━━━ **解 説** ━━━

❶ すべて動詞を過去形にする。⑴ take → took，
⑵ win → won，⑶ get → got。

❷ yesterday，last week など過去を表す語句があ
るので，動詞を過去形にする。⑴ eat → ate，
⑵ go → went，⑶ find → found

❸ ⑴ **ミス注意** read の過去形は read。発音は
[red レッド]。つづりは原形と同じだが発音が異
なる。
⑵ have fun at ～は「～を楽しむ」。have を had に。
⑶ find は「見つける」。過去形は found。
⑷ buy(買う)の過去形は bought。

❹ ⑴「サウナに入る」は take a sauna で表す。
⑵「見かける」は see。過去形の saw を使う。

❺ ⑴「～で有名である」は be famous for ～。
⑵「たった一度だけ」は only once。
⑶「～の間に」は during ～。
⑷「何の～，どんな～」は〈what＋名詞〉で表す。

❻ ⑴「散歩をする」は take a walk。
⑵「映画を見る」は see a movie。
⑶「楽しい時を過ごす」は have a good time。
すべて動詞は過去形にする。

ポイント 不規則動詞の過去形
have → had / win → won / take → took / eat → ate
buy → bought / find → found / see → saw /
get → got / do → did / go → went
read → read [red レッド]

p.104~105 ステージ1

Wordsチェック (1)午前　(2)午後

(3) stadium　(4) rise

1 (1) Did, play / did　(2) Did, watch / did

(3) Did, study / he didn't

2 (1) Did, wash / did　(2) Did, use / didn't

(3) didn't study　(4) What did, eat

3 (1) Did you visit Finland

(2) I didn't practice soccer

4 (1) last night　(2) did, homework

(3) go anywhere　(4) all day

5 (1) play / Sounds　(2) Really

(3) great　(4) did

━━━━━ 解説 ━━━━━

1 一般動詞の過去の疑問文は〈Did＋主語＋動詞の原形 ～?〉の形。答え方は〈Yes, ～ did.〉または〈No, ～ didn't[did not].〉。

(3) hard は「いっしょうけんめいに」という意味。

2 (2)一般動詞の現在の疑問文を過去の疑問文にするときは，Do[Does]を Did にかえる。

(3)否定文は〈主語＋didn't[did not]＋動詞の原形 ～.〉の形。

(4)**ミス注意!**「昼食に何を食べましたか」の疑問文に。what を文頭に置き，あとに〈did＋主語＋動詞の原形～?〉の疑問文の形を続ける。

3 (1)〈Did＋主語＋動詞の原形 ～?〉の形。

(2)〈主語＋didn't＋動詞の原形 ～.〉の形。

4 (1)「昨夜」は last night。

(2)「宿題をする」は do my homework。

(3)疑問文で「どこかに」は anywhere。

5 (1)「ゲームをしましょう」「楽しそうですね」。

(2)「その映画を見ました」「ほんとうですか」。

(3)「夕食を料理しました」「それはすばらしい」。

(4)「ジョンとテニスをしました」「そうですか」。Did you? は相手が過去形で言ったことに対して「そうですか」とあいづちをうつ表現。

ポイント1 一般動詞の過去の疑問文

・形：〈Did＋主語＋動詞の原形 ～?〉

・答え方：〈Yes, 主語＋did.〉または

　　　　　〈No, 主語＋didn't.〉

ポイント2 一般動詞の過去の否定文

〈主語＋didn't＋動詞の原形～.〉の形。

p.106~107 英語のしくみ

1 (1)ウ　(2)ウ　(3)イ　(4)ウ　(5)ウ

2 (1) visited　(2) practiced　(3) reads

(4) working　(5) bought

3 (1) I didn't　(2) Did / did

(3) Where / went

4 (1) I used this computer yesterday.

(2) Aya didn't[did not] have a camera two years ago.

(3) Did Mr. Tanaka take a bath after dinner? / he did / he didn't[did not]

(4) What did she find in this room?

5 (1) did not have lunch yesterday

(2) Did you help your mother

(3) Where did you stay in

6 (1) I saw a monkey near the lake.

(2) She didn't[did not] like coffee five years ago.

(3) What did he cook for dinner yesterday?

━━━━━ 解説 ━━━━━

1 (1)(2) yesterday, last Sunday のような過去を表す語句があるので，過去形を選ぶ。

(3) now があるので，ここでは「住んでいる」という意味の現在形が適切。

(4)(5) two years ago, last night から過去の文。

2 (1)(2)～ ago, last ～から過去の文に。

(3)**ミス注意!**「毎日英語を勉強し，英語の本を読みます」。read を三人称・単数・現在形にする。

(4)前に is があるので現在進行形にする。

(5) last week から過去の文に。

3 (1)(2) Did ～? に答えるときは，〈Yes, 主語＋did.〉または〈No, 主語＋didn't[did not].〉の形。

(3)「おばの家へ」から「どこへ」とたずねる文に。

4 (1)動詞 use を過去形 used にする。

(2)否定文は動詞の前に didn't[did not]を置く。had は原形の have にする。

(3)疑問文は主語の前に did を置き，動詞は原形にする。答えの文でも did を使う。

(4)「彼女はこの部屋で何を見つけましたか」の文に。

5 (1)否定文なので〈did not＋動詞の原形〉の形。

(2)疑問文は〈Did＋主語＋動詞の原形 ～?〉の形。

(3)**ミス注意!** 疑問詞 where を文頭に置く。あとに〈did＋主語＋動詞の原形 ～?〉の形を続ける。

6 (1)「見ました」は see の過去形 saw を使う。

34

(2) 否定文なので〈didn't[did not]＋動詞の原形
〜〉の形。「〜年前」は 〜 years ago。

(3) ミス注意 疑問詞 what を文頭に置く。あと
に〈did＋主語＋動詞の原形 〜?〉の形を続ける。

p.108〜109 ステージ2

❶ LISTENING ウ

❷ (1) read, all (2) didn't, until
(3) have another (4) did, ago

❸ (1) I did (2) Did / didn't
(3) What / bought

❹ (1) Mary ate sandwiches for lunch
yesterday.
(2) I didn't[did not] watch TV last night.
(3) Did the car stop here?
(4) How did he go to school yesterday?

❺ (1) saw (2) How
(3) Some people take a sauna
(4) Finnish people did.

❻ (1) I found this at the bookstore.
(2) It's a city of flowers and water.
(3) Did you go anywhere last week?

❼ (1) She had two cats three years ago.
(2) I got up early yesterday.
(3) What time did you leave home?

解説

❶ LISTENING アンが父親と買い物に行って，カ
メラを買ったという内容に合う絵を選ぶ。

♪音声内容
Ann went shopping with her father yesterday.
They bought a new camera.

❷ (1) ミス注意 read の過去形は read[red レッド]。
「一日じゅう」は all day。
(2) ミス注意 否定文は〈didn't＋動詞の原形 〜〉
の形。〈not 〜 until ...〉で「...まで〜しない」。
(3)「もうひとつの」は another。「質問がある」
と言うとき，動詞は have を使う。
(4)「する」の意味の動詞 do の過去形は did。

❸ (1)(2) Did 〜? に答えるときは〈Yes, 主語＋did.〉
または〈No, 主語＋didn't[did not].〉の形。
(3) ミス注意 「何を買いましたか」とたずねる疑
問文とその応答。応答では動詞を過去形にする。

❹ (1) eats を過去形の ate に。
(2) 否定文は〈didn't[did not]＋動詞の原形 〜〉。
(3) 疑問文は〈Did＋主語＋動詞の原形 〜?〉。

(4)「どのようにして」と手段を問う疑問文に。

❺ (1) and のあとの動詞 relax が過去形なので，
see も過去形に。
(2)「何て〜なのでしょう！」は〈How＋形容詞!〉。
(3) take a sauna で「サウナに入る」。
(4) ミス注意 「だれがサウナを発明しましたか」
と主語をたずねる質問。対話文2行目を参考に
し，〈主語＋did.〉の形で答える。

❻ (1) find(見つける)の過去形は found。
(2)「〜と...の都市」は a city of 〜 and ...。
(3) ミス注意 疑問文で「どこかに」は anywhere。
副詞なので動詞のあとに置く。

❼ (1)「飼う」は have。「〜前(に)」は〜ago で表す。
(2) get up(起きる)を過去形の got up に。
(3) ミス注意 「何時に」は what time。「家を出
発する」は leave home。

p.110〜111 ステージ3

❶ LISTENING (1) ア (2) イ (3) エ

❷ (1) took, look (2) until, p.m.

❸ (1) watched (2) practiced
(3) bought (4) saw

❹ (1) Ben went fishing with his uncle.
(2) I didn't like tomatoes two years ago.

❺ (1) I took a walk in the park last Sunday.
(2) Did she have many books in her
house? / she did
(3) When did they visit London?

❻ (1) famous for (2) What's
(3) *salmiakki* (4) ate[had], only, during
(5) No, he didn't[did not].

❼ (1) 例 I read a book last Sunday.
(2) 例 How did you come to school today?
(3) 例 I had a good time at the party last
night.

❽ (1) 例 I ate[had] curry and rice.
(2) 例 I practiced volleyball in the gym.

解説

❶ LISTENING (1)「アンは先週テニスをしました
か」という質問。
(2)「健はこの前の土曜日に何をしましたか」とい
う質問。
(3)「エミは昨日どうやって図書館に行きましたか」
という質問。

♪ 音声内容

(1) A: Did you play basketball last week, Ann?
　　B: No, I didn't. But I played tennis with Aya.
　　Question: Did Ann play tennis last week?

(2) A: Hi, Ken. I visited the museum last Saturday. Did you go anywhere?
　　B: Hi, Meg. I stayed home last Saturday. I listened to music.
　　Question: What did Ken do last Saturday?

(3) A: Did you go to the library yesterday, Emi?
　　B: Yes, I did. I usually walk to the library, but I went there by bike yesterday.
　　Question: How did Emi go to the library yesterday?

❷ (1)「～をちょっと見る」は take a look at ～。
(2)**ミス注意** 動作や状態があるときまで続くことを表して「～まで」は until を使う。

❸ (1) last night, (2) two days ago, (3) last Monday, (4) yesterday という過去を表す語句があるので、すべて動詞を過去形に。

❹ (1)「つりに行く」は go fishing。go の過去形は went。
(2)否定文なので〈didn't ＋動詞の原形 ～〉の形。「～年前に」は ～ year(s) ago。

❺ (1) take a walk は「散歩をする」。過去の文なので take を took にする。
(2)一般動詞の過去の疑問文は、〈Did ＋主語＋動詞の原形 ～?〉の形。答えの文でも did を使う。
(3)「2 か月前に」を問うので when(いつ)を使う。when のあとは〈did ＋主語＋動詞の原形 ～?〉の形が続く。

❻ (1)「～で有名である」は be famous for ～。
(2)直後で美希が It's ～.とそれが何であるかを答えているので、「それは何ですか」とたずねる疑問文にする。
(3)直前の文の It's a ～.の It と同様、対話文の 4 行目の *salmiakki* をさす。
(4)**ミス注意** 「たった～だけ」は only を使う。eat(食べる)は過去形の ate に。「～の間」は during ～。
(5)「ダニエルはサルミアッキを知っていましたか」の質問。対話文の 4, 5 行目から No の答え。

❼ (1)**ミス注意** read(読む)の過去形は read[red レッド]。「この前の日曜日」は last Sunday。
(2)**ミス注意** 「どうやって」と手段を問う疑問文は how を文頭に置く。

❽ (1)「昨夜あなたは夕食に何を食べましたか」の質問。例は「私はカレーライスを食べました」。I ate ～. の形で食べたものを答える。
(2)「あなたは先週の日曜日何をしましたか」の質問。例は「私は体育館でバレーボールを練習しました」。過去形を使ってしたことを答える。

PROGRAM 10

p.112～113 ステージ1

Wordsチェック (1)すごい (2)プログラム, 番組
(3) finish (4) say

❶ (1) was (2) was (3) were busy
❷ (1) was (2) was (3) was (4) were
❸ (1) Ms. Tanaka's house was near the lake.
(2) It was hot here yesterday.
(3) They were in the gym an hour ago.
❹ (1) We were in the living room.
(2) This notebook was 100 yen
(3) The game was very exciting.
❺ (1) ones (2) We're (3) What's, matter
(4) at home

WRITING Plus 例1 I went to the museum last week. It was wonderful.
例2 I went to the new stadium last Sunday. It was big.

── 解説 ──

❶ 「～でした」は、be 動詞を過去形にして表す。
(1)(2)主語が I, 三人称・単数のときは was, (3)主語が they のときは were を使う。

❷ (1)(2)(4) last year, last Wednesday, ～ago のような過去を表す語句があるので、be 動詞は過去形にする。(3)主語は過去に行われた party なので、be 動詞も過去形にするのが自然。

❸ (1) is を過去形の was にする。「田中先生の家は湖の近くにありました」という文に。
(2)寒暖を表す文。is を過去形の was にする。
(3) an hour ago(1 時間前に)は過去を表す語句。

❹ (1) be 動詞の過去形は「～にいた[あった]」の意味も表す。〈主語＋be 動詞の過去形＋場所〉の形。

(2)主語は this notebook で，動詞は過去形の was.

⑤ (1)**ミス注意！** 前に出た複数を表す名詞 shoes のくり返しをさける代わりに入る語は one の複数形の ones.

(3)相手のことを心配して言うときによく使う表現。

WRITING Plus 〈I went to .... It was 〜.〉という２文で表す。 例1 は「私は先週博物館に行きました。それはすばらしかったです」の意味。 例2 は「私はこの前の日曜日に新しい球場に行きました。それは大きかったです」の意味。

> **ポイント** 「〜だった，（〜に）いた［あった］」
> ・be 動詞の過去形で表す。
> ・am, is の過去形は was, are の過去形は were。

p.114〜115 ステージ1

Wordsチェック (1)恐ろしい，ひどい (2)脚
(3) enough (4) fly (5) cut (6) start

❶ (1) Were / was (2) Was / wasn't
(3) Were / they weren't

❷ (1) Was / was (2) Were / weren't
(3) was not (4) Where was

❸ (1) Were you in the museum
(2) This tree was not tall

❹ (1) I'm home (2) got on
(3) Hold on (4) How was

❺ (1) theater (2) supermarket

━━ 解説 ━━

❶ 疑問文は〈Was[Were]＋主語 〜?〉の形に。答えの文でも be 動詞の過去形を使う。

❷ (1)(2)疑問文は〈Was[Were]＋主語 〜?〉の形に。主語に合う be 動詞は(1) was, (2) were。

❸ (1)〈be 動詞の過去形＋主語＋場所を表す語句 〜?〉の形。in the museum が場所を表す語句。
(2)否定文は be 動詞の過去形のあとに not を置く。

❹ (1)「ただいま。」は I'm home. で表す。
(2)「〜に乗る」は get on 〜。
(3)「〜にしがみつく」hold on to 〜。
(4)「一日どうでしたか。」は How was your day?。

❺ (1)「映画館にいた」ので in the theater。
(2)「スーパーにいた」ので in the supermarket。

> **ポイント** be 動詞の過去の疑問文と否定文
> ・疑問文：Was[Were]＋主語〜?
> 　答え方：〈Yes, 主語＋was[were].〉
> 　　　　　〈No, 主語＋wasn't[weren't].〉
> ・否定文：〈主語＋wasn't[weren't] 〜.〉

p.116〜117 ステージ1

Wordsチェック (1)やっと，ついに (2)丘
(3) surprised (4) warm

❶ (1) was running (2) was eating
(3) were playing tennis

❷ (1) was cleaning (2) Was, doing / wasn't
(3) wasn't washing (4) What was, doing

❸ (1) Tom and I were enjoying
(2) Were the girls studying together then?

❹ (1) this way[like this] (2) surf, internet
(3) Let's follow (4) on top

WRITING Plus (1)例1 Yes, I was.
　　例2 No, I wasn't[was not].
(2)例1 I was studying Japanese at school.
　　例2 I was listening to music at home.

━━ 解説 ━━

❶ 「…は〜していました」という過去進行形は，〈主語＋was[were]＋動詞の -ing 形 〜.〉の形。主語に合わせて was, were を使い分ける。

❷ (1)〈was＋動詞の -ing 形〉の形に。
(2)過去進行形の疑問文は〈Was[Were]＋主語＋動詞の -ing 形 〜?〉の形。答えにも be 動詞を使う。
(3)〈主語＋was not[wasn't]＋動詞の -ing 形 〜.〉の形。空所の数から短縮形 wasn't を使う。
(4)**ミス注意！** 「何をしていましたか」とたずねる疑問文に。what を文頭に置き，あとに〈was＋主語＋doing 〜?〉の形を続ける。

❸ (1)**ミス注意！** 〈主語＋was[were]＋動詞の -ing 形〜〉の形。主語が Tom and I なので were を使う。
(2)〈Was[Were]＋主語＋動詞の -ing 形 〜?〉の形。

❹ (1)「このようにして」は this way[like this]。
(2)**ミス注意！** 「インターネットのサイトをあちこち見て回る」は surf the internet と言う。
(3)「〜についていく」は follow。
(4)「〜の上に」は on top of 〜。

WRITING Plus (1)「あなたは１時間前に勉強していましたか」という質問。「はい」なら Yes, I was. で，「いいえ」なら No, I was not[wasn't]. で答える。(2)「あなたは今日の午前９時に何をしていましたか」という質問。過去進行形を使ってしていたことを答える。 例1 は「私は学校で国語を勉強していました」， 例2 は「私は家で音楽を聞いていました」という意味。

p.118 　　**Try! READING**

Question 　(1) It was a snowy winter day.

(2)② was at home 　③ What's the matter

(3)私たちは凍っています！

(4) 1. They were outside.

　　 2. A cat and a dog did.

 1 (1)外は[で，に] 　(2)そり

(3)斜面，坂 　(4) yourselves 　(5) young

(6) reach 　(7) cut 　(8) broke

2 (1) Follow me 　(2) big[large] enough

《 解説 》

Question 　(1) ミス注意! a snowy winter day は
「雪が降る冬の日」。It を主語にした文にする。

(2)② 「（〜に）いた」は be 動詞の過去形を使う。

③相手を心配してたずねるときの言い方。

(3)〈are＋動詞の –ing 形〉の現在進行形の文。

(4) 1.「ばばばあちゃんの友だちは最初のうちは
どこにいましたか」という質問。

2.「だれがばばばあちゃんの家に入って来ました
か」という質問。

 1 (7) cut（切る）の過去形は原形と
同じ形。

2 (1) follow は「ついていく，続く」。

p.120〜121 　　**英語のしくみ**

1 (1)イ 　(2)イ 　(3)ウ 　(4)ウ 　(5)イ

2 (1) was 　(2) were 　(3) Were

(4) was 　(5) was

3 (1) he wasn't 　(2) Were / was

(3) Where were

4 (1) I was 12 years old last year.

(2) The girls weren't[were not] members
of the basketball team.

(3) Was Ms. Ito reading a book then? /
she was / she wasn't[was not]

(4) What was John doing then?

5 (1) The picture was very beautiful.

(2) Were you talking with him

(3) My sister was not having breakfast

6 (1) My dog wasn't[was not] big[large] five
years ago.

(2) Was the movie interesting?

(3) What were you watching on TV last night?

《 解説 》

1 (1)〜(3) last 〜，〜ago のような過去を表す語
句があるので過去形にする。(4)「そのとき勉強し
ていました」で過去進行形。(5)「そのときピアノ
をひいていました」で過去進行形。

2 (1) last week から過去の文。

(2)「そのとき〜していました」で過去進行形。

(3)「そのとき〜でしたか」という過去の疑問文。

(4)〈主語＋be 動詞の過去形＋not＋動詞の –ing 形〉
で過去進行形の否定文。

(5)〜ago から過去の否定文。

3 (1)答えの文の主語は he で受け，be 動詞は was。

(2) ミス注意! 「あなたはこの前の日曜日，公園に
いましたか」「はい，いました」という対話。

(3) ミス注意! 場所を答えているので「どこにい
ましたか」とたずねる文に。

4 (1) be 動詞 am を過去形 was にする。

(2)否定文は be 動詞 were のあとに not を置く。

(3)疑問文は主語の前に was を出す。答えの文で
も was を使う。

(4)「ジョンはそのとき何をしていましたか」の文に。

5 (1) be 動詞の過去の文で，動詞は was。

(2)過去進行形の疑問文。〈Were＋主語＋動詞の
–ing 形 〜？〉の形。talk with 〜で「〜と話す」。

(3)過去進行形の否定文。〈主語＋was not＋動詞
の –ing 形〉の形。

6 (1) be 動詞の過去の否定文は，be 動詞のあとに
not を置く。「〜年前は」は〜 year(s) ago。

(2) be 動詞の過去の疑問文。主語が三人称・単数
なので〈Was＋主語 〜？〉の形。

(3)疑問詞を使う過去進行形の疑問文。what を文
頭に置き，そのあとに過去進行形の疑問文の形を
続ける。

p.122〜123 　　ステージ**1**

Wordsチェック 　(1)力強い，強力な 　(2)創造的な

(3)最後に 　(4) exercise 　(5) hobby 　(6) bye

1 (1) Did / did 　(2) Are / I'm

(3) Were / were 　(4) What was / was

(5) Where did / went

38

② ①ウ ②イ ③オ ④エ ⑤ア

③ (1) **Did you watch TV / I didn't[did not]**

(2) **Where was he / He was**

(3) **What was she eating[having] /**
was eating[having]

④ (1) **have, reasons** (2) **are in**

WRITING Plus (1)例 **How was your**
vacation?

(2)例 **Why did you get up at six (o'clock)**
this morning?

━━━ 解説 ━━━

❶ (1)「昨夜，数学を勉強しましたか」の問いと応答。

(2) now と動詞の -ing 形に注目。現在進行形の疑問文と応答。

(3)「～にいましたか」の問いと応答。

(4)「そのときエミは何をしていましたか」の問いと応答。

(5)「どこへ行きましたか」の問いと応答。

❷ ①Dear ～，で「～さん[様]」の意味。手紙やはがきなどの書き出しで使われる。

②直後の文の It は Sydney をさす。

③オ「私はそこ（＝オペラハウス）のレストランで昼食も楽しみました」が適切。

④前後の文から，エ「私はあなたに，あなたの大好きなものを買いました」が適切。

⑤手紙やはがきなどの終わりのあいさつ。

❸ (1)一般動詞の過去の疑問文。〈Did＋主語＋動詞の原形 ～?〉の形。答えの文でも did を使う。

(2)where（どこへ）を文頭に置く。そのあとに be 動詞の過去の疑問文の形が続く。

(3)過去進行形の疑問文。what（何を）を文頭に置く。

❹ (1)「理由が～ある」は have ～ reason(s)。

(2)「～部に(所属して)います」は be 動詞のあとに in the ～ club を続ける。

WRITING Plus (1)「～はどうでしたか」は How was ～? で表す。(2)why（なぜ）を文頭に置き，一般動詞の過去の疑問文〈did＋主語＋動詞の原形～?〉を続ける。「今朝」は this morning。

┌─ ポイント ─
①「～した」（過去にしたこと）
　→ 一般動詞の過去の文
②「～だった，～にいた」（過去の状態）
　→ be 動詞の過去の文
③「～している」（現在進行中の動作）→ 現在進行形
④「～していた」（過去に進行中の動作）→ 過去進行形
└─

p.124〜125 ステージ2

❶ 🎧LISTENING エ

❷ (1) **was, ago** (2) **were sitting**

(3) **What time did** (4) **wasn't, time**

❸ (1) **Were / was** (2) **Was / wasn't**

(3) **were / were**

❹ (1) **I was at the bookstore two hours ago.**

(2) **They were swimming.**

(3) **Meg and I weren't[were not] twelve years old last year.**

(4) **What was Bill doing then?**

❺ (1) **steaming** (2) **You can warm yourselves**

(3)**このようにして** (4) **She was sleeping.**

❻ (1) **We were doing our homework**

(2) **Who was running in the park?**

❼ (1) **She was at school at five (o'clock) yesterday.**

(2) **Where did you get on the bus?**

(3) **How was your trip to France?**

━━━ 解説 ━━━

❶ 🎧LISTENING ケンが駅にいて，そこでクラスメートと話していたという内容に合う絵を選ぶ。

┌─ 🎵音声内容 ─
Ken was at the station at three yesterday.
He was talking with his classmate there.
└─

❷ (2)ミス注意 「～していました」は過去進行形で表す。sit（すわる）の -ing 形は sitting。

(3)「何時に」は what time。あとに一般動詞の過去の疑問文の形を続ける。

(4) be 動詞の過去の否定文は was[were]のあとに not を置く。ここでは短縮形 wasn't を使う。

❸ (1)(2) Was[Were] ～? に答えるときは〈Yes, 主語＋was[were].〉か〈No, 主語＋wasn't[was not] / weren't[were not].〉の形。

(3)ミス注意 last night があるので過去の文。「どこにいましたか」とたずねる疑問文とその応答。

❹ (2)「～していました」という過去進行形に。

(3)否定文は were のあとに not を置く。

(4) surf the internet は「インターネットをあちこち見て回る」。「何をしていましたか」の疑問文に。

❺ (1) steam は「湯気を立てる」。過去進行形に。

(4)ミス注意 「ばばばあちゃんは押入れで何をしていましたか」。最後の文を参照。

6 (2) **ミス注意** 疑問詞 who を文頭に置き，あとに〈be 動詞の過去形＋動詞の -ing 形 ～?〉の過去進行形の形を続ける。この who は主語になっている。run の -ing 形は running。

7 (2)「～に乗る」は get on ～。where のあとに一般動詞の過去の疑問文の形を続ける。

(3)「～はどうでしたか」は How about ～? で表す。

p.126～127 ■ステージ3

1 **LISTENING** (1)イ (2)ウ (3)エ

2 (1) came, took (2) It was

3 (1) Were / was (2) Was / wasn't
(3) How / was (4) were / Because

4 (1) The letter wasn't in my bag.
(2) These computers were popular ten years ago.

5 (1) Aya and I were in 1-C last year.
(2) Was your brother at the theater last night? / he was
(3) Where were they playing baseball?

6 (1) it wasn't
(2) Look at the bed now (3) got
(4) Because it wasn't[was not] strong enough.
(5) made, sleigh

7 (1) What was your favorite subject?
(2) Why were you busy yesterday?
(3) What's the matter?

8 (1)例 I was at home. / I was in my room.
(2)例 I was eating[having] breakfast. / I was helping my mother.

■ 解説 ◀

1 **LISTENING** (1)「ジョンはこの前の日曜日に一日じゅう家にいましたか」という質問。午後には出かけた。
(2)「アンは昨日，図書館で宿題をしていましたか」という質問。Yes の答え。
(3)「エミは昨夜，何をしていましたか」という質問。

♪ 音声内容
(1) A: Where were you last Sunday, John?
 B: I was at home in the morning. I visited my uncle's house with my father in the afternoon.
 Question: Was John at home all day last Sunday?

(2) A: Hi, Ann. I saw you in the library yesterday. Were you reading a book?
 B: No, I wasn't, Kenta. I was doing my homework there.
 Question: Was Ann doing her homework in the library yesterday?

(3) A: I watched a movie on TV last night. It was exciting! Did you watch it, Emi?
 B: No. I was busy last night. I was practicing the piano.
 Question: What was Emi doing last night?

2 (2) **ミス注意** 天気や寒暖を言うときは It is ～. で表す。過去のことなので，is を was にする。

3 (1)「ジョン，昨日，あなたはエミといっしょでしたか」という問い。be 動詞の過去の疑問文。
(3)感想を答えているので「～はどうでしたか」という How was ～? の疑問文に。
(4)理由を答えるときは Because ～. の形。

4 (1) the letter が主語で特定のものなので，〈主語＋be 動詞の過去形＋場所を表す語句.〉で表す。

5 (2)〈Was＋主語 ～?〉の形。答えの文でも was を使う。
(3) **ミス注意** 「球場で」と場所を問うので where（どこで）を文頭に置く。あとは〈were＋主語＋動詞の -ing 形 ～?〉の過去進行形の語順。

6 (1) Was that ～? に No で答えるときは，No, it wasn't[was not]. の形。
(4)「なぜベッドは壊れましたか」の問い。本文の1行目参照。「それは十分に強くなかったからです」。
(5)「ばばばあちゃんはベッドの脚を切ってそりを作りました」とする。

7 (1) **ミス注意** 「大好きな科目」は favorite subject。過去の文なので be 動詞は was。
(2) **ミス注意** 「なぜ」と理由を問う疑問文は why を文頭に置く。

8 (1)「昨夜7時にあなたはどこにいましたか」の質問。例は「私は家にいました」「私は部屋にいました」。〈I was＋場所を表す語句.〉で答える。
(2)「あなたは今朝7時に何をしていましたか」の質問。例は「私は朝食を食べていました」「私は母を手伝っていました」。〈I was＋動詞の -ing 形 ～.〉の形で，そのときしていたことを答える。

定期テスト対策 得点 アップ！ 予想問題

p.138〜139 第 **1** 回 Get Ready 〜 PROGRAM 0

1 🎧LISTENING (1)ア (2)エ

2 (1) JKLMN (2) vwxyz

3 (1) roof (2) desk

(3) PIANO (4) JACKET

4 (1)○ (2)○ (3)× (4)× (5)×

5 (1) u (2) a (3) th (4) ea

6 (1)エ, オ, カ, サ (2)ア, ク, コ, シ
(3)イ, ウ, キ, ケ

7 (1)ウ (2)ア (3)エ (4)イ

8 (1) My name is

(2) I like soccer.

(3) I want to join

━━━ 解説 ━━━

1 🎧LISTENING (1)「あなたはどんなスポーツが好きですか，ユミ」「私はバレーボールが好きです」。
(2)「あなたの誕生日はいつですか，ユミ」「私の誕生日は９月３日です」。

🎵音声内容
(1) A : What sport do you like, Yumi?
　 B : I like volleyball.
(2) A : When is your birthday, Yumi?
　 B : My birthday is September 3.

3 ミス注意！ (1)(2) f, d, k は４線の上の線にふれる。

4 (1)[エイ]と発音。(2)[ウー]と発音。(3)ア[アイ]，イ[イ]。(4)ア[ク]，イ[ス]。(5)ア[グ]，イ[ヂ]。

5 (1) u の発音はア[ア]，イ[ユー]。(2) a の発音はア[ア]，イ[エイ]。(3) th の発音はア[ス]，イ[ズ]。(4) ea の発音はア[イー]，イ[エ]。

6 (1) Japanese は「国語」の意味以外に，「日本語」「日本人」の意味もある。
(2) doctor(医者)，dentist(歯医者)，vet(獣医)，使い分けができるようにする。
(3) hospital は「病院」，zoo は「動物園」。

7 (1)「あなたはどんな教科が好きですか」は What subject do you like?。
(2)「あなたはテニスをしますか」は Do you play tennis?。
(3)「〜しましょう」と誘う文は Let's 〜.。
(4)「あなたは何になりたいですか」は What do you want to be?。

8 (1)名前を言うときは My name is 〜.。
(2)「私は〜が好きです」は I like 〜.。
(3)「私は〜に参加したい」は I want to join 〜.。

p.140〜141 第 **2** 回 PROGRAM 1 〜 Word Web 1

1 🎧LISTENING (1)カナダ (2)**12**
(3)バスケットボール

2 (1) Are / am (2) Are , from (3) I'm not

(4) Thanks for

3 (1) You're a new student.

(2) I'm[I am] not in 1-C.

(3) Are you a soccer fan? / No, I'm[I am] not.

(4) You and I are shy.

(5) Where are you from?

4 (1) want to

(2) to the gym

(3) You're (4)あなたはどこの出身ですか。

(5) No , I'm not

5 (1) I'm thirteen years old.

(2) Are you Takeshi?

(3) I'm[I am] not an artist.

6 (1) Me too.

(2)例 Nice to meet you too.

◀ 解説 ◀

1 🎧LISTENING (1) I'm from Canada. を聞き取る。
(2) I'm twelve. を聞き取る。 (3) I'm a basketball
fan. を聞き取る。

🎵 音声内容

A : Hi, Kenta. I'm Carol. I'm in your class.
B : Oh, you're Carol. Where are you from?
A : I'm from Canada. I'm twelve. I'm a
basketball fan.

2 (1)「あなたは～ですか」は Are you ～?。Yes
の答えは Yes, I am. を使う。
(2)「～の出身です」は be from ～。
(3)「私は～ではありません」は I'm[I am] not ～.。

3 (1) you are の短縮形 you're を使う。
(2) I'm ～. の否定文は am のあとに not を置く。
(3) You are ～. の疑問文は are を you の前に出す。
Yes の答えは Yes, I am. と言う。
(4)主語が you and I のとき be 動詞は are。
(5)「どこの出身ですか」は where を文頭に置く。

4 (1)「私は～したい」は I want to ～. で表す。
(2)前の文から「体育館に行きましょう」の文に。
(4) Where are you from? はどこの出身かをたず
ねる疑問文。
(5)本文の最後の文から，エミリーはオーストラリ
ア出身とわかるので，No の答えが入る。

5 (1)「私は～歳です」は〈I'm[I am] ～ year(s)
old.〉で表す。year(s) old は省略することもある。
(2)「あなたは～ですか」は Are you ～? で表す。
(3)ミス注意! 「私は～ではありません」は I'm[I
am] not ～. の形。artist の前には an をつける。

6 (1)「私もです」は Me too. と言う。
(2) Nice to meet you. に対しては，Nice to meet
you too. などと言う。

---

p.142～143 ◀ 第**3**回 PROGRAM 2 ～ アクションコーナー

1 🎧LISTENING (1)夕食後 (2)フルート
(3)自分の部屋 (4)日曜日

2 (1) Do / do (2) What,
it (3) Don't open
(4) at night

3 (1) I don't[do not] play
video games.

(2) Speak English here.

(3) Do you run before dinner?
No, I don't[do not].

(4) When do you clean your
room?

4 (1) When (2) During

(3) Let's play together

(4)バスケットボール

(5) Yes I do

5 (1) I have two cats.

(2) Where do you play soccer?

(3) How's the weather today?

6 (1) I eat[have] an apple for
breakfast.

(2) It's[It is] rainy in Tokyo
today.

◀ 解 説 ▶

1 🎧 **LISTENING** ⑴ after dinner を聞き取る。

⑵ play the flute を聞き取る。

⑶ in my room を聞き取る。

⑷ on Sundays を聞き取る。

♪ **音声内容**
A : Do you like music, Ben?
B : Yes, I do.　I listen to music after dinner.
A : Do you play the piano?
B : No, I don't.　But I sometimes play the flute.
A : Where do you play the flute?
B : In my room.　I play it on Sundays.

2 ⑴「あなたは〜が好きですか」は Do you like 〜? Yes の答えは Yes, I do. と言う。

⑶「〜してはいけません」は Don't 〜. で表す。

3 ⑴一般動詞の否定文は，動詞の前に don't[do not]を置く。

⑵命令文は主語を省略して動詞で文を始める。

⑶一般動詞の疑問文は主語の前に do を置く。No の答えは No, I don't[do not]. と言う。

⑷「あなたはいつ掃除をしますか」の疑問文に。when を文頭に置き，あとは do you 〜? の語順になる。

4 ⑴直後で時を答えているので，「あなたはいつバスケットボールをしますか」とするのが適切。

⑵「〜の間に」は during 〜。

⑶相手を誘う Let's 〜.(〜しましょう)の文。

⑷直前のダニエルの発言から play 〜は「バスケットボールをする」ことをさす。

⑸対話文の最初の2行から，エミリーはバスケットボールをすることがわかるので Yes の答え。

5 ⑴ **ミス注意** 「飼う」は have を使う。cat は複数形に。

⑵「どこで」は where で，文頭に置く。

⑶今日の天気をたずねるときは How's[How is] the weather today? で表す。

6 ⑴「食べる」は eat または have で表す。apple(リンゴ)は母音で始まる語なので，a ではなく an をつける。「朝食に」は for breakfast。

⑵天気や寒暖について言うときは It's[It is] 〜. と it を主語にした文で表す。

---

p.144〜145 ◀ 第 **4** 回 PROGRAM 3 〜 Power-Up 1 ▶

1 🎧 **LISTENING** ⑴できない　⑵スケート

⑶テニス　⑷公園(の中)

2 ⑴ **Can, any**　⑵ **can speak**　⑶ **Can I**

⑷ **have, time**

3 ⑴ **I can use a computer.**

⑵ **Let's eat lunch in the park.**

⑶ **Can you swim fast? /**

　 No, I can't[cannot].

⑷ **What can you cook?**

4 ⑴ **イ**　⑵ **I do**

⑶ **Let's dance like EBIKEN.**

⑷ **Can you dance**　⑸ **Japanese dancer**

5 ⑴ **I can play the piano.**

⑵ **What can you play?**

⑶ **I can't[cannot] sing English songs.**

6 ⑴ **What do you usually do after school?**

⑵ **How much is it?**

◀ 解 説 ▶

1 🎧 **LISTENING** ⑴アヤ(B)はスキーができるかどうかを聞かれて No と答えている。

⑵I can skate well を聞き取る。

⑶⑷Let's practice tennis in the park tomorrow. を聞き取る。

♪ **音声内容**
A : Can you ski, Aya?
B : No, I can't, Daniel.　But I can skate well.
A : That's great.　Do you play tennis?
B : Yes, I do.　But I can't play tennis well.
A : I practice tennis after school.　Let's practice tennis in the park tomorrow.
B : Yes, let's.

2 ⑴ **ミス注意** 「〜が見える」は can see〜。疑問文なので can を主語の前に出す。疑問文で「何か，いくつか」は any を使う。

⑵「〜することができる」は〈can＋動詞〉で表す。

⑶ **ミス注意** Can I 〜? は「〜してもよいですか」だが，Can I have 〜?(〜をいただけますか)は店で料理などを注文するときに使える。

⑷「すばらしい時を過ごす」は have a great time。have には「持っている」「飼う」の意味もある。

3 ⑴「〜することができる」は〈can＋動詞〉で表す。

⑵「〜しましょう」と相手を誘うときは〈Let's＋動詞 〜.〉で表す。

(3) can の疑問文は主語の前に can を出す。No の答えは〈No, 主語＋can't[cannot].〉と言う。

(4)「あなたは何を料理できますか」とたずねる文に。what(何を)を文頭に置き，あとは can の疑問文を続ける。

④ (1)「知っている」の意味の know を選ぶ。

(2) Do you ～? に対しては Yes, I do. または No, I don't. で答える。

(3) let's があるので〈Let's＋動詞 ～.〉の文に。ここでの like の意味は「～のように」。

(4)「～することができますか」は〈Can＋主語＋動詞 ～?〉。

(5)対話文の最初の発言に the Japanese dancer とある。

⑤ (1)「～することができる」は〈can＋動詞〉で表す。「ピアノをひく」は play the piano。

(2)「何を」は what で，文頭に置く。あとに can の疑問文を続ける。

(3) can の否定文，〈can't[cannot]＋動詞〉で表す。

⑥ (1) what(何を)を文頭に置く。「する」は動詞の do を使う。what のあとには一般動詞の疑問文を続ける。

(2)値段をたずねるときは How much is it? と言う。

p.146～147 第5回 PROGRAM 4 ～ Power-Up 2

① **LISTENING** (1)エ (2)ア (3)エ

② (1) Who / He's (2) What's / It's
(3) Which / is (4) Whose / mine

③ (1) This isn't[is not] my bag.
(2) Is she a popular artist? /
No, she isn't[is not].[No, she's not.]
(3) What's[What is] that?

④ (1) Who (2)ウ (3) Is she a princess?
(4) She is, famous poet

⑤ (1) Is this your book? / No, it isn't[is not].
(2) He isn't[He's not] on the soccer team.
(3) These are Ben's pictures. / I see.
(4) This is like a real egg.

⑥ 例 (1) Whose notebooks are these?
例 (2) She's[She is] absent today.

解説

① **LISTENING** (1)「それはだれのかばんですか」への応答。アヤは自分のではないと言っているので，エ「それはキャロルのです」が適切。

(2) Who is he?(彼はだれですか)には，人名や家族関係などを答える。

(3)「彼女はアメリカ合衆国出身ですか」に適する応答はエ「はい，そうです」。

♪音声内容
(1) A: Is this your bag, Aya?
B: No, it isn't.
A: Whose bag is it?
B: (It's Carol's.)
(2) A: Do you know that man, Kenta?
B: That man in *kimono*? Yes, I do.
A: Who is he?
B: (He's my uncle.)
(3) A: Do you know Ann?
B: Yes, she is my classmate.
A: Is she from the U.S.?
B: (Yes, she is.)

② (1)「～はだれですか」は Who is[are] ～?。答えの文では that boy を he で受ける。

(2)「これは何ですか」は What's[What is] this?。

(3)**ミス注意!**「どちらの～が…ですか」は〈Which＋名詞＋is …?〉で表す。答えの文では，くり返しをさけるために，umbrella の代わりに one を使っている。

(4)「だれの～ですか」は〈whose＋名詞〉を文頭に置く。「私のもの」は mine で表す。

③ (1) be 動詞の否定文は，be 動詞のあとに not。

(2) be 動詞の疑問文は，主語の前に be 動詞を出す。

(3)「何」の部分をたずねるので，「あれは何ですか」という意味の疑問文に。

④ (1)直後で名前を答えているので「～はだれですか」とたずねる疑問文にする。

(3)「彼女は王女ですか」とたずねる疑問文に。

⑤ (1)「これは～ですか」は Is this ～?。No の答えは No, it isn't[is not]. と言う。

(2) He is ～.の否定文は is のあとに not を置く。「サッカー部です」は be on the soccer team。

(3)「ベンの～」と言うときは，人名のあとに 's をつけて表す。「なるほど」は I see. と言う。

(4)**ミス注意!**「～のような[に]」は like ～ で表す。この like は動詞ではなく前置詞。

⑥ (1)「これらはだれのノートですか」とする。「これら」は複数なので be 動詞は are を使う。

(2)「欠席している」は be absent で表す。

p.148~149 第**6**回 PROGRAM 5 ～ Word Web 3

1 🎧 **LISTENING** (1)アメリカ合衆国 (2)姉妹，**2**
 (3)テニス (4)公園，サッカー

2 (1) **Does / does** (2) **When does**
 (3) **doesn't ride** (4) **at home**

3 (1) **Aya watches TV every day.**
 (2) **Does Ms. Mori travel abroad in fall?**
 (3) **What does he cook for lunch?**

4 (1) **She's cool.**
 (2) **Does she enjoy her job?**
 (3) **She's proud of** (4)エ
 (5) **Yes, she is**

5 (1) **Does he have a computer? /**
   No, he doesn't[does not].
 (2) **Maki doesn't[does not] like fish.**
 (3) **Where does your father run?**

6 (1) **My sister often goes to the concert.**
 (2) **She has many friends.**

━━━━━━━━━━ ▶ 解説 ◀ ━━━

1 🎧**LISTENING** (1)～(4)の質問されている内容に目
 を通し，それに関連する内容に注意しながら聞く。
 (1) He's from the U. S. と言っている。
 (2)兄弟はいないが姉妹が2人いると言っている。
 (3)ショウタ(＝B)が，彼(＝ボブ)はしばしば私(＝
 ショウタ)とテニスをすると言っている。
 (4)彼は公園でサッカーをすると言っている。

 ♪ **音声内容**
 A : Do you know Bob, Shota?
 B : Yes, he's my good friend.
 A : Where is he from?
 B : He's from the U.S.
 A : Does he have a brother?
 B : No, he doesn't.　But he has two sisters.
 A : Does he like sports?
 B : Yes.　He likes tennis and soccer.　He
   often plays tennis with me.　He's a good
   player.
 A : What does he usually do on Sundays?
 B : He plays soccer in the park.

2 (1)主語が三人称・単数の一般動詞の疑問文は
 〈Does＋主語＋動詞の原形 ～?〉の形。答えの文
 でも does を使う。
 (2) when を文頭に置き，あとに〈does＋主語＋動
 詞の原形 ～?〉の疑問文の形を続ける。

 (3)主語が三人称・単数の一般動詞の否定文は〈主
 語＋doesn't[does not]＋動詞の原形 ～.〉の形。

3 (1)ミス注意❗ 主語が三人称・単数になるので，
 watch を watches にかえる。
 (2)疑問文は〈Does＋主語＋動詞の原形 ～?〉の形。
 travels は原形にする。
 (3)「彼は昼食に何を作りますか」という意味の疑
 問文に。what を文頭に置き，あとに〈does＋主
 語＋動詞の原形 ～?〉の疑問文の形を続ける。

4 (1) She's ～. の文。「かっこいい」は cool。
 (2)「彼女は仕事を楽しんでいますか」という三人
 称・単数が主語の一般動詞の疑問文にする。
 (3)「～を誇りに思う」は be proud of ～。
 (4)前に an があるので，直後には母音で始まる語
 が続く。It はジェニーの仕事をさす。
 (5)「ジェニーはダニエルのいとこですか」最初の
 ダニエルの発言から Yes の答え。

5 (1)〈Does＋主語＋動詞の原形 ～?〉の形。No の
 答えは，〈No, 主語＋doesn't[does not].〉で答え
 る。
 (2)主語が三人称・単数の一般動詞の否定文は〈主
 語＋doesn't[does not]＋動詞の原形 ～.〉の形。
 (3) where(どこで)を文頭に置き，あとに〈does＋
 主語＋動詞の原形 ～?〉の疑問文の形を続ける。

6 (1)「コンサートへ行く」は go to the concert。
 主語が三人称・単数なので，動詞は goes とする。
 (2)ミス注意❗ 「～がいる」は「～を持っている」
 と考え，have を使う。主語が三人称・単数なので，
 have は has にする。

p.150~151 第**7**回 PROGRAM 6 ～ Word Web 4

1 🎧 **LISTENING** (1)イ (2)ア (3)ウ

2 (1) **her / hers** (2) **Its color**
 (3) **Why / Because** (4) **Excuse me**

3 (1) **I know them.**
 (2) **Why does Mike go to the library every**
   day?
 (3) **These uniforms are theirs.**

4 (1) **Tell me about him.** (2) **walks**
 (3) **2 時間かかります。**
 (4) **her** (5) **He goes to school.**

5 (1) **Do you play tennis with them?**
 (2) **These oranges are ours.**
 (3) **John gets up early on Mondays.**

(4) **What's [What is] the date today?**

6 (1)例 **You're welcome. [No problem.]**

(2)例 **My birthday is November 5.**

━━━━━◆ 解 説 ◆━━━━━

1 ⓘ LISTENING (1) ミス注意! 「あのグローブも彼のものですか」への応答は「ええ，それも彼のものです」が適切。

(2)「彼女について何か知っていますか」への応答は「はい。彼女は有名な歌手です」の文が適切。

(3) Because ～．で夏が好きな理由を述べているので，「なぜあなたは夏が好きですか」と理由をたずねる文が適切。

┌─── ♪ 音声内容 ───┐
(1) A : Is this ball yours, Ken?

B : No, it isn't. It's my brother's.

A : Is that glove his too?

B : (Yes, it is his too.)

(2) A : Look at this picture, Meg. Do you know anything about her?

B : (Yes. She's a famous singer.)

(3) A : Do you like summer, Meg?

B : Yes, I do.

A : (Why do you like summer?)

B : Because I can swim in the sea.
└──────────────┘

2 (1)女性について「彼女を［に／が］」は her。「彼女のもの」は hers。

(2) ミス注意! 「それの」は its で表す。

(3)「なぜ～ですか」と理由をたずねるときは，疑問詞の why で文を始める。「なぜなら～です」と理由を答えるときは，Because ～．の形。

(4)「すみませんが」と話しかけるときは Excuse me, but ～．と言う。

3 (1)「これらの子どもたちを」→「彼らを」。

(3)「これらは彼らの制服です」→「これらの制服は彼らのものです」。

4 (1)動詞で始める命令文。about のような前置詞のあとにくる代名詞は「～を［に／が］」を表す形にする。

(2)主語が三人称・単数なので walks とする。

(3) ミス注意! 〈It takes＋時間〉で「（時間が）～かかる」という所要時間を表す。

(4) with のような前置詞のあとにくる代名詞は「～を［に／が］」を表す形に。「彼女を［に／が］」は her。

5 (1)「彼らといっしょに」は with them。前置詞のあとにくる代名詞は「～を［に／が］」を表す形にする。

(2)「私たちのもの」は ours。

(4)日付をたずねるときは What's [What is] the date today? と言う。

6 (2)自分の誕生日を言うときは〈My birthday is ＋月＋日.〉で表す。

━━━━━━━━━━━━━━━━━━━
p.152～153 第 **8** 回 PROGRAM 7 ～ Power-Up 5
━━━━━━━━━━━━━━━━━━━

1 ⓘ LISTENING (1)ア (2)ウ (3)エ

2 (1) **lot of** (2) **There, any**

(3) **Are / there** (4) **a little**

3 (1) **There are two gyms in our school.**

(2) **How can we go to the lake?**

(3) **Is there a cap on the desk? /**
Yes, there is.

4 (1) **What do you do** (2)楽しそうですね。

(3) **How does Santa Claus come?**

(4) **By** (5) **She goes to the beach.**

5 (1) **There are seven days in a week.**

(2) **Who's [Who is] your favorite person?**

(3) **How many eggs do you eat [have] for breakfast?**

6 (1)例 **Is there a post office near here?**

(2)例 **How do you go to your uncle's house?**

━━━━━◆ 解 説 ◆━━━━━

1 ⓘ LISTENING (1)書店についての対話があとに続くので，書店があるという Yes の応答を選ぶ。

(2)テーブルの上の３個のぼうしはメグのものなので全部で３個以上ぼうしを持っていることになる。

(3)交通手段をたずねる疑問文に対する適切な応答は By bus.（バスで行けます）が適切。

┌─── ♪ 音声内容 ───┐
(1) A : Is there a bookstore near here?

B : (Yes, there is.)

A : Is it big?

B : Yes. There are many books there.

(2) A : There are three hats on the table.

B : Oh, they are mine.

A : How many hats do you have, Meg?

B : (I have five hats.)

(3) A : Let's go to the lake tomorrow.

B : Yes, let's. How can we go there?

A : (By bus.)
└──────────────┘

2 (1)「多くの～，たくさんの～」は a lot of ～で表す。of のあとの数えられる名詞は複数形。

(2) ミス注意❗ There is[are] ～. の否定文は is[are] のあとに not を置く。「1 つも～ない」は not any ～で表す。

(3) There is[are] ～. の疑問文は Is[Are] there ～? の形。答えの文は Yes, there is[are]. または No, there isn't[aren't].。

(4)「少し」は a little で表す。「遠くに」は far。

3 (1)主語が複数になるので There are ～. の形。gym も複数形の gyms とする。

(2)「どのようにして」と手段・方法をたずねるときは，疑問詞の how で文を始める。

(3) There is[are] ～. の疑問文は Is[Are] there ～? の形。Yes の答えは Yes, there is[are].。

4 (1)「何を」は what を文頭に置く。そのあとは一般動詞の疑問文を続ける。

(2) Sounds fun. で「楽しそうですね」の意味。

(3)「サンタクロースはどのようにして来ますか」という疑問文に。手段・方法をたずねる how を文頭に置く。

(4)「～によって」と手段を表すときは by を使う。

(5)「エミリーは夏にどこに行ってバーベキューをしますか」。対話文の 2 行目参照。

5 (1) There are ～. の形を使って表す。

(2)「お気に入りの人」は favorite person。「～はだれですか」は Who's[Who is] ～? で表す。

(3) ミス注意❗「いくつ，何個の」と数をたずねるときは〈How many ＋名詞の複数形 ～?〉で表す。

6 (1) There is ～. の疑問文なので Is there ～? の形。「この近くに」は near here。

(2)「どのようにして」と手段・方法をたずねるときは，疑問詞の how で文を始める。そのあとに一般動詞の疑問文を続ける。

---

p.154～155 第**9**回 PROGRAM 8 ～ Steps 5

1 🎧LISTENING (1)図書館

(2)(日本映画についての)本を読んでいる

(3)牛乳 (4)スーパーマーケット

2 (1) **I'm running** (2) **aren't using**

(3) **Is / isn't** (4) **Why don't**

3 (1) **Meg is washing the dishes.**

(2) **Is he singing a song? / Yes, he is.**

(3) **What is Ken drawing?**

---

4 (1)今，行きます。 (2) **What are you doing**

(3) **mash sweet potatoes** (4) **making** (5)ウ

5 (1) **My parents are watching TV now.**

(2) **Are you listening to music? / Yes, I am.**

(3) **Where is he swimming now?**

6 (1)例 **What are you making[cooking]?**

(2)例 **Can you open the window(, please)?**

▶━━━━━ 解説 ◀

1 🎧LISTENING (1)「あなたは今どこにいるのですか，ジョン」「私は図書館にいます」。

(2) I'm reading a book about Japanese movies. と言っている。

(3) Can you ～? は「～してもらえますか」。肯定の答えを期待するときは，疑問文でも some を使う。

(4) Can you buy some milk there? の there は at the supermarket をさす。

> 🎵音声内容
> A： Where are you now, John?
> B： I'm in the library.
> A： What are you doing there?
> B： I'm reading a book about Japanese movies.
> A： I see. There is a supermarket near the library. Can you buy some milk there?
> B： Sure, Mom.

2 (1)「～しています」は，〈be 動詞＋動詞の -ing 形〉で表す。be 動詞は主語によって使い分ける。

(2)現在進行形の否定文は，〈be 動詞＋not＋動詞の -ing 形〉で表す。

(3)現在進行形の疑問文は〈be 動詞＋主語＋動詞の -ing 形 ～?〉の形。答えの文でも be 動詞を使う。

(4) ミス注意❗「（提案して）～しませんか」は Why don't we ～? で表す。

3 (2)現在進行形の疑問文は主語の前に be 動詞を出す。答えの文でも be 動詞を使う。

(3) ミス注意❗「健は何を描いていますか」という現在進行形の疑問文に。what を文頭に置く。

4 (1) I'm coming. は相手のほうに行こうとしているときに言う。

(2) what(何を)を文頭に置き，そのあとに現在進行形の疑問文を続ける。

(3)「私はあなたのためにサツマイモをつぶすことができます」とする。対話文の 2 行目参照。

(4)どちらも現在進行形の文。-ing 形にする。

(5)ヘレンはポテトサラダではなくくりきんとんを作っているので No の答え。

⑤ (1)現在進行形。〈be 動詞＋動詞の -ing 形〉の形に。主語が複数なので be 動詞は are を使う。

(2)疑問文は〈be 動詞＋主語＋動詞の -ing 形 ～?〉の形で表す。答えの文でも be 動詞を使う。

(3) where(どこで)を文頭に置く。そのあとに現在進行形の疑問文を続ける。

⑥ (1)「あなたは何を作っているのですか」という疑問文に。what(何を)を文頭に置く。

(2) **ミス注意!** 「～してもらえますか」と依頼するときは Can you ～? を使う。

---

p.156～157 第10回 PROGRAM 9 ～ Steps 6

① 🎧 **LISTENING** (1)球場[競技場] (2)家族

(3)サッカーの試合 (4)勝った

② (1) **played, last** (2) **didn't watch**

(3) **Did / didn't** (4) **famous for**

③ (1) **Ann studied math last night.**

(2) **Did Mr. Ito visit the U.S. last year? / Yes, he did.**

(3) **What did they do yesterday morning?**

④ (1)(それは)どういう意味ですか。

(2) **until** (3) **What time did the sun set**

(4) **She saw a reindeer (on the road).**

⑤ (1) **I ate[had] two oranges for lunch.**

(2) **Did you swim last week? / Yes, I did.**

(3) **Did he go anywhere yesterday?**

⑥ (1)例 **I read an English book last night.**

(2)例 **When did you do your homework?**

━━━━ 解説 ━━━━

① 🎧 **LISTENING** (1)(2) I went to the stadium with my family. と言っている。

(3) We watched a soccer game. と言っている。

(4) My favorite team won the game. と言っている。won は win(勝つ)の過去形。

> ♪ **音声内容**
> A : What did you do last Sunday, Meg?
> B : I went to the stadium with my family.
> A : Did you watch a baseball game?
> B : No, we didn't. We watched a soccer game.
> A : That's nice. Did you enjoy it?
> B : Yes. My favorite team won the game.

② (1)過去の文は動詞を過去形にする。「この前の～」は last を使う。

(2)一般動詞の過去の否定文は〈主語＋didn't[did not]＋動詞の原形 ～.〉の形。

(3)一般動詞の過去の疑問文は〈Did＋主語＋動詞の原形 ～?〉の形。答えの文でも did を使う。

(4)「～で有名である」は be famous for ～ で表す。

③ (1) last night は過去を表すので，過去の文に。

(2)疑問文は主語の前に did を置き，動詞を原形にする。答えの文でも did を使う。

(3)「彼らは昨日の朝[午前中]何をしましたか」という疑問文に。what(何を)を文頭に置き，そのあとに一般動詞の過去の疑問文を続ける。

④ (1) mean は「意味する」。What do you mean? は意味をたずねるときの言い方として覚える。

(2)継続を表して「～まで(ずっと)」は until ～。

(3)「(それでは)何時に太陽が沈んだのですか」という疑問文にする。what time は「何時に」。

(4)「美希は道で何を見ましたか」という質問。対話文の 1 行目参照。saw は see(見る)の過去形。

⑤ (1) **ミス注意!** 「食べる」は eat または have を使う。過去形はそれぞれ ate, had で不規則動詞。

(2)一般動詞の過去の疑問文は〈Did＋主語＋動詞の原形 ～?〉の形。答えの文でも did を使う。

(3)疑問文の「どこかへ」は anywhere で表す。

⑥ (1) **ミス注意!** read の過去形は read[レッド]。

(2) when(いつ)を文頭に置き，そのあとに一般動詞の過去の疑問文を続ける。動詞は原形。

---

p.158～160 第11回 PROGRAM 10 ～ Power-Up 6

① 🎧 **LISTENING** (1)日本語[国語] (2)雪

(3)テレビ(でタレントショー) (4)お笑い芸人

② (1) **was hungry** (2) **weren't playing**

(3) **Was / wasn't** (4) **What's, matter**

③ (1) **Were / wasn't** (2) **Was / was**

④ (1)そりにしがみつきなさい。

(2) **went** (3) **We're flying!**

(4) **Yes, they were.**

⑤ (1) **Jenny was swimming at that time.**

(2) **Were they kind to you then? / Yes, they were.**

(3) **What was Bill doing then?**

⑥ (1) **Mr. Mori was in Sydney**

(2) **The chair was strong enough.**

7 (1) Dear　(2) ウ

(3) He went to the British Museum

8 (1) The movie was very interesting.

(2) Were you running in the gym then[at that time]? / Yes, I was.

(3) How was your weekend?

9 (1) Where were you last Saturday?

(2) Were you sleeping at six (o'clock) this morning?

――――――――――● 解 説 ●――――――――――

1 🎧**LISTENING** (1) I was studying Japanese. と言っている。

(2) Ken(＝A)の2番目の発言の snowy は「雪の」。あとの So は「それで」と結果を表す。

(3) Ken の最後の発言でテレビで a talent show を見ていたと言っている。

(4) Ken の最後の発言で your favorite comedian, Kazuya「あなたが大好きなお笑い芸人のカズヤ」と言っている。

> 🎵**音声内容**
>
> A : Did you go anywhere yesterday, Ann?
>
> B : No, I didn't.　I was at home all day. How about you, Ken?
>
> A : It was snowy yesterday.　So I was at home too.　What were you doing at six p.m. yesterday?
>
> B : I was studying Japanese.　But why?
>
> A : I was watching a talent show on TV.　I saw your favorite comedian, Kazuya. The show was very interesting.
>
> B : Really?

2 (1)「～でした」という過去の文では，be 動詞は was または were を使う。主語が I なので was を使う。

(2) 過去進行形の否定文。主語が we なので〈weren't[were not]＋動詞の -ing 形〉で表す。

(3)「家にいた」は was[were] at home。疑問文は be 動詞を主語の前に出し，答えの文でも be 動詞を使う。

(4)「どうしたのですか」は What's the matter?。

3 (1) 過去進行形の疑問文。〈Was[Were]＋主語＋動詞の -ing 形 ～?〉の形。答えの文でも be 動詞を使う。at that time は「そのとき」。

(2) **ミス注意!** 過去の天気をたずねる文は〈Was it ＋天気を表す語 ～?〉。天候を表す文では it を主語にする。

4 (1) hold on to～は「～にしがみつく」。

(2) and の前の started が過去形なので過去形の went にする。

(3) 現在進行形の文。〈主語＋be 動詞＋動詞の -ing 形 ～.〉の形。we are は短縮形の we're を使う。

(4)「すべての動物はそりの上にいましたか」という質問。本文の1行目を参照。get on ～は「～に乗る」。

5 (1) **ミス注意!** 〈主語＋was[were]＋動詞の -ing 形 ～.〉の形。swim は m を重ねて ing をつける。

(2) be 動詞の過去の疑問文は，be 動詞を主語の前に出す。答えの文でも be 動詞を使う。

(3)「何をしていたか」を答えているので「ビルはそのとき何をしていましたか」の意味の疑問文に。

6 (1)「…は～にいました」は〈主語＋was[were] ＋場所を表す語句.〉の形で表す。

(2) **ミス注意!** enough は形容詞のあとにきて，「十分に」の意味を表す。

7 (1) Dear ～, は手紙やはがきのはじめのあいさつに使う決まった言い方。

(2) 直前の文 They came from ～. の They と同じく，この They は「浮世絵」をさす。

(3)「ショウタは昨日どこに行きましたか」という質問。本文の3行目参照。

8 (1) be 動詞の過去の文。is の過去形 was を使う。

(2) 過去進行形の疑問文。〈Was[Were]＋主語＋動詞の -ing 形 ～?〉の形。答えの文でも be 動詞を使う。

(3)「～はいかがでしたか」は How was[were] ～?。

9 (1)「～はどこにいましたか」は〈Where was [were]＋主語 ～?〉で表す。

(2) 過去進行形の疑問文。〈Was[Were]＋主語＋動詞の -ing 形 ～?〉の形。

定期テスト対策

スピード
チェック

教科書の重要語句&
重要文マスター

■英語音声について
こちらから英語音声
が聞けます。

♪ b01 …音声ファイル名

■記号について
否…(おもに)否定文で使う。
疑…(おもに)疑問文で使う。
名…名詞　　形…形容詞
副…副詞　　前…前置詞
代…代名詞　　接…接続詞

※最初に出てきたものと異なる品詞で出てき
た単語についています。

英語 1年

付属の赤シートを
使ってね!

開隆堂版

Get Ready / PROGRAM 0

重要語句 チェック　🎵 b01

☑ beefsteak	ビーフステーキ	☑ English club	英語部
☑ food	食べ物	☑ swimming team	水泳部
☑ fried chicken	フライドチキン	**PROGRAM 0**	
☑ French fries	フライドポテト	☑ baseball	野球
☑ omelet	オムレツ	☑ soccer	サッカー
☑ pizza	ピザ	☑ tennis	テニス
☑ salad	サラダ	☑ volleyball	バレーボール
☑ spaghetti	スパゲッティ	☑ sport	スポーツ
☑ Brazil	ブラジル	☑ uniform	制服，ユニフォーム
☑ Canada	カナダ	☑ math	算数，数学
☑ China	中国	☑ subject	科目
☑ Egypt	エジプト	☑ birthday	誕生日
☑ France	フランス	☑ question	質問
☑ Germany	ドイツ	☑ cook	料理する
☑ India	インド	☑ eat	食べる
☑ Italy	イタリア	☑ have	持っている， 〜がある[いる]
☑ Korea	韓国		
☑ Russia	ロシア	☑ listen to 〜	〜を聞く， 〜に耳を傾ける
☑ Spain	スペイン		
☑ the U.S.A.	アメリカ合衆国	☑ make	作る
☑ basketball team	バスケットボール部	☑ play	(楽器を)ひく， (運動を)する
☑ brass band	吹奏楽部		
		☑ study	勉強する

小学校で習った
ことばを思い出そう！

PROGRAM 1 / Word Web 1

重要語句 チェック

☑ active	活発な		☑ polite	ていねいな, 礼儀正しい
☑ an	1つの, 1人の		☑ prince	王子
☑ angel	天使		☑ princess	王女
☑ aren't	are not の短縮形		☑ quiet	静かな, おとなしい
☑ be from 〜	〜の出身である		☑ really	ほんとうに
☑ beast	けもの		☑ serious	まじめな
☑ careful	注意深い		☑ shy	恥ずかしがりの
☑ cheerful	明るい, 元気のよい		☑ smart	かしこい, 頭の切れる
☑ fairy	妖精		☑ student	生徒, 学生
☑ fan	ファン, 熱烈な支持者		☑ superman	超人, スーパーマン
☑ firefighter	消防士		☑ talk	話す
☑ friendly	親しみやすい		☑ want to 〜	〜したい
☑ funny	おかしな		☑ you're	you are の短縮形
☑ helpful	役に立つ		☑ Nice to meet you.	お会いできてうれしいです。
☑ honest	正直な			
☑ I'm	I am の短縮形		☑ No problem.	どういたしまして, 問題ありません。
☑ just	ちょうど, まさに			
☑ king	王		☑ Pardon me?	すみません。
☑ of	〜の		☑ Thanks for 〜.	〜をありがとう。
☑ oh	まあ, おお, ああ			

重要文 チェック b03

☑ I'm Ami.	私は亜美です。
☑ I'm not Ami.	私は亜美ではありません。
☑ You are Ami.	あなたは亜美ですね。
☑ Are you from the U.S.?	あなたはアメリカ合衆国出身ですか。
☑ Where are you from?	あなたはどこの出身ですか。
— I'm from New Zealand.	— 私はニュージーランドの出身です。

PROGRAM 2

重要語句 チェック　♪ b04

☑ after	～のあとに[で]	
☐ after school	放課後	
☐ at night	夜は[に]	
☑ before	～より前に	
☑ bike	自転車	
☑ break	休憩	
☐ climb	登る	
☑ dinner	夕食	
☐ draw	(絵を)描く	
☑ during	～の間に	
☑ every	毎～，～ごとに	
☐ every day	毎日	
☐ flip	(本などを)パラパラめくること	
☐ go shopping	買い物に行く	
☑ grow	栽培する，育てる	

☐ in the afternoon	午後に
☑ in the morning	午前(中)に
☐ look at ～	～(のほう)を見る
☑ night	夜
☑ often	しばしば
☑ picture	絵，写真
☐ snack	軽食，おやつ
☐ take a bath	ふろに入る
☑ tomorrow	明日(は)
☐ very much	とても，非常に
☐ video game	テレビゲーム
☑ weekend	週末
☑ wow	うわー
☐ How about ～?	～はどうですか。
☐ Sure.	いいですよ。[はい。]
☐ Yes, let's.	そうしましょう。

重要文 チェック　♪ b05

☐ I have an apple for a snack.	おやつにリンゴが1個あります。
☐ I don't like apples.	私はリンゴが好きではありません。
☐ I eat five bananas for a snack.	私はおやつにバナナを5本食べます。
☐ Do you often climb mountains?	あなたはよく山に登りますか。
— Yes, I do.	— はい，登ります。
— No, I don't.	— いいえ，登りません。
☐ When do you climb?	あなたはいつ登りますか。
— On weekends.	— 週末です。

Word Web 2 〜 アクションコーナー

重要語句 チェック

 b06

Word Web 2	
☑ Sunday	日曜日
☑ Monday	月曜日
☑ Tuesday	火曜日
☑ Wednesday	水曜日
☑ Thursday	木曜日
☑ Friday	金曜日
☑ Saturday	土曜日
☑ week	週
☑ cloudy	くもりの
☑ rainy	雨の
☑ sunny	晴れの

アクションコーナー	
☑ close	閉じる，閉める
☑ open	開ける，開く
☑ some	いくらかの，いくつかの
☑ song	歌
☑ touch	さわる
☑ write	書く

曜日と天気を
表すことばを
しっかり覚えよう！

重要文 チェック

b07

☑ What day is it today?	今日は何曜日ですか。
☑ What day of the week is it today?	今日は何曜日ですか。
☑ It's Wednesday.	今日は水曜日です。
☑ How's the weather today?	今日は天気はどうですか。
☑ It's cloudy.	今日はくもりです。
☑ Play baseball.	野球をしなさい。
☑ Don't play baseball.	野球をしてはいけません。

PROGRAM 3 〜 Power-Up 1

重要語句 チェック　♪ b08

☑ American	アメリカ(人)の		☑ their	彼ら[彼女ら, それら]の
☑ any	疑 何か, いくつか		☑ then	それでは, それなら
☑ aunt	おば		☑ uncle	おじ
☑ catch	つかまえる		☑ with	〜といっしょに

Steps 2

☑ change	変える
☑ Chinese	中国語[人]
☑ everyone	みなさん, だれも
☑ classmate	級友, クラスメート
☑ love	大好きである, 愛する

Our Project 1 / Power-Up 1

☑ cousin	いとこ		☑ clerk	店員
☑ from 〜 to ...	〜から…へ[まで]		☑ her	彼女の
☑ guitar	ギター		☑ large	大きい, 広い
☑ have a great time	すばらしい時を過ごす		☑ meal	食事
☑ have fun at 〜	〜を楽しむ		☑ medium	中間(の)
☑ keep	守る		☑ or	または, それとも
☑ kilometer	キロメートル		☑ size	大きさ, サイズ
☑ perform	行う, 演じる		☑ Can I 〜?	〜してもよいですか。
☑ secret	秘密		☑ For here or to go?	こちらでめしあがりますか,
☑ show	見せ物, 番組, ショー			お持ち帰りになりますか。
☑ skate	スケートをする		☑ Here you are.	はい, どうぞ。
☑ ski	スキーをする		☑ How much 〜?	〜はいくらですか。
☑ talent	才能のある人			

重要文 チェック　♪ b09

☑ I can make *sushi*.　　　　　　　　私はすしを作ることができます。

☑ I can't eat fish.　　　　　　　　私はさかなを食べられません。

☑ Can you cook?　　　　　　　　　あなたは料理ができますか。

　— Yes, I can. / No, I can't.　　　— はい, できます。/ いいえ, できません。

☑ What can you make?　　　　　　何を作ることができますか。

　— I can make *ramen*.　　　　　　— 私はラーメンを作ることができます。

PROGRAM 4

android	アンドロイド, 人造人間	**push**	**押す**
answer	**答え**	real	本物の
bird	**鳥**	round	丸い
court	(テニスなどの)コート, 中庭	rub	こする
culture	文化	runner	走者, ランナー
drone	ドローン	**save**	**(時間などを)省く**
elephant	ゾウ	**smile**	**ほほえむ, 笑う**
finger	(手の)指	stick	棒状の物
forest	森	tail	しっぽ
got	**get(得る)の過去形**	towel	タオル
gray	灰色(の)	type	型, 類, タイプ
hold	**持つ, つかむ**	**useful**	**役に立つ**
hole	穴	vegetable	野菜
into	**〜の中へ[に]**	what's	what is の短縮形
isn't	is not の短縮形	**woman**	**女性, 女の人**
lion	**ライオン**	**work**	**仕事**
man	**男性, 男の人**	I got it!	わかった。
person	**人, 個人**	I see.	なるほど[そうですか]。
poet	歌人, 詩人	That's right.	そのとおりです。
pull	引く		

This[That] is a drone. — これは[あれは]ドローンです。

Is this[that] a drone? — これは[あれは]ドローンですか。

— Yes, it is. — — はい, そうです。

— No, it isn't. — — いいえ, 違います。

Who is that woman[man]? — あの女の人[男の人]はだれですか。

— She[He] is a teacher. — — 彼女[彼]は教師です。

Power-Up 2

重要語句 チェック ♪ b12

☑ absent	欠席の		☑ which	どの，どちらの
☑ both	**両方**		☑ whose	**だれの**
☑ light	**明るい**		☑ yours	**あなたのもの**
☑ mine	**私のもの**			
☑ other	**ほかの**			
☑ these	**これらは[が]**			

which, whose
の使い方を
理解しようね！

重要文 チェック ♪ b13

☑ **Which** pen is yours, the red one or
the green one?
　— The green one is.

☑ **Whose** pen is the other one?
　— It's Ken's.

赤いペンと緑のペンでは，どちらのペンがあ
なたのものですか。
　—緑色のペンです。

もう一つのペンはだれのものですか。
　—それは健のものです。

PROGRAM 5 / Word Web 3

重要語句 チェック ♪ b14

☑ abroad	外国へ[に]	
☑ at home	家で[に]	
☑ be proud of 〜	〜を誇りに思う	
☑ bicycle	自転車	
☑ cooking	料理	
☑ doesn't	does not の短縮形	
☑ every morning	毎朝	
☑ family	家族	
☑ grandpa	おじいさん	
☑ has	have の変化形	
☑ important	重要な，大切な	
☑ job	仕事	
☑ member	一員，メンバー	
☑ nowadays	今日では，近ごろ	
☑ player	選手	
☑ same	同じ	
☑ shoe	[通例は複数形で]くつ	
☑ take a picture	写真をとる	
☑ take off 〜	〜をぬぐ	
☑ they're	they are の短縮形	
☑ travel	旅行をする	

☑ wear	着ている
☑ 〜, right?	〜でよろしいですね。

Word Web 3

☑ January	1月
☑ February	2月
☑ March	3月
☑ April	4月
☑ May	5月
☑ June	6月
☑ July	7月
☑ August	8月
☑ September	9月
☑ October	10月
☑ November	11月
☑ December	12月
☑ season	季節
☑ month	(年月の)月
☑ spring	春
☑ summer	夏
☑ fall / autumn	秋
☑ winter	冬

重要文 チェック ♪ b15

☑ My grandmother makes lunch for me. 私のおばあさんは私のために昼食を作ってくれます。

☑ My grandmother doesn't make breakfast. 私のおばあさんは朝食を作りません。

☑ Does your grandfather make breakfast? あなたのおじいさんは朝食を作りますか。

— Yes, he does. / No, he doesn't.　— はい，作ります。 / いいえ，作りません。

PROGRAM 6

☑ across	〜を横切って,〜を越えて	☐ leader	指導者
☐ adult	おとな	☑ movie	映画
☑ amazing	すばらしい	☑ musician	ミュージシャン,音楽家
☑ anything	疑 何か	☑ parent	親
☐ athlete	運動選手,アスリート	☐ pirate	海賊
☐ attack	襲う,攻撃する	☐ pray	祈る
☐ beyond	〜の向こうに	☐ romantic	ロマンチックな
☑ child	子ども	☐ safe	無事な,安全な
☑ children	child の複数形	☐ safety	無事,安全
☐ dangerous	危険な	☐ savanna	サバンナ
☐ detective	探偵	☑ tell	教える,言う
☑ early	(時間が)早く	☑ them	彼ら[彼女ら,それら]を[に]
☐ everybody	すべての人,だれでも		
☑ find	見つける	☑ there	そこで[に,へ]
☐ get up	起きる	☑ way	道,方法
☐ giraffe	キリン	☐ who's	who is の短縮形
☑ him	彼を[に]	☐ writer	作家
☑ his	彼の,彼のもの	☐ yeah	うん,そう
☑ hour	1時間,時間	☐ 〜, you know.	〜だよね。
☐ Kenya	ケニア	☐ No way!	まさか[そんなばかな]。

☑ This is my friend Paul.　　　　　この人は私の友だちのポールです。

　— I know him.　　　　　　　　　— 私は彼を知っています。

☑ He is Sue's brother.　　　　　　彼はスーのお兄さんです。

　— Oh, Sue! I like her.　　　　　— ああ,スーですね。私は彼女が好きです。

☑ Why do you like Sue?　　　　　あなたはなぜスーが好きなのですか。

　— Because she is always kind to me.— なぜなら彼女はいつも私に親切にしてくれるからです。

Power-Up 3 〜 Word Web 4

重要語句 チェック ♪ b18

Power-Up 3

☑	burger	ハンバーガー
☑	center	〔施設としての〕センター
☑	escalator	エスカレーター
☑	excuse	**許す**
☑	floor	**階**
☑	information	情報
☑	next	**隣の**
☑	next to 〜	〜の隣に
☑	staff	職員，スタッフ
☑	Excuse me, but 〜.	すみませんが，〜。
☑	You're welcome.	どういたしまして。

Power-Up 4

☑	camera	**カメラ**
☑	easily	**たやすく，手軽に**
☑	instant	すぐの，即時の
☑	miss	**逃す**
☑	now	**今(は)，現在(では)**
☑	share	**分かち合う**
☑	switch	スイッチを入れる
☑	switch on 〜	〜のスイッチを入れる
☑	wall	**壁**

Word Web 4

☑	date	**日付**
☑	first	**1番目(の)**
☑	second	**2番目(の)**
☑	third	**3番目(の)**

順番・日付を表すことばを覚えようね！

重要文 チェック ♪ b19

☑ What's the date today? 　今日は何日ですか。
　 — It's December 1. 　— 12月1日です。
☑ My birthday is July 4. 　私の誕生日は7月4日です。

PROGRAM 7 〜 Power-Up 5

重要語句 チェック　♪ b20

☑ also	〜もまた，さらに	☑ sound	〜に聞こえる
☑ car	自動車	☑ those	あれら[それら]の
☑ check	確かめる	☑ train	電車，列車
☑ college	大学	☑ unique	独特な
☑ come	来る，（相手のいる方向へ）行く	☑ Here it is.	ここにあります（ね）。
		☑ Sounds fun.	楽しそうですね。

Steps 3

☑ example	例	☑ a kind of 〜	一種の〜
☑ for example	たとえば	☑ country	田舎，郊外，国
☑ far	遠くに	☑ life	生活，人生
☑ full	いっぱいの，満ちた	☑ reason	理由
☑ little	少し（は）	☑ would like to 〜	〜したいと思う
☑ a little	少し		

Our Project 2

☑ museum	博物館	☑ learn	学ぶ，習う
☑ near	〜の近くの[に]	☑ lot	たくさん
☑ over	越えて	☑ a lot of 〜	たくさんの〜
☑ over there	あそこに，向こうに	☑ speech	演説，スピーチ
☑ party	パーティー	☑ teach	教える
☑ plane	飛行機	☑ thing	もの，こと

Power-Up 5

☑ research	研究	☑ language	言語，ことば
☑ show 〜 around	〜（人）を案内して回る	☑ mean	意味する
☑ someday	いつか		
☑ something	何か		

重要文 チェック　♪ b21

☑ There is a *sushi* restaurant.	おすし屋さんが一軒あります。
☑ There are some *sushi* restaurants.	おすし屋さんが数軒あります。
☑ How can we go to the cake shop?	私たちはどうやったらそのケーキ屋さんに行けますか。
— By bike.	— 自転車で行けます。

PROGRAM 8 / Steps 5

重要語句 チェック ♪b22

☑ air	空中，空	☑ need	必要とする
☑ all	代 全部, 全員, すべて	☑ New Year	新年
	副 まったく, すっかり	☑ of course	もちろん
☑ avocado	アボカド	☑ persimmon	カキ
☑ bathroom	浴室，ふろ場	☑ set	ひとそろい，一式
☑ chestnut	クリ	☑ shower	シャワー
☑ course	〔of course で〕もちろん	☑ strawberry	イチゴ
☑ crane	ツル	☑ sweet potato	サツマイモ
☑ dad	おとうさん，パパ	☑ traditional	伝統的な
☑ event	行事，出来事	☑ turn off ～	(テレビなどを)消す，
☑ feel	感じる		止める
☑ go fishing	つりに行く	☑ violin	バイオリン
☑ help	動 助ける，手伝う	☑ wait	待つ
	名 助け	☑ wipe	ふく
☑ in the air	空中に	☑ year-end	年末の
☑ magazine	雑誌	☑ All right.	わかりました。
☑ mango	マンゴー	☑ Can you ～?	～してもらえますか。
☑ mash	つぶす	☑ Why don't we ～?	(提案して)
☑ mom	おかあさん，ママ		～しませんか。

重要文 チェック ♪b23

☑ I'm studying now.	私は今，勉強しているところです。
☑ I'm not studying now.	私は今は勉強していません。
☑ Are you studying now?	あなたは今，勉強しているところですか。
— Yes, I am.	― はい，しています。
— No, I'm not.	― いいえ，していません。
☑ What are you doing?	あなたは何をしているのですか。
— I'm reading a book.	― 私は本を読んでいるところです。

PROGRAM 9 / Steps 6

重要語句 チェック

☑	ago	(今から)~前に		☑	lucky	幸運な，運のよい
☐	all day	一日じゅう		☑	once	一度，一回
☑	a.m. / p.m.	午前 / 午後		☑	only	たった~だけ, ほんの~
☑	another	もうひとつ[１人]の		☑	people	人々
☐	anywhere	疑 どこかに		☑	read	read(読む)の過去形
☑	be famous for ~	~で有名である		☑	rise	(太陽などが)昇る
☑	beat	打ち負かす		☑	road	道路，道
☑	bought	buy(買う)の過去形		☑	stadium	球場，競技場
☑	did	助動 do の過去形		☑	stay	滞在する，泊まる
☐	do my homework	宿題をする		☑	take a look at ~	~を(ちょっと)見る
☑	experience	体験，経験		☑	tasty	おいしい
☑	found	find(見つける)の過去形		☑	took	take(とる)の過去形
☑	had	have の過去形		☑	until	~まで
☐	invent	発明する		☑	win	勝つ，勝ちとる
☑	last	この前の		☑	won	win の過去形
☐	last night	昨夜		☑	yesterday	昨日(は)
☐	last week	先週				

重要文 チェック

☑ I **stayed** home and **watched** TV.　　私は家にいてテレビを見ました。

☑ Ken **worked** a little.　　健は少し働きました。

　He **cleaned** his room.　　彼は部屋の掃除をしました。

☑ I **had** a good time yesterday.　　私は昨日は楽しい時を過ごしました。

☑ I **ate** an ice cream bar,　　私はアイスクリームを食べて，

　and **won** another one.　　もう１本当たりました。

☑ I **didn't stay** home yesterday.　　私は昨日は家にいませんでした。

☑ **Did** you **eat** two ice cream bars?　　あなたはアイスクリームを２本食べたのですか。

　— Yes, I **did**. / No, I **didn't**.　　―はい, 食べました。/ いいえ, 食べませんでした。

PROGRAM 10

☑ back	(元の場所に)もどって	☑ on top of ~	~の上に
☑ bad	悪い	☑ program	プログラム，番組
☑ broke	break(壊れる)の過去形	☑ reach	着く，到着する
☑ call	電話をかける	☑ say	言う
☑ came	come(来る)の過去形	☑ sleep	眠る
☑ cut	切る〔過去形も同形〕	☑ sleepy	眠い
☑ end	終わり，はし	☑ start	出発する，始める
☑ enough	十分に	☑ still	まだ，今でも
☑ finally	やっと，ついに	☑ surprised	驚いて
☑ finish	終える	☑ theater	劇場，映画館
☑ fly	飛ぶ	☑ this way	このようにして
☑ follow	従う,ついていく,続く	☑ warm	動 温める,温かくする
☑ get on ~	~に乗る		形 温かい
☑ hold on to ~	~にしがみつく	☑ young	若い
☑ idea	考え，アイディア	☑ yourself	あなた自身を[に]
☑ internet	インターネット	☑ yourselves	あなたがた自身を[に]
☑ leg	脚	☑ I'm home.	ただいま。
☑ o'clock	~時(ちょうど)	☑ What's the matter?	どうしたのですか。

☑ I was a student 30 years ago. 私は30年前，生徒でした。

☑ You were a student 30 years ago. あなたは30年前，生徒でした。

☑ I wasn't busy today. 私は今日は忙しくありませんでした。

☑ Were you busy today? あなたは今日は忙しかったですか。

　— Yes, I was. /No, I wasn't. — はい，そうでした。/ いいえ，違いました。

☑ I was studying then. 私はそのとき勉強していました。

☑ What were you doing then? あなたはそのとき何をしていましたか。

　— I was sleeping. —私は眠っていました。

開隆堂版　英語1年

Steps 7 〜 Power-Up 6

重要語句 チェック ♪ b28

Steps 7	
☑ exercise	運動する
☑ test	試験, テスト
☑ this morning	今朝

Our Project 3	
☑ creative	創造的な
☑ hobby	趣味
☑ lastly	最後に
☑ **made**	**make**(作る)**の過去形**
☑ performance	演技
☑ powerful	力強い, 強力な
☑ shot	写真

Power-Up 6	
☑ bye	**さようなら, じゃあね**
☑ dear 〜	**親愛なる〔Dear 〜で「〜さん[様]」〕**
☑ for now	今のところは
☑ **front**	**おもて面, 前**
☑ postcard	(絵)はがき
☑ sincerely	心から, 誠実に
☑ view	眺め, 景色
☑ wish	祝福のことば, 願い
☑ Cheers!	ごきげんよう。

最後に1年で
習った過去形を
確認してね!